도덕경

"도道라고 할 수 있는 도는 도가 아니다"

도덕경

老子원전·오강남 풀이

현암사

Thinking with Lao Tzu:

A New Translation of the *Tao Te Ching* and Some Reflections

도를 몸으로 보여 주면서 101년의 수를 누리고 가신 어머님,
그리고 길을 함께 가는 벗들에게 이 책을 바칩니다.

『도덕경道德經』은, 여러 이설異說이 있기는 하지만 전통적으로 기원전 6세기에 살았다고 하는 노자老子님이 남긴 글이라 알려져 있다. 전부가 한문으로 겨우 5,000자 남짓, 200자 원고지로 25매 정도다. 짤막짤막하게 81장으로 나누어져 있는데, 읽기에 따라서는 그야말로 한 시간 정도면 다 읽을 수도 있고 평생을 두고 읽고 또 읽을 수도 있다.

1940년대에 동양 사상을 서양에 소개하는 데 크게 이바지한 임어당林語堂은 "동양 문헌 가운데에서 어느 책보다도 먼저 읽어야 할 책이 바로 노자님의 『도덕경』이라고 생각한다."고 했다. 『도덕경』의 영문 번역서 중에서 가장 많이 참고되는 번역서를 써 낸 진영첩陳榮捷은 "『도덕경』이 씌어지지 않았다면 중국 문명이나 중국인의 성격이 완전히 달라졌을 것"이라고 했다. 서울대학교 영문과 교수였던 고 송욱宋稶 교수도 돌아가시기 직전《한국일보》기자와의 인터뷰에서 자기가 가진 수천 권의 장서 중 단 한 권 가장 아끼는 책을 골라잡으라 한다면 서슴지 않고 『도덕경』의 주석을 모아 엮은 『노자익老子翼』을 택할 것이라고 했다.

우리가 의식하든 그러지 못하든 『도덕경』에 나타난 사상이 우리의 의식 심저心底를 움직이고 있고 그것은 중국, 한국, 일본 등 동양 삼국의 종교, 철학, 예술, 정치의 밑바닥을 흐르고 있다. 공자님의 윤리적이고 현실주의적인 사상이 우리 생활에서 양陽적인 외면 세계에 영향을 주었다면, 노자님의 형이상학적이고 신비주의적인 사상은 우리 생활에서 음陰적인 내면 세계를 움직였다고 할 수 있다.

근래에는 서양에서도 『도덕경』을 읽는 사람이 많아졌다. 헤겔이나 하이데거 같은 거장 철학자나 톨스토이 같은 사상가가 노자를 읽었다는 사실은 널리 알려져 있었지만 최근 들어 도가 사상道家思想에 관심을 가지는 사람, 대학에서 도가 사상 강의를 수강하는 학생의 수가 늘어나고 있다. 특히 최근에는 서양에서 많이 논의되는 환경 문제나 여성학 등과 관련하여 『도덕경』에 나타난 세계관이나 자연관, 여성관이 많은 사람의 관심거리가 되고 있다.

『도덕경』은 중국 고전 가운데 주석서가 많기로 유명한 책이다. 중국에서만도 약 1,500권의 주석서가 쓰였고, 그중에서 약 350종이 현존하고 있다. 그뿐 아니라 영어로도 가장 많이 번역된 책으로서 현재까지 수백 종 이상의 번역서가 나왔고, 바로 지금 내 책상 위에도 아직 잉크 냄새가 채 가시지 않은 새 번역본 여러 권이 놓여 있다.

『도덕경』은 상식적으로 생각해서 '도덕'이나 '윤리'를 가르치는 책으로 알기 쉬우나 사실은 '도와 덕에 대한 경전'이라는 뜻이다. 그러면 '도'란 무엇이고, '덕'이란 무엇인가? 앞으로 읽어 가면서 알게 되겠지만 우선 한마디만 언급한다면 '도'는 우주의 '궁극실재窮極實在(ultimate reality)' 혹은 '근본 원리(Principle)'요, '덕'이란 그 도가 구체적인 인간이나 사물 속에서 자연스럽게 구현될 때 얻어지는 '힘' 같은 것이라 할 수 있다. 『도덕경』전체를 통해서 주어지는 기본 메시지는 우주의 기본 원리인 '도'의 흐름을 체득하고, 그 흐름에 따라 살아감으로 참다운 자유의 삶을 살아가게 되는 '덕'을 보라는 것쯤으로 생각할 수 있다.

이제 『도덕경』을 일반적으로 분류하는 순서에 따라 읽어 가면서 그 깊은 뜻을 나름대로 차근차근 음미해 보자. 사전적 혹은 고증적인 해설에 치중한 책은 이미 많이 나와 있기에 여기서는 불가피한 경우를 제외하고는 그런 것을 반복하거나 그런 것에 너무 얽매이지 않고, 『도덕경』의 사상 자체가 오늘을 사는 우리의 삶에 어떻게 관련되는가에 주로 관심을 가지고 생각해 보려고 한다. 이는 『도덕경』을 읽으면서 갖게 되는 일종의 실존적 반응 내지는 반성이라 할 수 있을 것이고, 이 책이 다른 책과 다르고 뭔가 조금이라도 보탬이 된다면 바로 이 점이 아닐까 생각한다.

『도덕경』은 본래 번역하기 어려운 책으로 유명하다. 어느 판본에 의존하느냐에 따라 원문도 다르고 같은 원문이라도 문장을 어디에서 끊어 읽느냐, 한 글자를 동사로 읽느냐 명사로 읽느냐, 동사라도 자동사로 읽느냐 타동사로 읽느냐, 평성으로 읽느냐 거성으로 읽느냐 하는 등 읽기에 따라서 얼마든지 다르게 해석할 수 있기 때문이다. 결국 상당 부분 역자 자신이 여러 주석서나 번역서를 참고하고 이리저리 숙고해서 가장 온당하리라고 생각하는 데 따라 '결단'을 내리는 수밖에 없을 때가 많다. 물론 『도덕경』은 『장자』라든가 다른 서책과 마찬가지로 우리 속에 있는 무엇을 '일깨우기' 위한 '일깨움(evocativeness)'을 기본 특성으로 하는 책이므로 내용적으로 의미상 차이가 약간 있다 하더라도 크게 문제 될 것은 없다. 이 책의 주된 목적은 노자님의 사상을 일점 일획도 틀리지 않고 송두리째 떠받들어야 한다는 것을 설득하려는 것이 아니라, 그의 글을 읽고 그와 함께 생각하며 내면적 대화를 나눔으로써 뭔가 우리 속에 잠재해 있던 것을 일깨우려는 것이다.

본문 번역을 위해서는 한 장 한 장 번역할 때마다 최근에 발견된 마왕퇴馬王堆본을 비롯하여 여러 판본과 한국어·일본어·중국어·영어로 된 번역본, 그리고 왕필王弼 및 하상공河上公 주석서 영역본 등 수십 가지 문헌을 하나하나 참고하고 대조했다. 한문 원본은 왕필본을 저본으로 하고 필요에 따라 몇 군데 고쳤을 뿐이다. 여기 실린 번역은 거의 모두 이런 문헌을 근거로 하여 이루어졌지만 일일이 각주를 붙이는 번거로움은 생략했다. 단 특히 어려운 한자에 한해서 그 읽는 법이나 뜻을 밝히는 간략한 부주를 달았다. 또 참고한 책의 목록도 첨부했다. 이 책이 이제까지 이 방면의 서양의 업적은 거의 빠지지 않고 참조한 결과에서 나온 것임은 분명한 사실이다. 뉴턴의 말과 같이 거인의 어깨 위에 올라서서 더 먼 곳을 볼 수 있게 된 셈이라고나 할까.

보통 한문 경전은 읽기가 어렵다고 한다. 그러나 한문 경전이라고 다른 어느 경전보다 유별나게 더 어려우라는 법은 없다. 우리가 그렇게 생각하는 것은 한문 경전을 우리말로 번역할 때 주로 자구에 얽매여 우리말답게 번역을 하지 않고, 한문 단어에 토나 다는 식으로 어색하게 옮겨 놓은 것을 읽어 왔기 때문일 것이다. 여기서는 원뜻이 가르치는 한도 내에서 최대한 우리말답게 옮기려고 애썼다. 사실 일반 독자는 반드시 한문 원문과 대조해 가며 읽어야 할 필요가 없다는 것을 전제로 하고, 한문 원문 없이 우리말만으로도 우선 문맥이 통해야 한다는 원칙을 염두에 두고 번역에 임했다.

또 독자의 편의를 위해서 각 장에 제목을 달아 보았다. 전통적으로 하상공이 달아 놓은 제목이 있어 참고했지만 그대로 따르지는 않았다. 나름대로 각 장 본문의 중심 사상이나 잘 알려진 표현이라 생각되는 말을 골라 제목으로 붙였다. 일종의 색인 같은 역할을 해줄 수 있으리라 기대해 본다.

본문의 우리말 번역은 모두 경어체로 했다. 본문의 말은 하늘에서 떨어진 것도 아니고, 무슨 신령이 뇌성 같은 음성으로 인간에게 들려준 것도 아니다. 심원한 우주의 진리를 먼저 터득한 한 인간이 동료 인간에게 속삭이듯 들려준 말이다. 어느 때는 우리에게 주는 교훈이요, 어느 때는 우리의 심혼을 일깨우는 통찰이요, 어느 때는 자기 혼자서 읊는 독백이요, 어느 때는 그윽한 명상이요, 어느 때는 해학이요 역설이다. 이럴 때 고고하고 강압적인 자세로 앉아 반말이나 어중간한 말로 했으리라기보다는 따뜻하고 부드러운 음성으로 존댓말을 써 가며 말했으리라 생각된다. 아니 적어도 그렇게 생각하는 것이 20세기 끝에 사는 우리의 심혼에 더욱 큰 친근감과 설득력을 가지고 육박해 들어오도록 하는 길이 아닌가 여겨진다.

『도덕경』 원문을 번역하기 시작한 것은 18년 전이다. 그 당시 캐나다 위니펙에 있는 매니토바 대학에서 가르치고 있었는데, 그곳에 있던 고 문승규 교수님, 고 김형갑 교수님, 임봉재, 권병현, 김승환님 등 몇 집에서 캐나다의 긴 겨울밤에 같이 앉아 『도덕경』을 읽으면서 시작한 작업이었다. 에드먼턴으로 이사가서 거기서도 송국종 형을 비롯하여 몇몇이 모여 『도덕경』을 읽었다. 그 뒤 리자이나 대학으로 자리를 옮겨 『도덕경』을 강의하는 기회가 있을 때마다 그때 그때 생각나는 것을 짤막짤막하게 적어 놓았다가, 1990년 10월부터 2년 가까이 캐나다 토론토에서 발행되는 한국일보에 매주 한 장씩 연재하게 되었다. 이제

그것을 다시 정리하여 책으로 묶는다. 그 동안 위니펙과 에드먼턴에서
『도덕경』을 함께 읽었던 친구들, 제목을 붙여 가며 신문에 내는 데 수
고해 준 한국일보 편집자, 좋은 길벗이 되어 주신 토론토의 여동원 형,
변창섭 시인, 토론토 대학의 김영곤 교수, 매니토바 대학의 문우일 교
수, 아내를 비롯하여 그 동안 음으로 양으로 이 일에 격려를 해준 여러
분, 그리고 출판을 허락해 주신 현암사 조근태 사장님과 편집부원 여
러분께 이 자리를 빌려 다시 한 번 고마움의 뜻을 전하고자 한다. 이런
길벗들을 만남이 길감의 기쁨 중 하나가 아니겠는가?

1995년 7월
캐나다 리자이나 대학교 한 모퉁이에서
오강남(吳剛男)

제 『도덕경』 풀이가 독자의 사랑을 받아 꾸준히 판을 거듭했습니다. 특히 청소년 권장도서로 추천되고, 교재로 채택되는 등 지금까지 『도덕경』을 접하기 어려워하던 젊은 층들에게도 읽히는 책이 된 것은 정말 고마운 일입니다.

출판 10주년을 맞아 개정판을 내려고 했는데, 여러 가지 다른 일로 뜻을 이루지 못했습니다. 이제 은퇴를 하고 약간의 시간적 여유가 생겼기에 다음과 같이 몇 가지를 고쳐 보려고 합니다.

첫째, 제 『도덕경』 풀이를 접하시고 제가 쓴 『장자』 풀이나 요즘 나오는 일반 책들에 비해 글자가 너무 작아 읽기 힘들다고 하시는 분들이 많았습니다. 이 점을 감안해서 이번에 글자를 좀 더 크게 하도록 출판사에 부탁했습니다. 주로 나이 드신 분들에 대한 배려입니다.

둘째, 젊은 세대가 많이 읽는 풀이가 된 만큼 젊은이들의 이해에 도움이 될까 하여 영어 번역을 함께 실었습니다. 사실 제가 캐나다에서 수업할 때는 영어 번역본만 사용하는데, 젊은이들의 경우 영어를 통해 이해된 『도덕경』은 어떤 것일까 한 번쯤 직접 경험해 보는 것도 좋을 것 같습니다. 더욱이 영어 번역을 읽는다면 『도덕경』 본문을 한 번 더 읽고 한 번 더 음미할 수 있는 기회를 얻게 된다는 점에서도 좋지 않을까 하는 생각이 듭니다. 영어 번역은 제가 직접 한 것이지만, 이를 검토하고 좋은 제안을 해준 영문과 출신의 제 아들 유진(Eugene) 군과 제가 가르친 Taoism 과목에서 가장 뛰어난 학생이었던 Sean Moxely 군에게 고마움을 전합니다.

셋째, 『도덕경』의 한문 원문과 자구 풀이를 각주로 처리했습니다. 우리말 번역만 가지고도 뜻이 통하도록 하겠다는 원래의 의도대로 일단 한국어 번역을 위주로 한 셈입니다. 물론 한문 원문과 대조해서 읽어 보시기 원하시면 밑에 있는 원문과 자구 풀이를 참고하실 수 있습니다.

넷째, 본문 번역과 풀이에서 읽을 때 좀 더 자연스럽게 흐를 수 있도록 고치면 좋겠다고 생각되는 부분을 약간씩 고쳤습니다. 그러나 초판을 가지고 계신 분들은 이 개정판을 다시 구하실 필요가 없을 정도로 최소한으로 했습니다.

다섯째, 제 풀이가 나온 이후 출판된 『도덕경』 번역서들과 참고서 몇 권을 더 정선해서 참고 문헌 목록에 포함시켰습니다.

아무쪼록 이 개정판이 더욱 사랑받는 『도덕경』 풀이가 되고 더욱 많은 분들에게 도움이 되었으면 하는 바람입니다. 감사합니다.

2010년 2월
캐나다 밴쿠버 제월실霽月室에서
오강남 드림

|차례|

제1장
도道라고 할 수 있는 도는 영원한 도가 아니다
─ 도란 무엇인가?

'도' 라고 할 수 있는 '도' 는 영원한 '도' 가 아닙니다.
이름 지을 수 있는 이름은 영원한 이름이 아닙니다.

이름 붙일 수 없는 그 무엇이 하늘과 땅의 시원.
이름 붙일 수 있는 것은 온갖 것의 어머니.

그러므로 언제나 욕심이 없으면 그 신비함을 볼 수 있고,
언제나 욕심이 있으면 그 나타남을 볼 수 있습니다.

둘 다 근원은 같은 것.
이름이 다를 뿐 둘 다 신비스러운 것.
신비 중의 신비요, 모든 신비의 문입니다.

제1장은 '도道'에 대하여 기본적인 것을 말해 주고 있는 장이다. 그 래서 하상공河上公은 이 장을 체도體道의 장이라고 불렀다. '도'의 본질을 말해 주는 장이라는 뜻이겠지만, 첫장인 이 장만 잘 이해해 도 『도덕경』의 반 이상을 이해했다고 할 수 있을 정도로 이해하기 어렵다고 알려진 장이다.

'도'란 무엇인가? 물론 여기서 말하는 '도'란 '차도'니 '인도'라 고 할 때와 같이 물리적인 길을 뜻하는 것도 아니고, '인간의 도'같 이 인륜을 나타내는 윤리적인 뜻의 도리를 말하는 것도 아니다. 이 렇게 감지할 수 있고 논의의 대상이 될 수 있는 도는 '영원한 도'가 아니라는 것이다. 영원한 도는 근본적으로 형이상학적이고 우주적 인 의미의 무엇이다. 그러나 그것이 무엇이라고 꼭 집어 말해 주지 는 않는다. '도'란 직관과 체험의 영역이지 사변과 분석과 정의의

---

1. 道可道非常道, 名可名非常名. 無名天地之始, 有名萬物之母. 故常無欲以觀其妙, 常有欲以觀其徼*. 此兩者同, 出而異名, 同謂之玄. 玄之又玄, 衆妙之門.

* 徼(요) - 결과. 밖으로 나타난 현상 세계. 妙(묘)와 대구(對句)를 이루고 있다. 이 구절은 "常無欲 以觀其妙; 常有欲 以觀其徼"로 띄어서 읽는 법과 "常無 欲 以⋯常有 欲以⋯."로 띄어서 읽는 법이 있다. 후자의 방법을 택할 경우, "그 영 원한 없음(無)에서 그 신비함을 보고자 하고, 그 영원한 있음(有)에서 그 나타 남을 보고자 합니다."로 풀 수 있다. 전자는 왕필, 하상공 등의 전통적 해석 방 법이고, 후자는 왕안석 등 후대 사람들이 채택한 방법이다.

대상이 될 수 없다는 뜻이다.

모든 다른 종교에서와 마찬가지로 여기서도 궁극 실재 혹은 절대적 실재는 우리의 제한된 표현을 초월한다는 주장이다. '도' 라든가 뭐라고 이름이나 속성을 붙이면 그것은 이미 그 이름이나 속성의 제한을 받는 무엇으로서 절대적인 '도' 일 수가 없는 것이다. 따라서 그것은 궁극적으로는 이름 붙일 수 없는 무명無名 혹은 무無 일 뿐이라는 것이다.

이야기가 처음부터 너무 추상적으로 된 것 같다. '도' 를 영어의 'The Way' 라고 하는 것이 차라리 더 쉽게 들릴지 모르겠다. 'The Way' 라고 했을 때 'The Way things are' 혹은 'The Way the whole universe is or is working' 쯤으로 생각하면 뭔가 감이 좀 잡히는 것 같기도 하다.

우주가, 그리고 그 안에 있는 모든 것이 존재하도록 하는 무엇, 그리고 그것이 움직이도록 하는 기본 원리, 그것으로 말미암지 않고는 아무것도 존재하거나 움직일 수 없는 우주의 기본 원칙 같은 것, 그런 의미로서의 'The Way', 그런 의미로서의 '궁극 실재' 라 생각해 볼 수 있다.

'도' 에는 두 가지 측면이 있다는 것이다. 하나는 이름 붙일 수도 없고 드러나 보이지도 않는 신비의 측면이요, 다른 하나는 이름 붙일 수도 있고 드러나 보이기도 하는 현상의 측면이라는 것이다. 전자는 실상實相의 세계로서 무명無名 혹은 무無의 세계요, 후자는 현상現象의 세계로서 유명有名 혹은 유有의 세계다. 무無라고 해서 물론 전혀 아무것도 없는 헛것이라는 뜻이 아니라, 보통으로 존재하는 유有와는 너무나도 다르기 때문에 보통으로 존재하는 것이 아니라는 뜻에서의 무無이다. 영어로는 보통의 'being'이 아니라는 뜻에서 'non-being'이요, 보통의 'thing'이 아니라는 뜻에서 'nothing', 'Nothing'이다.

만일 우리가 '욕심을 비우고' 깊은 형안을 갖게 되면 전자인 실상계의 신비를 직관하게 되지만, '욕심을 가지고' 사는 한 눈앞에 나타나는 현상계만을 감지하고 살 뿐이라고 한다.(이 부분은 달리 해석할 수도 있지만 여기서는 이렇게 풀기로 한다.)

실상계든 현상계든 이름만 다를 뿐 모두 '도'라는 한 가지 근원에서 나온 것, 그리고 이것이야말로 신비 중의 최고 신비라는 것이다.

책을 덮고 가만히 생각해 보라. 어찌하여 흑암의 공허만이 아니라 만물이, 그리고 내가 이렇게 존재한단 말인가? 조용히 생각해 보면 실로 전율이 느껴질 정도로 신비스러운 일이다. 그러기에 역사적으로 수많은 사상가가 공통적으로 "도대체 어찌하여 허공만이 아니라 존재라는 것이 있다는 것인가?(Why are there beings at all, rather than nothing?)" 하는 질문을 계속했고, '존재의 신비(mystery of being)'니 '존재의 충격(shock of being)'이니 하는 말로 그 신비스러움을 표현했다. 비트겐슈타인(Wittgenstein)은 "세상이 어떻게 존재하느냐 하는 것보다 그것이 존재한다는 사실 자체가 신비스럽다."고 했다.

존재의 신비, 존재의 충격이 이러하거늘 존재(being)를 가능하게 하는 비존재(non-being)의 신비, 그 비존재의 충격이야 어떠하겠는가?『도덕경』은 이렇게 존재계의 신비, 그리고 그 존재의 영역을 포함하고 통괄하면서 그 근본 바탕이 되는 비존재계의 신비, 이런 '신비의 문'으로 우리를 인도한다. 차분한 마음으로 이 초대에 응해 보자.

제2장
아름다움을 아름다움으로
―상호 관계성의 확인

세상 모두가 아름다움을 아름다움으로 알아보는 자체가
추함이 있다는 것을 뜻합니다.
착한 것을 착한 것으로 알아보는 자체가
착하지 않음이 있다는 것을 뜻합니다.

그러므로 가지고 못 가짐도 서로의 관계에서 생기는 것.
어렵고 쉬움도 서로의 관계에서 성립하는 것.
길고 짧음도 서로의 관계에서 나오는 것.
높고 낮음도 서로의 관계에서 비롯하는 것.
악기 소리와 목소리도 서로의 관계에서 어울리는 것.
앞과 뒤도 서로의 관계에서 이루어지는 것.

따라서 성인[자유인]은 무위無爲로써 일을 처리하고,
말로 하지 않는 가르침을 수행합니다.

모든 일 생겨나도 마다하지 않고,

모든 것을 이루나 가지려 하지 않고,

할 것 다 이루나 거기에 기대려 하지 않고,

공을 쌓으나 그 공을 주장하지 않습니다.

공을 주장하지 않기에 이룬 일이 허사로 돌아가지 않습니다.

이 장에서는 우선 모든 것이 '상대적' 임을 말하고 있다. 선악, 미추, 고저, 장단 등이 모두 상호 관계에서 이루어지는 개념이라는 것이다. 이런 것이 상대적 개념이라고 할 때 그것을 두 가지 뜻으로 생각할 수 있을 것이다.

첫째, 길다고 하는 것은 짧은 것이 있을 때만 가능하고 반대로 짧다고 하는 것도 긴 것이 있을 때만 가능하다는 뜻이다. '길다', '짧다' 하는 것은 독립적인 단독 개념이 아니라 서로 불가분으로 의존

---

2. 天下皆知美之爲美, 斯惡已. 皆知善之爲善, 斯不善已. 故有無相生, 難易相成, 長短相較, 高下相傾, 音聲*相和, 前後相隨. 是以聖人處無爲之事, 行不言之敎. 萬物作焉而不辭, 生而不有, 爲而不恃*. 功成而弗居, 夫唯弗居, 是以不去.

*音聲(음성) · '音'은 악기에서 나오는 소리, '聲'은 목소리.
*恃(시) · 의지하다. 믿다. 기대다.

하는 상대 개념이다.

둘째, 길다고 하는 것도 그보다 더 긴 것에 비하면 짧은 것이요, 짧다고 하는 것도 그보다 더 짧은 것에 비하면 긴 것이 된다. 한 가지 사물이 서로의 관계에서 길기도 하고, 동시에 짧기도 하다는 뜻이다.

내 손의 손가락이 '길다' 고 할 때 그 길다고 하는 것이 내 손가락 자체에 본질적으로 들어 있는 성질로 보는 것이 보통의 상식적 관찰이다. 이런 식으로 사물을 보는 것을 '본질론적 사고(essentialist view)' 라 할 수 있다. 반면 내 손가락이 길다고 하는 것은 본질적인 것이 아니라 오로지 서로의 관계에서 결정된다고 볼 수도 있다. 이처럼 한 손가락이 길 수도 있고 동시에 짧을 수도 있다는 것, 길고 짧음을 동시에 가질 수 있다는 것 등을 보도록 하라는 것이 도가道家의 가르침이고 이런 식으로 사물을 보는 것을 '비본질론적 사고 (non-essentialist view)' 라 할 수 있다.

이른바 분별의 세계, 일상적 상식의 세계를 초탈하라는 것이다. '도' 의 입장에서 보면 반대나 모순처럼 보이는 개념들이 서로 다를 것이 없을 뿐 아니라 빙글빙글 돌아 고정된 성질로 파악될 수가 없다는 것이다. 좀더 어려운 말로 하면 이원론적 세계관을 벗고 양쪽을 동시에 생각하는 변증법적 사고방식, 양쪽으로 대립된 것처럼 보이는 것이 사실은 모순이 아니라 하나라고 보는 '양극의 조화' '반대의 일치(coincidentia oppositorum)' 를 터득하라는 것이다.

이 장에서 '성인聖人' 이라는 말이 처음으로 나오는데, 『도덕경』

전체에서 약 30번 정도 사용되는 중요한 말이다. 어원적으로 귀가 밝은 사람, 귀가 밝아 보통 사람이 감지하지 못하는 것도 잘 감지할 수 있는 능력이 있는 사람이라는 뜻이다. 우리말로 성인이라고 하면 '윤리적으로 완벽한 사람' 정도로 생각하기 쉬우나 성인의 본래 뜻은 이런 윤리적 차원을 넘어, 말하자면 '특이한 감지 능력의 활성화'를 통해 만물의 근원, 만물의 '참됨', 만물의 '그러함'을 꿰뚫어보고 거기에 따라 자유롭게 물 흐르듯 살아가는 사람을 뜻한다. 이런 사람이 『도덕경』에서 그리는 이상적인 인간형이다.

이런 성인은 '무위無爲'를 실천하는 사람이다. '무위'라는 것은 『도덕경』에서, 그리고 『장자』에서 가장 중요시되는 행동 원리다. 따라서 앞으로도 계속 등장한다. 무위란 물론 '행위가 없음(non-action)'이다. 그러나 가만히 앉아서 무위 도식하거나 빈둥거린다는 뜻이 결코 아니다. 무위란 보통 인간사에서 발견되는 인위적 행위, 과장된 행위, 계산된 행위, 쓸데없는 행위, 남을 의식하고 남 보라고 하는 행위, 자기 중심적 행위, 부산하게 설치는 행위, 억지로 하는 행위, 남의 일에 간섭하는 행위, 함부로 하는 행위 등 일체의 부자연스런 행위를 하지 않는다는 뜻이다. 행동이 너무나 자연스럽고(natural) 너무 자발적(spontaneous)이어서 자기가 하는 행동이 구태여 행동으로 느껴지지 않는 행동, 그래서 행동이라 이름할 수도 없는 행동, 그런 행동이 바로 '무위의 위無爲之爲', '함이 없는 함'이라는 것이다.

이런 무위의 위를 실천하는 사람은 자기 행동 때문에 누가 잘되거나 무슨 일이 이루어져도 자기의 공을 주장하거나 과시하려 하지 않는다. 그것이 자기의 의식적, 인위적 행위가 아니라 도에 따라서 저절로 우러나온 자연적 행동이기 때문에 자기 자신의 행동인지도 모르고 그것 때문에 생긴 공이 자기 것인지도 모른다. 이런 행동 방식, 이런 마음가짐, 이런 초월적 자세를 가진 자유인이 하는 일은 참된 일이기 때문에 '허사로 돌아가지 않는다'는 것이다. 우리는 얼마만큼 자유인인가?

제3장
마음은 비우고 배는 든든하게
─안민安民의 길

훌륭하다는 사람 떠받들지 마십시오.
사람 사이에 다투는 일 없어질 것입니다.
귀중하다는 것 귀히 여기지 마십시오.
사람 사이에 훔치는 일 없어질 것입니다.
탐날 만한 것 보이지 마십시오.
사람의 마음 산란해지지 않을 것입니다.

그러므로 성인이 다스리게 되면 사람들로
마음은 비우고 배는 든든하게 하며,
뜻은 약하게 하고 뼈는 튼튼하게 합니다.
사람들로 지식도 없애고 욕망도 없애고,
영리하다는 자들 함부로 하겠다는 짓도 못하게 합니다.

억지로 하는 함이 없으면

다스려지지 않는 것이 하나도 없습니다.

훌륭한 사람을 표창하여 모든 사람의 귀감이 되도록 떠받들면, 모든 사람이 그 사람처럼 훌륭한 사람이 되고자 힘쓸 것이라고 믿는 것이 일반적인 통념이다. 정부나 기관에서는 이런 통념에 따라 표창장이니 훈장이니 하는 것을 적격자에게 나누어 주고 이를 널리 공표한다. 노자님은 이런 상식적 관례를 깨어 버리라고 한다. 훌륭한 사람들을 떠받들거나 그들에게 상을 주면 그것 때문에 서로 다투고 질시할 것이기 때문이다.

　마찬가지로 구하기 어려운 귀중한 것을 귀히 여기면 사람들은 그런 것을 얻으려고 수단 방법을 가리지 않고 부정을 저지를 것이요, 탐날 만한 것을 보이면 그런 것을 못 가져 안달하거나 '상대적 빈곤'에 시달릴 것이니 아예 그런 것을 귀히 여기지도 말고 보이지

---

3. 不尚*賢, 使民不爭. 不貴難得之貨, 使民不爲盜. 不見可欲, 使民心不亂.
　是以聖人之治, 虛其心, 實其腹, 弱其志, 强其骨. 常使民無知無欲,
　使夫智者不敢爲也. 爲無爲則無不治.

* 尙(상) - 숭상하다. 떠받들다. 어떤 사본에는 '上'으로 나오는데 이런 경우 "훌륭하다는 사람을 높은 자리에 세우지 마십시오."의 뜻이 된다.

도 말라고 한다.

성인의 다스림은 무엇보다 백성들로 '간교한 마음'이나 그 마음에서 나오는 '허망한 야심'을 없애도록 도와 주고, 그들로 '배와 뼈'로 대표되는 인간의 기본적인 필요를 채우도록 해주는 일을 우선으로 삼는다는 것이다. 성인은 나아가 사람들로 '무지無知', '무욕無欲', '무위無爲'의 상태로 돌아가게 한다는 것이다. 이런 무위의 다스림이 최고의 다스림으로, 이렇게만 되면 만사가 저절로 풀려 갈 것이라고 한다.

이 장은 가장 비판을 많이 받는 장이기도 하다. 사람들에게 될 수 있는 대로 뛰어나려는 마음, 부를 축적하고 즐기려는 마음을 고취해서 나라를 부강하게 하고, 사람들로 어떻게든지 더욱 많은 지식을 쌓고, 의욕적이고 진취적인 자세로 무엇이나 해보겠다는 마음을 갖도록 고무하여 나라를 발전시키는 것이 마땅하거늘 이렇게 찬물을 끼얹으니 말이 되는가 하는 비판이다.

그러나 노자님이 말하는 근본 뜻이 사람들로 하여금 현실을 잊어버리고, 생래적 무지 속에서 희희 낙락하면서 천진스럽게 살아가게 하여 독재자가 마음 놓고 억압하고 착취하기 쉬운 사회로 만들라는 것일까? 그보다 여기서 노자님은 우리에게 우리가 일반적으로 떠받들고 있는 그 훌륭하다는 것, 귀중하다는 것, 탐날 만하다는 것이 진정으로 바람직한 궁극 가치인가 하는 근본적 물음을 가져 보라고 말하는 게 아닐까?

'무지'라는 것도 그렇다. 사람들을 무지하게 해야 한다는 '우민 정책愚民政策'을 주장하는 것 같아 얼른 이해하기 곤란하지만『도덕경』전체를 놓고 볼 때 여기서 무지를 강조한 것은 우리의 이원론적 사고에서 얻어진 일상적인 지식, 세상을 도의 입장에서 보지 못한 데서 나온 단견, 소위 분별지分別知로서의 지식을 버려야 함을 강조하는 것으로 볼 수 있다. 이른바 잘못된 배움을 '없애 가는(unlearning)' 과정을 이야기하고 있는 것이다.

우리가 뭔가 새로운 것을 깨달아 간다고 하는 것은 이전에 가지고 있던 지식을 버리는(unlearning하는) 것이다. 지구가 둥글다고 하는 것을 깨닫는 것은 지구가 판판하다는 '지식'을 버리는 것이다. 계속 버려서 결국 우리의 제한된 안목에서 얻어졌던 일상적 지식이 완전히 없어지는 완전한 '무지'의 경지에 이르면 그때 새로운 의미의 완전한 앎, 궁극 지식의 경지가 트이는 셈이다. 이를 '박학한 무지(docta ignorantia)'라 할 수 있을 것이다.

우리의 제한된 안목에서 얻어진 주객 이분의 분별지는 결국 욕심을 낳고, 나아가 자꾸만 함부로 뭔가를 해보겠다고 덤비게 만든다. 따라서 도의 길은 이런 지식을 버리는 과정이다. 제48장에서도 "도의 길은 하루하루 없애 가는 것爲道日損"이라고 했다.

다시 말하자면 요즘 말로 해서 학교도 다니지 말고 책이나 신문도 보지 말고 우리의 생래적 무지를 훈장처럼 여기며 살라는 뜻으로 받아들일 필요는 없다. 노자님이 이런 글을 쓸 수 있었다는 사실 자체가 이런 생래적 무지를 무조건 찬양한 것이 아님을 말하고 있지 않은가? 중요한 것은 이런 일상적 지식이 절대적이 아니라는 것,

그리고 일상적인 것을 넘어서는 경지를 추구하기 위해서는 일상적 지식을 넘어서는 참된 통찰이 필요하다는 것, 그런 통찰을 얻기 위해서는 일상적 지식이 주는 편견에서 해방되어야 한다는 것 등을 깨닫는 것이다. 하상공의 말처럼 우민이 아니라 안민安民의 장이다.

제4장

도는 그릇처럼 비어
— 도의 쓰임새

도는 그릇처럼 비어,
그 쓰임에 차고 넘치는 일이 없습니다.
심연처럼 깊어,
온갖 것의 근원입니다.

날카로운 것을 무디게 하고,
얽힌 것을 풀어 주고,
빛을 부드럽게 하고,
티끌과 하나가 됩니다.
깊고 고요하여,
뭔가 존재하는 것 같습니다.

누구의 아들인지 난 알 수 없지만,
하늘님帝보다 먼저 있었음이 틀림없습니다.

이 장에서도 도에 대하여 다시 언급한다. 앞으로도 되풀이해서 도에 대해 이야기하는 장이 나타난다. 『도덕경』의 이런 성격 때문에 한 사람의 작가가 한 자리에 앉아서 한꺼번에 쓴 것일 수가 없고, 도道와 덕德에 대해서 옛날부터 오랫동안 사람들의 입에 오르내리던 경구나 명언을 모아 놓은 명언집 같은 것으로 보는 견해가 많다. 역사적 사정이야 어떠하든 간에 같은 주제가 여러 번 되풀이되므로 우리의 기억을 상기시키고, 뜻을 더욱 깊이 새겨 보도록 하는 데 도움이 되는 것만은 틀림없는 일이다.

　처음 문장은 여러 가지로 해석할 수 있다. 도는 텅 빈 그릇과 같이 빈 것이지만 마술사의 빈 병처럼 거기서 나오는 것으로 세상에 있는 것들을 채우면 채워지지 않는 것이 없다는 뜻으로 해석할 수도

---

4. 道沖*而用之, 或*不盈. 淵兮*, 似萬物之宗. 挫其銳*, 解其紛, 和其光, 同其塵,
　湛兮*, 似或存. 吾不知誰之子, 象*帝*之先.

*沖(충) - '盅(충)' 대신에 쓰인 글자. '빈 그릇'을 뜻한다.
*或(혹) - 하상공은 '상(常)'과 같다고 풀이했다.
*淵兮(연혜) - 심연처럼 깊음이여.
*挫其銳(좌기예) - 날카로운 것을 무디게 하다.
*湛兮(담혜) - 깊고 고요함이여.
*象(상) - '무엇처럼 보이다'라는 뜻의 동사이다.
*帝(제) - 중국에서 받들던 인격신. 상제(上帝) 혹은 천제(天帝).

있고, 도는 텅 빈 그릇과 같이 비어서 아무리 퍼담아도 차고 넘치는 일이 없을 정도로 그 쓰임새가 크다는 뜻으로 읽을 수도 있다. 도는 만물의 근원으로서 만물이 다시 그리로 들어가도 차고 넘치는 일이 없다는 뜻으로 해석할 수도 있다.

아무튼 도는 '빈 그릇' 같기도 하고 '심연'처럼 깊어 알 수도 없고, '깊은 물'처럼 아물아물한 신비스러운 무엇이지만 그것은 모든 것의 존재 근원으로서 상존하면서 모든 것의 존재를 가능하게 해주는 무엇임을 재천명하고 있는 셈이다.

너무 날카로운 것, 뒤엉킨 것, 분란스러운 것, 번쩍거리는 것 등은 자연적인 것이 못 된다. 한쪽으로 너무 치우쳐 균형을 잃은 상태이기 때문이다. 도는 대립을 함께 포용하면서 이를 넘어서는 총체이기에, 이런 것을 둔화시키고 중화시켜서 둥글고 화통하고 부드럽게 해준다. 말하자면 음陰적인 현상과 양陽적인 현상의 조화가 가능하도록 한다는 것이다. 세상에 자연적인 것치고 직선적인 것, 직각적인 것이 어디 있는가? 직선적이고 직각적인 것은 인위적인 것이다. 물방울도, 능선도, 꽃잎도 모두 둥글거나 곡선적이다. 이런 것은 '양극의 조화'를 가능케 하는 도의 작용에 의한 것이기 때문이다.

『도덕경』에서는 도가 어떻다고 할 때, 언제나 도가 그러니까 우리도 그러해야 좋다는 것을 암시하고 있다. 인간에게 있어서 이상적인 삶이란 도에 맞추어, 도처럼, 도와 함께 살아가는 것, 도와 함께 흐르고, 도와 함께 춤추는 것이기 때문이다. 도가 날카로운 것을 무디게 하고, 엉킨 것을 풀어 주고, 빛을 부드럽게 하고, 티끌과 하나가 된다고 했을 때 우리도 그처럼 너무 날카롭거나, 너무 얽히고 설킨 관계를 유지하거나, 너무 광내려 하거나, 너무 혼자 맑은 체 도도하게 굴거나 하지 말고 양쪽을 함께 포용하고 조화로운 관계를 유지하도록 하라는 것을 동시에 이야기하고 있다고 볼 수 있다.

원문의 "和其光, 同其塵" 혹은 줄여서 "和光同塵"은 『도덕경』의 명언 중에서 많이 알려진 것 가운데 하나지만 특히 흥미로운 것은 도가 티끌, 곧 티끌 세상과 하나가 되려 한다는 것이다. 도는 세상과 따로 떨어져 고립된 존재가 아니라는 것이다. 세상의 본모습 그대로가 도이다. 따라서 도를 높은 곳에 계시다거나 저 멀리 계시다고만 할 수가 없다. 이상스럽게 들리겠지만 "도가 육신이 되어 세상과 하나되고, 그래서 세상에 거한다."는 이야기가 성립될 수도 있다. 사실 세상의 세상됨이란 도가 세상과 하나됨에서 가능하게 된 것이다. 세상의 됨됨이가 도의 모습 그대로이다. 도는 전적으로 초월적이기만 한 것도 아니고 전적으로 내재적이기만 한 것도 아니다. 초월과 내재를 동시에 겸하고 있는 '변증법적 실재'라 할 수 있다.

이런 도가 도대체 누구의 아들인가? 어디서 나왔는가? 물론 도 자체가 어디에서 나왔는지, 왜 나왔는지 알 길은 없다. 그러나 한 가지 분명한 사실은 그것이 세상의 온갖 것, 심지어는 중국에서 최고의 인격신으로 모시는 하늘님上帝보다도 먼저 있었다는 것이다. 도는 구체적인 인격신과 차원을 달리하는 무엇이다. 인격신을 God(영), Gott(독), Deus(라틴)라 한다면 도는 이를 넘어서는 Godhead, Gottheit, Deitas에 해당한다. 하이데거(Martin Heidegger)의 용어를 따르면 ontic 차원이 아니라 ontological 차원의 무엇이다. 도는 우주의 '궁극 근거(Ungrund)'로서 무시적無始的이고 무시간적無時間的이고 초시간적超時間的이라는 뜻이다.

제5장
짚으로 만든 개처럼
─ 도의 무편무당성

하늘과 땅은 편애仁하지 않습니다.
모든 것을 짚으로 만든 개처럼 취급합니다.
성인도 편애하지 않습니다.
백성을 모두 짚으로 만든 개처럼 취급합니다.

하늘과 땅 사이는 풀무의 바람통.
비어 있으나 다함이 없고,
움직일수록 더욱더 내놓는 것.

말이 많으면 궁지에 몰리는 법.
중심中을 지키는 것보다 좋은 일은 없습니다.

하늘과 땅, 그리고 성인이 "인仁하지 않다"고 하는 것은 인仁을 무엇으로 보느냐에 따라서 여러 가지 해석이 가능하다. 일반적으로 "편애하지 않는다"고 읽는다. 하늘과 땅 그리고 성인, 따라서 이들로 대표되는 도는 인간적 감정에 좌우되어 누구에게는 햇빛을 더 주고 누구에게는 덜 주는 따위의 일을 하지 않는다는 뜻이다. 모든 것은 우주 전체의 조화로운 원리와의 상관 관계에 따라 순리대로 되어갈 뿐이라는 것이다.

도는 이처럼 한결같을 뿐이다. 따라서 도를 향해 나를 더 사랑해 달라고 조르거나 간구할 수도 없고 그럴 필요도 없다. 들에 핀 백합화를 보라. 특별히 조르거나 간구하거나 잘 보일 일을 하지 않아도 한결같은 도의 덕으로 입을 것 입고 먹을 것 먹는 것 아니냐는 뜻이다. 도는 우리의 변덕스런 이기적 요구 사항에 좌우되지 않으므로 오직 한결같은 도의 근본 원리에 우리 자신을 탁 맡기고 쓸데없이 안달하지 않는 태도가 바람직하다는 것이다.

하늘, 땅, 성인 그리고 도가 만물을, 그리고 모든 사람을 제사 때

---

5. 天地不仁, 以萬物爲芻狗*. 聖人不仁, 以百姓爲芻狗. 天地之間其猶橐籥*乎,
   虛而不屈, 動而愈出. 多言數窮, 不如守中.

* 芻狗(추구) - 고대 중국에서 제사 때 한 번 쓰고 버리던 짚으로 만든 개.
* 橐籥(탁약) - 풀무.

한 번 쓰고 버리는 "짚으로 만든 개처럼" 취급한다는 것은 이런 무편 무당하고 한결같은 관계를 더욱 극적으로 묘사한 것이다. 인仁이란 유가儒家에서 떠받드는 최고 덕목인데, 노자님이 이를 비판하기 위해서 도가 "인하지 않다"고 했을 것이라고 보는 견해도 가능하다. 앞으로도 나오지만 '인'이란 도가 제대로 받들어지지 않기 때문에 강조되는 법이다. 인간 상호간의 관계를 인위적, 의식적으로 조화스럽게 유지하려는 것을 목표로 삼는 '인'은 결코 인간의 최고 덕목일 수 없다는 것이다. 도와 하나되고, 자연과 인간이 모두 도에서 하나되어 도덕적 요구 같은 것은 저절로 충족되므로 인仁이니 의義니 하는 윤리적 차원 따위는 모두 잊어버리고 신경쓰지 않는 상태가 최고라는 이야기다.

"하늘과 땅 사이는" 대장간에서 불을 뜨겁게 하기 위해 사용하는 "풀무의 바람통" 같다고 한다. 어떤 주석가는 풀무질을 할 때 풀무의 바람통과 그 안에서 전후로 움직이는 막대기가 음양의 관계를 상징하고, 이 둘의 조화로운 움직임에 따라 만물이 생성되어 나왔음을 의미하는 것이라 풀이하기도 한다. 아무튼 도의 역동적인 성격, 창조적인 능력을 묘사하고 있는 것으로 보면 좋을 것이다.

"말이 많으면 좋지 않다"고 하는 것은 『도덕경』뿐 아니라 거의 모든 종교에서 가르치는 교훈이다. 일상 생활 중에 말이 많으면 그만큼 실수하기 쉽고 쓸데없는 말로 남에게 상처를 줄 수도 있으니 말 많은 것이 좋지 않다는 것도 사실이지만 더욱 중요한 것은 도같이 궁극적인 것에 대하여 말을 하는 것은 옳은 일이 못 된다는 뜻이리

라. 물론 말 자체를 부정하는 것은 아니다. 궁극적 실재는 체험의 영역이지, 사변적으로 따지거나 논리적으로 캐내려는 지적知的 노력의 대상일 수가 없다는 것이다. 이런 지적 노력은 오히려 궁극 실재에 대한 체험을 불가능하게 한다. 구태여 말을 한다면 말할 수 없음에 대하여 말할 수밖에 없다는 것이다. 그래서 제2장에서도 성인은 "말로 하지 않는 가르침不言之敎"을 가르친다고 했다. 제43장에도 같은 말이 나오고, 제56장에서도 "아는 사람은 말하지 않고, 말하는 사람은 알지 못한다."고 한다.

"중심을 지키는 것守中"이 최고라고 했을 때 "중심을 지키는 것"이 무슨 뜻일까 하는 문제가 주석가 사이에 많이 논의되어 왔다. 글 전체로 보아서 궁극 실재에 대한 외적 표현에 치중하기보다는 말로 표현할 수 없는 도의 깊숙한 본질적 차원을 붙드는 것, 외부로 나타나 보이지 않고 이름 붙일 수도 없는 도 그 자체의 내면적인 차원에 관심을 기울이는 것, 이보다 더 좋은 일은 없다는 뜻으로 해석해도 무방할 것이다.

그러나 이런 도의 근본 자리를 좀더 심리적으로 표현하면 우리의 '마음 한가운데心中'라 볼 수도 있을 것이다. 신유학新儒學에서 말하는 "희로 애락 등이 외부로 표출되기 이전인 미발未發" 상태의 마음, 아직 흔들리지 않은 마음, 평정된 마음, 맑고 고요한 마음, 이런 마음을 유지하므로 온 우주가 그 속에 합일되고 주객이 일체가 되는 것을 체험하는 것보다 더 훌륭한 일이 어디 있겠는가 하는 뜻으로 해석해 보아도 좋으리라 생각된다.

제6장

도는 신비의 여인[玄牝]

－도의 여성적 특성

계곡의 신은 결코 죽지 않습니다.

그것은 신비의 여인.

여인의 문은 하늘과 땅의 근원.

끊길 듯하면서도 이어지고,

써도 써도 다할 줄을 모릅니다.

---

6. 谷神不死, 是謂玄牝*. 玄牝之門, 是謂天地根. 綿綿*若存, 用之不勤.

* 牝(빈) - 암컷, 여성. '牡(모)'의 대칭.
* 綿綿(면면) - 끊임없이 계속되는 모양.

여기서는 '도'를 '여인'으로 상징하고 있다. '도'를 상징하는 것으로 갓난아이, 다듬지 않은 통나무, 물 등과 함께 계곡과 여인이 등장한다. '도'는 골짜기처럼 자기를 낮은 곳에 두고, 허허하고, 고요하고, 탁 트이고, 모든 것을 그대로 받아들이고, 동시에 그 품에서 모든 것을 길러내는 일을 한다는 뜻이다.

'도'는 또 '여인'과도 같다는 것이다. 빈牝이란 '암수'라 할 때 암에 해당되는 말이지만, 모든 암 중에서 '여인'보다 더 훌륭한 것이 어디 있겠는가? 그런 의미에서 "도는 여인"이라 하는 것이 좋다. 여인 중에서도 '신비의 여인'이라고 한다. 여인치고 신비스럽지 않은 여인이 어디 있겠는가? 그런 의미에서 모든 여성은 신비스런 '도'의 대표자이다. 그러나 여기서는 자식을 낳고 기르는 '어머니'로서의 여인, 생산적 기능의 상징으로서의 여인이 강조되어 있다. 그래서 "여인의 문은 하늘과 땅의 근원"이라고 했다. 약한 것 같지만 끊어지는 일이 없고, 쓰면 줄거나 없어질 것 같지만 언제나 이어지고, 텅 빈 것 같지만 그 속에서 계속 뭔가를 생산해 내는 것을 특징으로 삼는 이런 '신비의 여인'보다 '도'의 항존성, 수납성, 창조성, 생산성, 개방성을 더 잘 상징할 수 있는 것이 무엇이겠는가?

계곡과 여인은 여러 가지로 공통되는 점이 많다. 계곡을, 특히 폭포라도 떨어지는 계곡을 보고 있으면 여인을 보는 듯하다고 그 외형적 모양을 두고 말하는 이도 있겠지만, 무엇보다 여인도 계곡처럼 자기를 낮은 곳에 두고, 허허하고, 고요하고, 탁 트이고, 모든 것을 받아들이고, 그리고 생산한다는 면에서 서로 같다. 그래서 여기서는 계곡과 여인을 묶어 '도'의 상징으로 사용하고 있는 것이다.

아무튼 『도덕경』에서 도를 여인, 특히 어머니로 상징하고 있다는 것은 흥미있는 일이다. 이런 뜻에서 나는 여성 운동가들이 『도덕경』을 여성 운동의 '성서'로 삼아도 좋으리라고 농담 반 진담 반으로 주장해 오고 있는 터인데, 여성 운동가들이 실제로 그렇게 하고 있는지는 모르지만 요즘 서양에서 활발히 거론되고 있는 '여성 신학'에서는 이제 신神을 '하느님 아버지'라 부르는 대신 '하느님 어머니(God the Mother)'로 부르는 것이 더 좋다고 주장하고 있다. '하느님 아버지와 어머니(God the Father and the Mother)'라 부르자는 주장도 있지만, 너무 길고 거추장스러우니까 둘 중 하나를 골라잡아야 한다면 '하느님 어머니'가 훨씬 좋다는 것이다.

궁극 실재로서의 신은 물론 남성이니 여성이니 하는 한 가지 범주에 국한될 수 없지만 그런 절대적인 신은 인간으로서 상상할 수가 없으므로 뭔가 인간과 가까운 상징으로 이해해 볼 도리밖에 없어서 아버지니 어머니니 하는 상징을 쓰는데, 2,000년 가까이 '아버지'라는 상징을 써 왔지만 지금 와서 돌이켜보면 그 때문에 생기는 부작용이 너무 많다는 것이다. 따라서 지금처럼 핵전쟁의 위협이나 공해 문제로 시달리는 시대에는 '하느님 아버지' 대신 '하느님 어머니'로 쓰는 편이 이런 문제를 극복하는 데 훨씬 더 도움이 된다는 주장이다.

미국 밴더빌트 대학에 있다가 지금 캐나다 밴쿠버신학대학(VST)에서 가르치는 샐리 맥페이그(Sallie McFague) 교수의 『신의 모형들(Models of God)』이라는 책이 이 방면에서 대표적인 저술이라 볼 수 있다. 그는 이 책에서 하느님을 아버지라 보는 대신 '어머니', '연인', '친구' 로 생각할 때 얻어지는 이점을 논의하고 있다.

요컨대 지금까지 공격성, 진취성, 지배성, 경쟁성 등 주로 남성적 특성을 찬양하고 이런 특성을 신과 결부시켜 신을 우리의 대장, 임금, 승리자, 정복자, 주님 등으로 생각했는데 종래까지의 이런 의식 구조나 고정 관념을 청산하고 재구성하는 것이 필요하다는 것이다. 요즘 서양에서 유행하는 말로 고치면 'deconstruct(해체)' 해야 한다는 뜻이리라. 궁극 실재의 '양陽' 적인 면만 아니라 '음陰' 적인 면도 혹은 '양' 적인 면보다는 '음' 적인 면을 더욱 강조해야 한다는 이야기다. 몇몇 미래학자의 예견이나 어느 종교에서 주장하는 것과 일맥 상통하는 바가 있음은 흥미로운 일이다.

'도' 는 신비의 여인, 우리를 낳고 기르고 먹이고 감싸 주는 어머니. 이런 표현이 '만왕의 왕', '만주의 주' 보다 훨씬 부드럽고 안온하고 포근하게 들리는 것이 사실 아닐까?

제7장
하늘과 땅은 영원한데
— 스스로를 위해 살지 않는 삶

하늘과 땅은 영원한데

하늘과 땅이 영원한 까닭은

자기 스스로를 위해 살지 않기 때문입니다.

그러기에 참삶을 사는 것입니다.

성인도 마찬가지.

자기를 앞세우지 않기에 앞서게 되고,

자기를 버리기에 자기를 보존합니다.

나를 비우는 것이

진정으로 나를 완성하는 것 아니겠습니까?

---

7. 天長地久, 天地所以能長且久者, 以其不自生, 故能長生.
　　是以聖人後其身而身先, 外其身而身存. 非以其無私邪, 故能成其私.

이런 아름다운 구절에 더 이상 풀이를 한다는 것은 사족일 수밖에 없다. 그러나 저자와 독자의 용서를 빌면서 몇 마디 덧붙인다.

하늘과 땅 그리고 성인은 영원한 삶을 산다. 원문에는 "길고 오랜長久" 삶, "오랜 삶長生"이라 되어 있지만 장생이니 영생이니 하면 육신적인 생명이 오래 계속되는 것으로 오해할 소지가 있기 때문에 "참삶"이라고 옮겼다. 진정한 의미의 영원한 삶이란 시간적으로 무한히 연장되는 생물학적 삶이 아니라 질적으로 새롭게 된 참삶을 뜻하기 때문이다.

이런 참삶은 어떻게 가능해지는가? 자기를 위해 사는 삶을 그만둘 때 가능해진다고 한다. 좀 어려운 말로 표현하면 "자기 부정의 길이 곧 자기 긍정의 길"이라는 것이다. 자기 부정을 통해 참 자기가 새롭게 탄생된다는 것이다. 자기를 위해 살지 않고, 자기를 앞세우지 않고, 자기를 버리고, 자기를 비우는 것이 진정으로 자기를 완성하고 영존시키는 길임을 시적으로 묘사하고 있다.

이때 부정하고, 버리고, 비울 대상으로서의 자기란 '작은 자기(small self)', '자의식으로 도사리고 있는 자기(self-conscious self)', '이기적인 자기'라 보고 이런 자기를 부정하고, 버리고, 비울 때 발견하게 되는 새로운 자기란 '큰 자기(large self)', '자기라는 의식마저도 없는 활달한 자기', '남을 위한 존재로서의 자기'라고 보면 이해가 쉬워진다. '작은 자기'를 진정한 자기라 착각하고 거기에 집착해서 그 꿈을 키워 보려 하다가는 '큰 자기'를 잃어버리게 되고, 반대로 이런 작은 자기를 부정하고 비우면 큰 자기를 찾게 된다는 것이다. 비본래적인 작은 자기에 대해 죽으면, 본래적인 큰 자기가 되 살아난다는 '죽음과 부활'의 종교적 역설逆說의 논리다.

이런 종교적 역설의 논리는 『도덕경』뿐 아니라 다른 여러 종교에서도 거의 공통적으로 발견된다. 예를 들면 예수님도 "아무든지 나를 따라오려거든 자기를 버리고 제 십자가를 지고 나를 좇을 것이니라. 누구든지 제 목숨을 구원코자 하면 잃을 것이요, 나를 위하여 제 목숨을 잃으면 찾으리라."(마태복음16:24~25)고 했다. 예수님을 따른다는 것은 일반적으로 생각하는 것처럼 이 세상에서 복많이 받아 남보란 듯이 잘 살고, 내세에서도 죽지 않고 오래 살기 위한 것, 말하자면 '제 목숨', 지금의 '작은 자기'가 잘 되고 영속되게 하려는 것이 아니다. 예수님의 가르침은 이런 작은 자기를 구원코자 하면 참 자기를 잃을 수밖에 없고, 작은 자기를 버릴 때 큰 자기를 찾게 된다는 것이다. 예수님을 따르는 것은 자기를 부인하고 자기를 십자가에 못박는 것이요, 이렇게 자기를 부인하고 십자가에 죽음으로 진정한 제 목숨으로 부활하게 된다는 역설의 공식이다.

예수님은 또 "누구든지 자기를 높이는 자는 낮아지고, 자기를 낮추는 자는 높아지리라."(마태복음23:12)고도 했다. 앞세우지 않기에 앞서게 된다는 『도덕경』의 말과 일맥 상통한다. 사람들 앞에서 높아지기 위하여 일부러 낮추거나 남의 앞에 서기 위해서 일부러 뒤에 서는 얕팍한 공리적 계산에서가 아니라, 진정으로 이기적인 자기를 누르고 극복한 사람은 자연히 영적으로 위대한 사람이 된다는 종교적 공식을 이야기하고 있다.

불교에서 가르치는 무아無我(anātman)라는 것도 원칙적인 면에서는 대동소이하다고 볼 수 있다. '나(ātman)'라는 것은 허구에 불과하므로 거기에 집착하는 오류, 이런 오류에서 연유하는 온갖 부정적인 결과에서 해방을 얻으라는 것이다. 신유학新儒學에서도 무사無私, 무욕無欲 등을 이야기하고 있는데, 모두 참삶을 되찾기 위해서는 이기적인 자아를 쳐서 복종시키는 일이 중요함을 말하고 있다. "나를 비우는 것이 나를 완성하는 것"이라는 가르침은 이처럼 건전한 종교들의 기본 지침이 되고 있다.

이런 의미에서 "죽기 전에 죽으면 죽어도 죽지 않는다.(If you die before you die, you will not die when you die.)"란 말이 참으로 명언임을 알 수 있을 것 같다. 그러나 명언임을 아는 것과 그것을 실천에 옮기는 것 사이에는 얼마나 큰 거리가 있는가?

제8장
가장 훌륭한 것은 물처럼 되는 것
— 물에서 배운다

가장 훌륭한 것은 물처럼 되는 것입니다.

물은 온갖 것을 위해 섬길 뿐,

그것들과 겨루는 일이 없고,

모두가 싫어하는 [낮은] 곳을 향하여 흐를 뿐입니다.

그러기에 물은 도에 가장 가까운 것입니다.

낮은 데를 찾아가 사는 자세

심연을 닮은 마음

사람됨을 갖춘 사귐

믿음직한 말

정의로운 다스림

힘을 다한 섬김

때를 가린 움직임.

겨루는 일이 없으니
나무람받을 일도 없습니다.

제8장 첫머리에 나오는 이 말이 그 유명한 "上善若水"라는 구절이
다. 『도덕경』에서 가르치는 삶의 자세를 한마디로 요약하라면 "물
같이 되라"는 것이다. '도'처럼 된다든가 '도'에 맞추어 살아 간다
는 것을 좀 더 구체적으로 표현한 것이 바로 물처럼 되는 것이다. 물
은 도의 최고 상징이다. 그래서 『도덕경』에는 물에 대한 이야기가
거듭된다.

우선 물은 만물을 이롭게 한다. 물이 없이 삶을 지탱할 수 있는 것
은 아무것도 없다. 물 없이는 아예 처음부터 삶이 있을 수도 없었
다. 이런 의미에서 물은 실로 '생명의 근원(fons et origo)'이다. 사
람이 물을 마셔야 산다는 것은 말할 나위도 없지만 사람 몸의 대부

8. 上善若水. 水善利萬物而不爭, 處衆人之所惡*, 故幾於道*.
　居善地, 心善淵, 與善仁, 言善信, 正善治, 事善能, 動善時. 夫唯不爭, 故無尤*.

* 衆人之所惡(오) - 사람들이 싫어하는 곳.
* 幾於道 - 여기서 '幾'는 '가깝다'는 뜻.
* 尤(우) - 허물, 나무람받음.

분이 물로 이루어져 있기도 하다. 사람뿐만 아니라 모든 생명체에 공통된 현상이다. 그래서 물을 '생명수(water of life)' 또는 '생수 (living water)'라고도 한다.

물은 또 더러운 것을 씻어 정결케 해주기도 한다. 히브리 성서에 보면 "하느님이 맑은 물을 너희에게 뿌려서 너희로 정결케 하리라."(에스겔36:25)고 했다. 그러면 사람들이 '새 영'과 '새 마음'을 갖게 되고, '굳은 마음'이 없어지고 '부드러운 마음'이 생긴다고 했다. 물을 뿌리는 세례나 물에 잠그는 침례 등은 물의 이런 정화 작용으로 옛사람을 씻어 없애고 새 사람으로 소생하는 것을 상징적으로 재현해 내는 의식이다. "찬물 마시고 마음 고쳐먹는다."는 것도 찬물로 제정신이 번쩍 든다는 뜻보다는 옛 마음이 물에 녹아 없어지고 새 마음이 소생한다는 뜻으로 보면 어떨까?

물이 더러운 것을 씻어 준다는 것은 남의 허물을 대신 떠맡는다는 뜻이기도 하다. 물에다 더러운 걸레를 빨 때 물은 걸레를 나무라거나 정죄하는 것이 아니라 아무 말 없이 그것을 그대로 수납한다. 세상 허물을 대신 지고 가는 셈이고, 이렇게 세상 허물을 짐으로써 세상을 깨끗하게 하는 것이다.

이 밖에도 여러 가지 물의 특성을 들 수 있지만 여기서는 특히 물이 아무것과도 '겨루지 않음不爭'과 물의 '자기 낮춤'을 강조하고 있다. '쟁爭'은 '다툰다', '겨룬다', '싸운다'는 뜻인데 물은 자기의 도움을 받는 것들과 다투거나 겨루거나 싸우지 않는다는 것이다.

물이 장미를 아름답게 피게 했다. 지나가는 사람들이 장미의 아름다움을 찬탄한다. 그러면 물은 밑에서 "내가 도와 주지 않았으면 장미가 필 법이나 한 이야기요? 장미의 아름다움을 찬탄하기 전에 내가 한 일을 인정해야 할 것 아니오." 하는 따위의 말로 장미와 경쟁하지 않는다. 또 장미가 지나가는 사람들의 찬탄을 받고 혼자 좋아하고 있으면 장미를 향해 "너는 내가 네게 해준 일을 고맙게 생각할 줄도 모르느냐. 그렇다면 그야말로 배은 망덕이지." 하는 따위의 말로 장미와 다투지도 않는다.

만물은 물 없이 못 살지만 물은 그들을 이롭게만 할 뿐 그 공로를 인정받자거나 그들 위에 군림하려 하지 않는다. 그저 그들 밑에서 묵묵히 섬기는 일을 할 뿐이다. 사실 장미 자체도 대부분 물로 된 것이 아닌가!

엄격히 말하면 물은 자기가 만물을 이롭게 하고 있다는 것마저 의식하지 않고 있다. 구태여 부산하게 무엇을 한다는 것이 아니라 그 존재 방식 그대로가 남에게 이익을 주도록 되어 있다. 이렇게 자연스런 행동, '함이 없는 함'이기 때문에 자기의 행동을 행동으로 의식하지도 못하고 따라서 그런 것을 가지고 공로를 주장하거나 인정을 받겠다고 하는 마음도 있을 수 없는 것이다. 보이거나 보이지 않거나 자기의 존재 방식에 따라 존재할 따름이다.

물의 존재 방식은 무엇인가? 모두가 싫어하는 곳, 낮은 곳을 향하여 날마다 자기를 낮추면서 흐르는 것이다. 모두가 높은 곳을 향해 오르려고 안달하지만 물은 그런 일과 상관없이 우주적 원리에 자기를 턱 맡기고 유유 자적悠悠自適 낮은 데로 임할 뿐이다. 이렇게 자기를 비우고, 꾸준하고 조용하게, 성실하고 정의롭게, 오직 섬기는 자세로 시의 적절하게 움직이는 물, 어느 누구와도 겨루는 일 없이 자기를 끝까지 낮추는 물, 과연 누가 이런 물을 나무랄 수 있을까? 여기에서도 자기 겸비(self-humiliation)가 자기 승귀(self-exaltation)의 길이라는 종교적 역설이 통하고 있다. 물처럼, 물처럼 되라.

제9장
적당할 때 멈추는 것이
─ 집착에서의 해방

넘치도록 가득 채우는 것보다

적당할 때 멈추는 것이 좋습니다.

너무 날카롭게 벼리고 갈면 쉬 무디어집니다.

금과 옥이 집에 가득하면 이를 지킬 수가 없습니다.

재산과 명예로 자고해짐은 재앙을 자초함입니다.

일이 이루어졌으면 물러나는 것,

하늘의 길입니다.

---

9. 持而盈之, 不如其已, 揣*而銳之, 不可長保. 金玉滿堂, 莫之能守,

　富貴而驕, 自遺其咎. 功遂身退, 天之道.

* 揣(취/타) · 불에 달구어 두드리고 벼리는 것.

첫 줄은 그릇에 물을 채울 때 차고 넘치게 하지 말라는 뜻으로 풀 수도 있고, 활을 쏠 때 활줄을 지나치게 잡아당기지 말라고 해석할 수도 있다. 아무튼 지나치면 좋지 않다는 것이다. 아무리 바람직한 것이라도 지나치면 역효과를 가져온다. 칼을 벼려서 계속 갈고 있으면 어느 정도까지는 계속 날카로워지다가 정도가 지나치면 날이 넘어 도리어 무디어진다. 이른바 '수확 체감의 법칙'이라는 것인가? 논에 비료를 줄 때 비료의 양에 따라 수확량이 올라가다가 일정한 정도에 이르면 비료의 양을 늘려도 수확량이 계속해서 비료 증가량만큼 늘지 않고 상대적으로 그 효과가 줄어든다는 이야기다. 지나치게 줄 경우 벼가 다 타죽어 버릴 수도 있다. 그러니 적당한 정도에서 멈출 줄 아는 지혜를 가져야 한다는 것이다.

『도덕경』에서 밝히는 기본 가르침 중 하나가 '되돌아옴'의 원리다. 만사는 그저 한쪽으로만 무한히 뻗어 가는 것이 아니라 한쪽으로 가다가 어느 정도에 이르면 반대 방향으로 되돌아온다는 것이다. 시계추처럼 어느 한쪽으로 움직이다가 그 정점에 이르면 되돌아 반대 방향으로 움직이고, 그러다가 그쪽의 정점에 이르면 다시 되돌아 반대 방향으로 움직인다는 것이다. 시계추만 그런 것이 아니라 달도 완전히 차면 기울기 시작하고 완전히 기울어 없어진 다음에는 다시 생겨나서 차기 시작하고, 바다에도 물이 들었다가 그 극점에 이르면 다시 나가기 시작하고 나갔다가 극점에 이르면 다시 들어오기 시작하고, 밤도 깊어져 가장 어두운 시점에 이르면 다시 밝아지기 시작하고 밝았다가 다시……. 계절도, 부귀도, 영화도, 희로 애락도, 승강기도, 정치 생명도 모두 이렇게 나름대로의 작은 원, 큰 원을 그리면서 주기적으로 빙글빙글 돌아가는 반복 작용을 하는 데 이것이 도의 움직임이요, 우주의 리듬이라는 것이다. 『도덕경』의 표현을 빌리면 "反者道之動"(제40장)이요, 좀 신식 말로 하면 직선적인 형식 논리의 인과율이 아니라 청실홍실 엮이면서 돌아가는 변증법적(dialectical) 진행이다.

인생의 오르막 내리막 길에서 오르막이 있으면 내리막이 있고, 기쁜 일이 있으면 슬픈 일이 있게 마련이라는 사실을 알고 있다는 것은 삶을 그만큼 여유 있는 자세로 대할 수 있게 한다. 꼭대기에 올랐다고 너무 기뻐하거나 바닥에 내려왔다고 너무 슬퍼할 필요가 없다. 끝까지 오르지 못했다고 안달하거나 끝까지 내려가지 않으려고 발버둥칠 필요도 없다. 인생의 기복에 그저 의연할 따름이다.

『도덕경』에는 재산이나 명예 자체를 부정하는 금욕적 도피주의를 가르치고 있지는 않다. 금과 옥을 모두 갖다 버릴 것까지는 없고 그것들이 방에 가득하여 지킬 수 없을 정도가 되면 곤란하다는 것, 그리고 부귀가 생기는데 일부러 피할 것까지는 없고 다만 그것으로 교만해지면 곤란하다는 것이다.

요즘엔 은행도 많고 재산 관리를 대신해 주는 경리 회사도 많으니 금이든 옥이든 재산지키기가 더 이상 문제될 것 없다고 생각할 수도 있다. 사실이다. 그러나 재산을 도둑으로부터 지키는 문제보다도 경기 변동에 신경을 쓰고, 투자 등으로 재산 증식을 위해 애쓰는 데 우리의 마음이 빼앗겨 딴 데 관심 돌릴 겨를이 없어져 버리는 것이 더욱 문제이다. 그렇다면 가난한 사람들도 마찬가지다. 재산이 없어서 그것을 가지려고 밤낮 애쓰느라 딴 데 관심을 돌릴 겨를이 없어져 버리면 이것도 역시 문제이기 때문이다. 부유하든 가난하든 재산에 대한 '집착'이 있으면 인생의 더 깊은 면에 눈을 돌려보지 못하고 평생을 그저 돈 생각만 하다가 마쳐 버릴 위험이 있다. 그러나 부자는 자기의 부귀로 교만해질 수 있는 위험까지 갖게 되어 그만큼 위험 부담이 크다고 할까? 가난한 사람도 물론 쓸데없이 비굴해지거나 부유한 사람을 질시하게 되는 등의 위험 부담을 안고 있기는 마찬가지다. 이처럼 우리 마음을 도둑맞는 것이 재산을 도둑맞는 것보다 더 억울할 수 있다.

누구나 자기가 할 일을 다 했으면 물러나야 한다. 처음부터 자기가 할 일도 하지 않고 은자의 생활이나 도피 생활로 죽치고 앉아 있는 것도 문제지만, 할 일을 다 하고도 한 자리에 어물쩍거리거나 버티고 앉아 있는 것도 곤란하다. 둘 다 빙글빙글 돌아가는 도의 흐름을 거스르는 것이기 때문이다. 도에 따라 자연스럽게 움직이라. 그래서 떠날 때가 되면 미련 없이 떠나라. 겨울이 가고 봄이 오듯 물러남이 있을 때 새로 들어옴이 있다. 이것이 하늘의 길이라는 것이다.

제10장
낳았으되 가지려 하지 않고
— 순수한 자기 희생

혼백을 하나로 감싸안고
떨어져 나가지 않도록 할 수 있겠습니까?
기氣에 전심하여 더없이 부드러워지므로
갓난아이 같은 상태를 유지할 수 있겠습니까?
마음의 거울을 깨끗이 닦아
티가 없게 할 수 있겠습니까?
백성을 사랑하고 나라를 다스림에
'무지' 를 실천할 수 있겠습니까?
하늘 문을 열고 닫음에
여인과 같을 수 있겠습니까?
밝은 깨달음 사방으로 비춰 나가
무위無爲의 경지를 이룰 수 있겠습니까?

낳고 기르십시오.

낳았으되 가지려 하지 마십시오.
모든 것 이루나 거기 기대려 하지 마십시오.
지도자가 되어도 지배하려 하지 마십시오.
이를 일컬어 그윽한 덕玄德이라 합니다.

이 장은 아리송한 구절이 많아 주석가 사이에 해석이 가장 구구하
게 많은 장에 속한다. 읽기에 따라 우주론적 진리를 이야기하는 것
으로 해석할 수도 있고, 요가 수행법이나 장생술을 가르치는 것으
로 읽을 수도 있다. 우선은 각자 자기의 이해 정도에 따라 일깨움에
도움이 되는 방향으로 읽는 것이 좋을 것이다. 제51장, 제52장과 함
께 읽으면 도움이 된다.

---

10. 載營魄抱一, 能無離乎. 專氣致柔, 能嬰兒乎. 滌除玄覽*, 能無疵乎.

愛民治國, 能無知乎. 天門開闔*, 能爲雌乎. 明白四達, 能無爲乎.

生之, 畜之. 生而不有, 爲而不恃, 長而不宰. 是謂玄德.

* 滌除玄覽(척제현람) - 해석이 분분하나 "마음의 거울을 깨끗이 씻음" 이라고
  볼 수 있다.
* 開闔(개합) - 열고 닫음.

전통적으로 동양에서는 인간이 혼魂과 백魄으로 이루어졌다고 믿었다. 혼은 정신적인 면을 관장하고, 백은 육체적인 기능을 주관한다고 보았다. 몹시 놀란다는 표현으로 '혼비백산魂飛魄散'이란 말이 있지만 문자 그대로 혼이 날아가고 백이 흩어지면 사람은 죽어 버린다. 이 장 첫 줄은 혼과 백이 떨어져 나가지 않도록 둘을 하나로 감싸안고 잘 보존하라는 말일 수도 있고, 혼백을 다하여 '하나' 곧 '우주의 근원'을 감싸안고 그 하나와 하나되는 경지에 이른 후 거기서 떠나지 말라는 말로 해석할 수도 있다.

"기氣에 전심하라"는 말도 '기를 보존하라', '기를 사용하라', '호흡을 응집하는 등 호흡을 조절하는 수련을 하라'는 등 여러 가지로 해석할 수 있지만 중요한 것은 어떻게 해서든 갓난아이처럼 부드러워지라는 것이다. '갓난아이'는 도의 상징으로 자주 등장한다.(제20장, 제28장, 제55장 등)

"마음의 거울"이라는 말도 마음의 눈, 하늘에 있는 우주거울 등 온갖 해석이 가능한 말이다. 여기서도 명상을 통해 마음에서 더러운 것들을 씻어 맑고 밝은 마음을 갖도록 하라는 말쯤으로 이해하면 될 것 같다.

"하늘 문을 열고 닫음"이란 또 무엇인가? 주석가에 따라서 크게는 북극성을 중심으로 하는 우주의 팽창과 수축 작용을 뜻한다고도 하고, 작게는 날숨과 들숨을 가리킨다고도 한다. 어느 경우든 우리가 취할 자세는 '여인'처럼 수납적이고 포용적인 자세라는 것이다.

"밝은 깨달음"이라는 것은 명상을 통해 얻어지는 내적 조명이나 형안의 열림 같은 것을 뜻한다고 보는 사람도 있다. 이럴 때 얻어지는 것은 일반적으로 떠받드는 사특한 지식을 멀리한 참된 지식, 보통의 앎을 초월한 앎, 곧 "무지無知의 지知"다.

이런 수련을 통해서 이루려는 것이 무엇인가? 수련의 결과로 어린아이 같은 부드러움, 어머니 같은 포용성, 티없는 마음, 맑은 형안 등이 생겼으면 이런 것을 혼자만 즐기고 끝나는 것인가? 『도덕경』에서는 이런 것들이 "백성을 사랑하고 나라를 다스리는" 훌륭한 지도자의 자질을 갖추는 것과 관련되는 것으로 본다. 결국 남을 섬기는 일이 궁극 목표인 셈이다. 이런 의미에서 『도덕경』은 일차적으로 나라를 다스리는 사람을 위한 지침서라는 주장에 수긍이 간다. 아무튼 이렇게 사람들을 위해 봉사할 때 일반적으로 중요시하는 업적 위주로서의 행동이 아니라 함이 없는 함, 보통의 함을 넘어서는 함, "무위無爲의 위爲"를 실천하는 것이다.

결론적으로 도에 입각해서 나라를 다스리고 사람을 섬기는 사람은 도와 마찬가지로 여인처럼, 어머니처럼 만물을 낳고 만물을 그 품 안에서 기른다는 것이다. 그러나 그것들을 소유하려 하거나 거기에 기대려 하거나 군림하거나 좌지 우지하려 하지 않는다는 것이다. 이렇게 해서 얻어지는 능력 내지 영향력이 바로 현덕玄德, 신비롭고 그윽한 힘이라는 것이다.

제11장
아무것도 없음 때문에
— 없음의 쓸모

서른 개 바퀴살이 한 군데로 모여 바퀴통을 만드는데
[그 가운데] 아무것도 없음無 때문에
수레의 쓸모가 생겨납니다.

흙을 빚어 그릇을 만드는데
[그 가운데] 아무것도 없음 때문에
그릇의 쓸모가 생겨납니다.

문과 창을 뚫어 방을 만드는데
[그 가운데] 아무것도 없음 때문에
방의 쓸모가 생겨납니다.

그러므로 있음은 이로움을 위한 것이지만
없음은 쓸모가 생겨나게 하는 것입니다.

있음有과 없음無, 존재(being)와 비존재(non-being)의 관계를 그림처럼 아름답게 묘사하고 있다. 『도덕경』에서는 있음의 세계, 존재의 차원 자체를 부정하거나 경시하지 않는다. 다만 존재의 세계를 가능하게 해주는 비존재의 차원을 잊어서는 안 된다는 것을 일깨워 줄 뿐이다.

존재의 세계는 우리에게 여러 혜택을 주고 있다. 이것은 누구나 쉽게 이해할 수 있는 일이다. 그러나 존재의 세계는 비존재의 세계를 통해서만 그 유용성을 발현하게 된다는 사실에 눈을 돌리기는 그리 쉬운 일이 아니다. 우리 앞에 찻잔이 있으면 우리는 그 찻잔의 모양, 무늬, 재료 등에 신경을 쓸 뿐 가운데가 비어 있음 때문에 찻잔이 찻잔 노릇을 하게 된다는 사실은 간과하고 마는 것이 보통이

---

11. 三十輻*共一轂*, 當其無, 有車之用. 埏埴*以爲器, 當其無, 有器之用.
　　鑿*戶牖*以爲室, 當其無, 有室之用. 故有之以爲利, 無之以爲用.

* 輻(폭) - 바퀴살.
* 轂(곡) - 바퀴통.
* 埏埴(선식) - 진흙을 이김.
* 鑿(착) - 끌로 구멍을 냄.
* 戶牖(호유) - 출입문과 들창문.

다. 수레바퀴도 바퀴통 가운데 수레축을 끼울 수 있는 구멍이 있어야 바퀴 노릇을 할 수 있고, 집도 사람이 들어가 살거나 물건을 갖다 놓을 공간이 있어야 집으로서의 유용성이 생긴다.

어디 수레바퀴나 그릇이나 집뿐인가? 음악에서도 우리는 보통 음만 생각하지 음과 음 사이에 공간空間이 있어야 음악이 음악으로 성립한다는 사실에 별로 주목하지 않는다. 손으로 사랑하는 이가 나의 어깨를 톡톡 칠 때 우리는 손이 어깨에 와 닿는 것만 중요시하지, 손이 어깨에서 떨어지는 일이 없이는 닿는 일도 있을 수 없다는 것은 별로 생각하지 않는다. 우리는 이처럼 보이고 감지할 수 있는 것들의 유익성뿐만 아니라 이것들의 유익성을 가능하게 하는 보이지 않는 것의 유용성도 함께 알아보고 고마워해야 한다는 것이다.

앞에서도 보았듯 도는 '있음'의 면과 '없음'의 면을 다 포괄하는 궁극 실재이다. 그러나 우리 범속한 인간은 대개 있음의 세계, 현상의 세계만 실재하는 것으로 생각하고 거기에 달라붙는다. 이제 눈을 떠서 이런 있음의 세계를 통해 그 바탕을 이루고 있는 없음의 세계, 비존재의 세계에 눈을 돌리고 그것이 지닌 근원성, 역동성, 창조성 등을 인지하라는 것이다. 그런 의미에서 있음의 세계, 존재의 세계는 없음의 세계, 비존재의 세계를 드러내 주는 계시자(revealer) 내지 '암호(cypher)' 역할을 한다고 볼 수 있다.

동양화東洋畵는 주로 이 원리에 따른 것이다. 동양화에는 여백이 많다. 이 여백은 물론 물감이 모자라거나 종이가 남아돌아서 남겨 놓은 공간이 아니다. 여기 매화 가지에 참새 한 마리가 앉아 있는 한

폭의 그림이 있다고 하자. 이때 우리는 매화 가지와 참새를 그림의 주제로 생각하고 거기에 주의를 집중하는 것이 보통이다. 그러나 동양화의 경우 궁극적인 의미에서 매화 가지와 참새는 이 그림에서 주제가 아니고, 그 뒤에 공간으로 대표되는 무無나 공空의 세계로 우리를 인도하기 위한 수단 내지 상징이다. 결국 인식의 초점이 매화와 참새에서 그 뒤 공간으로 넘어가는 셈이다. 이렇게 인식의 초점이 뒤바뀌는 것을 '인식의 천이(noetic reversal)' 라 한다.

동양의 그림뿐만 아니라 시詩도 마찬가지다. 말을 지극히 간결하게 하고 나머지는 공백으로 남겨 놓는다. 그 대표적인 예가 일본의 하이쿠徘句이다. 그림이든 시든 유有를 통해서 무無를, 현상적인 것을 통해서 현상 너머의 것을, 시간적인 것(the temporal)을 통해서 무시간적인 것(the a-temporal)을 표현하고 그리로 우리를 안내한다. 모두 "달을 가리키는 손가락" 역할을 하는 것이다.

있음의 세계, 존재의 세계를 보라. 그리고 그것을 통해 없음의 세계, 비존재의 세계를 인지하고 체득하라. 이것이 우리에게 자유를 주는 체험이다.

제12장
다섯 가지 색깔로 사람의 눈이 멀고
─감각적 욕망의 극복

다섯 가지 색깔로 사람의 눈이 멀게 되고,
다섯 가지 소리로 사람의 귀가 멀게 되고,
다섯 가지 맛으로 사람의 입맛이 고약해집니다.

말달리기, 사냥하기로 사람의 마음이 광분하고,
얻기 어려운 재물로 사람의 행동이 빗나가게 됩니다.

그러므로
성인은 배腹를 위하고 눈을 위하지 않습니다.
후자는 뒤로하고 전자를 취합니다.

동양에서는 예부터 '오행五行'의 원리에 따라 '오복'이니 '오륜'이니 '오관'이니 하는 것처럼 많은 것을 다섯 가지로 분류하는 습관이 있었다. 따라서 여기서도 '오색'은 꼭 청, 황, 적, 백, 흑의 다섯 가지 색깔만을 뜻한다기보다는 '여러 가지 색깔', '모든 색깔'이라는 뜻이다. 오음(궁, 상, 각, 치, 우)도 오미(신맛, 짠맛, 단맛, 매운맛, 쓴맛)도 마찬가지로 여러 가지 음률, 여러 가지 맛을 말한다.

아무튼 색깔, 소리, 맛, 스포츠, 재물 등 감각적이요 외면적인 가치 때문에 내면적인 세계를 하찮게 여기는 일이 없도록 하라는 이야기다. 제3장의 이야기를 중복 내지 부연하고 있다.

그럼 감각적이고 외면적인 것은 모두 외면해야 한다는 뜻인가? 아무리 아름다운 그림을 보더라도 그것으로 우리의 눈이 멀게 될까 봐 보지 말아야 한다는 말인가? 아무리 아름다운 노래가 들려 와도 거기에 귀기울이지 말아야 한다는 말인가? 아무리 맛있는 음식을

---

12. 五色令人目盲, 五音令人耳聾, 五味令人口爽*, 馳騁*畋獵*令人心發狂,

難得之貨令人行妨. 是以聖人爲腹, 不爲目, 故去彼取此.

* 爽(상) - '傷'과 같은 뜻으로 '고약하게 됨'을 말한다.
* 馳騁(치빙) - 말달리기.
* 畋獵(전렵) - 사냥.

먹더라도 무슨 맛인지 먹는 둥 마는 둥 먹어치워야 한다는 말인가? 각종 운동 경기에 가담하는 것도 금하고, 물질적인 이익을 주는 모든 경제 활동에서도 물러서야 한다는 말인가? 만약 이 모든 것을 금한다면 삶은 김도 맥도 다 빠져 버려 밋밋하고 싱겁기 그지없는 무엇이 되고 말 것 같다.

상상해 보라. 각종 색깔로 찬란하게 채색된 자연을 보면서 그 아름다움을 찬탄할 줄 모르는 삶, 아름다운 선율로 이어지는 음악이 들려 와도 그 아름다움을 감상할 줄 모르는 삶, 음식을 먹되 무슨 맛인지도 모르고 죽을 때까지 그저 먹기만 해야 하는 삶, 이런 삶을 이상적인 삶이라 할 수 있겠는가?

신나는 삶이란 이런 감각적인 것들에 전적으로 무감각하거나 무신경하거나 무관심한 삶이 아니라 오히려 아름다운 색깔, 아름다운 소리, 아름다운 맛을 진정으로 아름다운 것으로 알아보고, 놀랍고 고마운 것으로 받아들이는 삶이다. 영어로 표현해서 'appreciate' 할 줄 아는 삶이다.

그런데 문제는 이런 감각적 즐거움에 지나치게 빠져 버리는 것, 탐닉하는 것, 몰두하는 것, 정신을 못 차리는 것이다. 이런 즐거움이 우리의 삶을 풍요롭게 하기 위한 하나의 수단으로 여겨지지 않고 우리의 절대적 관심, 절대적 충성, 절대적 희생을 요구하는 최고 가치, 최고 목표로 둔갑하는 것이 문제이다. 전통적인 용어를 쓰면 '집착'이요, 요즘 말로 하면 '탐닉'이나 '중독'이요, 종교 용어로 하면 상대적인 가치를 절대화하는 '우상 숭배'이다.

감각적인 즐거움이나 외면적인 가치가 이렇게 우리의 '궁극 관심'이 되면, 우리는 우리의 삶 전체를 바쳐 좀더 보기 좋은 것, 좀더 듣기 좋은 것, 좀더 맛있는 것, 좀더 재미나는 것, 좀더 수지맞는 것 등을 추구하느라 그야말로 눈코 뜰 사이가 없게 되고 만다. 심하면 괴상한 모양, 괴상한 소리, 괴상한 맛, 괴상한 짓, 괴상한 수단을 찾거나 꾸며 내게 된다. 이런 세상적 가치가 최고 가치로 군림하게 되어 우리는 그 앞에 무릎을 꿇고 마음과 뜻과 정성을 다해서 이를 경배한다. 우리는 꼼짝없이 이런 것의 지배를 받는 노예 신세로 전락하고 만다. 이런 즐거움이 우리를 섬기는 것이 아니라 우리가 이런 것을 섬기게 되는 묘한 아이러니가 성립되는 셈이다.

이렇게 될 때 어떻게 모든 색깔의 근원, 모든 소리의 근원, 모든 맛의 근원, 모든 움직임의 근원, 모든 가치의 근원이 되는 우주의 궁극 실재에 우리의 관심을 돌릴 겨를이 있겠는가? 깊은 차원의 세계에 대한 '감지의 문(the doors of perception)'이 막혀 버린 셈이다.

그러므로 참가치를 추구하는 사람들은 이런 감각적, 의식적 현상 세계의 일을 최고 가치로 떠받드는 대신, '배'로 상징되는 내면적이고 원초적인 내실內實을 우선 가치로 여긴다는 것이다. 우리는 현상 세계의 현란함에 눈이 멀고 귀가 멀고 마음이 들뜬 사람들인가? 아니면 이런 현상 세계 너머에 있는 실상實相 세계에 우리의 이목을 집중시키는 내면적 가치의 추구자들인가?

제13장
내 몸 바쳐 세상을 사랑
— 지도자의 요건, 자기 비움

수모를 신기한 것처럼 좋아하고,
고난을 내 몸처럼 귀하게 여기십시오.

수모를 신기한 것처럼 좋아한다 함은
무엇을 두고 하는 말입니까?
낮아짐을 좋아한다는 뜻입니다.
수모를 당해도 신기한 것,
수모를 당하지 않아도 신기한 것,
이것을 일러 수모를 신기한 것처럼 좋아함이라 합니다.

고난을 내 몸처럼 귀하게 여긴다 함은
무엇을 두고 하는 말입니까?
고난을 당하는 까닭은 내 몸이 있기 때문,
내 몸 없어진다면 무슨 고난이 있겠습니까?

내 몸 바쳐 세상을 귀히 여기는 사람

가히 세상을 맡을 수 있고,

내 몸 바쳐 세상을 사랑하는 사람

가히 세상을 떠맡을 수 있을 것입니다.

사본에 따라 원문의 글자가 서로 다르고 글자가 같은 원문을 가지
고도 어느 글자를 명사로 보느냐 동사로 보느냐, 평성으로 읽느냐
거성으로 읽느냐 하는 등 읽기에 따라 수십 가지 해석이 있을 수 있
는 장이다. 따라서 어차피 한 가지 읽기 방법을 골라잡을 수밖에 없
다. 그러나 글 전체를 놓고 볼 때 이 장에서 말하려는 핵심은 수모를
당한다 하더라도 그다지 노여워하거나 슬퍼하지 말고, 칭찬을 받는

---

13. 寵辱*若驚, 貴大患若身. 何謂寵辱若驚, 寵爲下, 得之若驚, 失之若驚, 是謂寵辱
若驚. 何謂貴大患若身, 吾所以有大患者, 爲吾有身. 及吾無身, 吾有何患, 故貴以
身爲天下, 若可寄*天下, 愛以身爲天下, 若可託天下.

* 寵辱(총욕) - 총애와 수모. 혹은 '寵'을 동사로 해석해서 '수모를 좋아하다'
로 풀이할 수도 있다.
* 寄(기) - 맡기다, 기탁하다.

다 하더라도 지나치게 신나하거나 우쭐거리지 말라는 것이다.

인간이란 모두 욕먹는 것을 싫어하고 칭찬받기를 좋아하게 마련이다. 가만히 생각해 보면 사실 우리 보통 사람들의 일상 행동 거의가 남의 비난이나 업신여김을 받지 않고, 그 대신 인정을 받고 칭찬과 부러움을 산다는 한 가지 목적에 집중해 있다 해도 과언이 아님을 발견하게 된다. 우리말에 '남보란 듯 사는 것'이 '잘 사는 것'의 대명사처럼 쓰이는 것만 보아도 그 사실의 일단을 알 수 있다. '다른 사람들이 흉볼까봐' 혹은 '사람들한테 욕을 먹을까봐' 우리의 행동이 좌우되는 경우가 얼마나 많은가?

그런데 어찌 여기서는 수모를 당해도 신기한 것처럼 좋아하고 수모를 당하지 않아도 신기한 것처럼 좋아하라는 것일까? 두 가지 이유를 생각해 볼 수 있을 것 같다. 첫째, 남의 비난이 객관적으로 반드시 타당한 것만은 아닐 수 있다는 사실이다. 사람이 사람을 판단할 때 신이 아닌 이상 남의 속사정을 속속들이 다 알고 판단하는 것은 불가능하다. 대부분 그저 겉보기나 한 부분만 보고 죽일 사람 살릴 사람으로 판단하기 일쑤다. 이런 판단은 어차피 불완전한 것이므로 이런 판단을 전적으로 받아들여 죽느니 사느니 억울하다느니 할 필요가 없다는 것이다.

물론 남이 뭐라 하든 '오불관언', 나는 내 갈 길만 간다는 식으로 고집 불통이 되어야 한다는 것은 아니다. 남의 비평에 너무 방어적(defensive)이거나 책임질(responsible) 필요는 없지만 반응을 보일(responsive) 필요는 있다. 남의 비난을 들었을 때 내가 남에게 오해를 살 만한 어떤 일을 했기에 그런 말을 듣게 되었는가 "신기하게" 생각하고, 그것으로 나 스스로를 살피고 반성하는 계기로 삼고 오히려 감사하게 생각할 수도 있다.

둘째, 수모를 당해도 그것을 신기한 것처럼 여기고 좋아해야 할 더욱 근본적인 이유는 남의 비난을 윤리적인 차원을 넘어 영적 차원의 장성을 위한 촉진제로 받아들일 수 있다는 사실이다. 내가 수모를 받아 억울해 하고 고통을 받으면 아직 내게 "내 몸이 있음有身" 때문이다. 따라서 남의 비난을 받아 자존심이 상하는 등 상처를 입는다는 기분이 들면 '아하, 아직 내가 무신無身의 경지에 이르지 못했구나.' 하고 깨닫고, 이 깨달음에 따라 더욱 열심히 나를 비우고 죽이는 정신적 훈련에 매진하게 되는 것이다.

부처님은 "육중한 바위가 바람에 움직이지 않듯 지혜로운 사람은 남의 칭찬이나 비난에 흔들리지 않는다."(『법구경法句經』6:6)고 했다. 공자님도 "남이 나를 알아주지 않는 것을 염려하지 말고 내가 남을 알아주지 않는 일이 있나 염려하라."(『논어』1:16)고 했다.

'남이 알아주기를 바라는 마음(approval-seeking mentality)'에서 해방되면 얼마나 홀가분한 삶이 될 수 있을까? 여론이다, 인기 관리다, PR이다 하는 데만 신경을 쓰는 요즘 사회에서 얼마나 어려운 일인가. 그러기에 더욱 값진 일인지 모르겠다. 아무튼 이런 것이 가능한 사람이라야 지도자로서의 자격이 갖추어진다는 것이다.

제14장
보아도 보이지 않는 것
─도의 신비적 초월성

보아도 보이지 않는 것, 이름하여 이夷라 하여 봅니다.
들어도 들리지 않는 것, 이름하여 희希라 하여 봅니다.
잡아도 잡히지 않는 것, 이름하여 미微라 하여 봅니다.
이 세 가지로도 밝혀 낼 수 없는 것,
세 가지가 하나로 혼연일체를 이룬 상태.

그 위라서 더 밝은 것도 아니고,
그 아래라서 더 어두운 것도 아닙니다.
끝없이 이어지니 무어라 이름 붙일 수도 없습니다.
결국 '없음'의 세계로 돌아갑니다.
이를 일러 '모양 없는 모양無狀之狀',
'아무것도 없음의 형상無物之象'이라 합니다.
가히 '황홀'이라 하겠습니다.

앞에서 맞아도 그 머리를 볼 수 없고,

뒤에서 좇아도 그 뒤를 볼 수 없습니다.

태고의 도를 가지고 오늘의 일有을 처리하십시오.
태고의 시원을 알 수 있을 것입니다.
이를 일컬어 '도의 실마리' 라 합니다.

이 장은 제1장 및 제25장과 함께 도道에 대하여 이야기하는 장으로
유명하다. 도는 볼 수도 없고 들을 수도 없고 잡을 수도 없다고 한
다. 이런 면을 두고 각각 '아리송함夷', '아득함希', '여림微' 이라

---

14. 視之不見, 名曰夷. 聽之不聞, 名曰希. 博之不得, 名曰微.

此三者, 不可致詰*, 故混而爲一. 其上不皦*, 其下不昧*. 繩繩*不可名.

復歸於無物, 是謂無狀之狀, 無物之象. 是謂惚恍.

迎之不見其首, 隨之不見其後. 執古之道, 以御今之有, 能之古始, 是謂道紀.

* 致詰(치힐) - 말로 따져서 밝혀냄.
* 皦(교) - 밝음.
* 昧(매) - 어두움.
* 繩繩(승승) - 끈처럼 끝없이 이어지는 모양.

불러 본다는 것이다. 이 세 글자의 중국 발음은 각각 'Yi', 'hsi', 'wei'. 초기 선교사 중에는 이것이 유대/기독교에서 쓰는 신의 이름 'Yahweh(여호와, 야훼)'와 관계있는 것 아닌가 하여 감격한(?) 일도 있었다.

아무튼 도의 근본적인 차원은 일상적인 감각으로 감지할 수 있는 성질의 것이 아니라는 것이다. 모양도, 소리도, 형체도 없는 것. 그러나 이 가운데 어느 것도 도의 본질을 완전하게 표현한 것이라고 할 수 없다. 이 세 특성을 한꺼번에 다 포함한 것 또는 그 이상이다. 도는 결국 말로 표현할 수 있는 무엇이 아니라는 뜻이다.

노자님과 기타 도가들뿐 아니라 세계 많은 종교에서는 궁극 실재에 대해 이야기할 때, 그것이 '무엇이다' 하는 긍정적인 표현보다는 '무엇일 수 없다'는 부정적인 표현을 더 많이 쓴다. 가장 뚜렷한 예가 힌두교에서 궁극 실재인 브라흐만(Brahman)을 두고 이야기할 때 쓰는 '이것일 수도 저것일 수도 없다(neti-neti)'는 표현이다. 토마스 아퀴나스(Thomas Aquinas)도 "신에 대하여 알 수 있는 유일한 사실은 우리가 신에 대해서 아무것도 알 수 없다는 것뿐"이라고 했다. 이렇게 궁극 실재를 부정적으로 표현하는 방법을 '부정의 길(via negativa)'이라 한다. 이 짧은 장에서 '아닐 불不' 자가 아홉 번, '없을 무無' 자가 세 번 쓰이고 있다. 그야말로 '말할 수 없음에 대해서만 말할 뿐'이라는 식이다.

"끝없이 이어진다"는 것은 무한하다는 뜻이다. 무한하다는 것은 무엇으로 쪼개거나 무슨 범주에 집어넣을 수 없다는 뜻이다. 크다고만 할 수도 없고 작다고만 할 수도 없다. 사실 절대적 궁극 실재로서의 도는 세상의 제일 큰 것보다 더 크고, 동시에 제일 작은 것보다 더 작다. 이처럼 가장 큼과 가장 작음을 동시에 품고 있는 무엇, 무한히 크기도 하고 무한히 작기도 한 무엇을 어찌 보통의 말로 표현할 수 있으며 보통의 생각으로 생각할 수 있겠는가? 그러기에 궁극 실재는 보통의 논리로 따지면 모순이요, 역설처럼 보이게 마련이다. 도는 합리적이고 이성적인 사고를 넘어서는 초합리적이고 초이성적인 것으로서 독일 종교학의 거성 루돌프 오토(Rudolf Otto)가 말한 '엄청난 신비(mysterium tremendum)' 라는 것보다도 더 엄청나고 신비스러운 무엇이다.

도의 근본 자리는 결국 없음無의 세계이다. 그러나 도는 그 자체 형상이 없고 모양도 없지만 모든 형상, 모든 모양을 가능하게 하는 형상 자체, 모양 자체이다. 이렇게 말로만 엮어 나가도 어질어질하고 아물아물한데 도 그 자체는 오죽하겠는가? 그야말로 앞도 뒤도 모르는 두루뭉수리 같은 존재 아닌 존재로서, 없으면서도 있고 있으면서도 없는 무엇이다. '없이 있음' 이랄까 '있이 없음' 이랄까.

그러나 이렇게 아리송하고 신비스런 도이지만 그 도를 가지고 그 원리에 입각해서 현상 세계의 사물을 대하라고 한다. 그러면 태고의 시원도 알 수 있게 될 것이라고 한다. 존재하는 모든 것, 유有의 세계에 있는 모든 것을 통해 그것들의 근원되는 비존재, 무無의 세계를 보라는 것이다. 이렇게 하는 것이 도의 본질로 들어가는 '실마리' 가 된다는 것이다.

제15장

도를 체득한 훌륭한 옛사람은

ㅡ도인의 외적 특색

도를 체득한 훌륭한 옛사람은
미묘 현통微妙玄通하여 그 깊이를 알 수 없었습니다.

[그 깊이를] 알 수 없으니
드러난 모습을 가지고 억지로 형용을 하라 한다면
겨울에 강을 건너듯 머뭇거리고,
사방의 이웃 대하듯 주춤거리고,
손님처럼 어려워하고,
녹으려는 얼음처럼 맺힘이 없고,
다듬지 않은 통나무처럼 소박하고,
계곡처럼 트이고,
흙탕물처럼 탁합니다.

탁한 것을 고요히 하여 점점 맑아지게 할 수 있는 이

누구겠습니까?
가만히 있던 것을 움직여 점점 생동하게 할 수 있는 이
누구겠습니까?

도를 체득한 사람은 채워지기를 원하지 않습니다.
채워지기를 원하지 않기 때문에
멸망하지 않고 영원히 새로워집니다.

---

15. 古之善爲士者, 微妙玄通, 深不可識. 夫唯不可識, 故强爲之容*. 豫*焉, 若冬
涉川, 猶*兮, 若畏四隣, 儼兮, 其若客, 渙兮, 若冰之將釋, 敦兮, 其若樸, 曠兮,
其若谷, 混兮, 其若濁. 孰*能濁以靜之徐淸. 孰能安以久動之徐生. 保此道者
不欲盈, 夫唯不盈, 故能蔽不新成.

* 容(용) - 여기서는 동사로 '형용하다' 라는 뜻.
* 豫(예) - 머뭇거림.
* 猶(유) - 주춤거림. 두 글자가 합하면 '유예.'
* 孰(숙) - '誰(수)' 와 같이 '누구' 라는 뜻.

도를 체득한 사람의 깊은 체험을 어찌 보통 인간으로 가히 짐작이라도 할 수 있겠는가? 오로지 밖으로 나타난 것이나 그려 볼 수 있을 뿐이다. 머뭇거림, 주춤거림, 어려워함, 맺힘이 없음, 소박함, 트임, 탁함 등이 도를 체득한 사람의 특징적인 모습이라고 한다. 요즘 세상에서 이상적 인물이라고 여겨지는 인간상과 얼마나 대조적인가? 우리는 모든 것을 불도저처럼 밀어붙이는 적극적이고 진취적이고 전진적인 인물, 모든 것을 물샐 틈 없이 조직하여 완벽하게 처리해 가는 계획성 있는 인물, 매끈한 매너와 교양을 갖춰 귀티가 날 정도로 고고한 인물, 말을 조리 있게 잘하고 머리 회전이 빠른 민활한 인물 등을 훌륭한 인물로 여기고 있다. 우리 주위에는 이런 유의 사람에 의해 많은 일이 추진되고 있고, 그런 의미에서 이런 유의 사람도 오늘 같은 사회에 필요한 것이 사실이다. 따라서 이런 유의 인물상이 틀려먹었다고 보기보다는 그것만 가지고는 불충분하다고 보는 것이 좋을 것 같다. 이런 정도의 인물은 유가적 교양의 초보 단계에서 찾아볼 수 있다.

참으로 도를 체득하고 도를 따라 사는 사람은 이런 예의 바른 교양인의 단계를 넘어선 사람이다. 따라서 딴사람이 보기에는 뭔가 어색하고 모자란 듯 보인다. 사물을 도의 시각에서 보기 때문에 어느 한 가지만을 딱부러지게 주장하는 것도 아니고, 열린 마음 때문에 "글쎄요." 하는 정도로만 대답하니 끊고 맺는 데가 없어 보인다.

요즘 말로 해서 나사가 좀 풀린 사람같이 보인다. 그러나 도인이 그렇게 보이는 것은 도와 하나가 되므로 틀에 박힌 규범이나 주의 주장 등 인위적인 모든 속박에서 완전히 자유스러워진 상태이기 때문이다.

특히 "다듬지 않은 통나무"처럼 소박하다고 했는데 이 표현은 도의 상징으로 자주 쓰이는 것으로서 꾸밈이 없고, 순박하고, 진솔하고, 분화되지 않은 전일全一의 상태를 뜻한다. 도가 그런 것처럼 도인도 그러하다는 것이다.

"흙탕물처럼 탁하다"는 것도 흥미로운 표현으로, 도의 "티끌과 하나됨同其塵"(제4장)같이 도인도 고고하게 자기 혼자만의 결백성을 주장하며 산에서 홀로 살아가는 것이 아니라 세상과 함께하고 세상의 모든 것을 감싸안는다. 그러기에 어쩔 수 없이 탁해지지만 그렇다고 거기에 물들거나 탁한 채 그대로 남아 있는 것만은 아니다. 탁함을 고요히 하여 드디어 맑게 하고, 정지되어 맑게 된 것을 다시 움직여 결국은 생동하게 하는 일을 한다. 세상과 하나됨으로 세상을 변화시키는 셈이다. 이런 일은 누구나 쉽게 할 수 있는 일이 아니다.

도인은 또 채워지기를 바라지 않는다. 인간이란 모두 생래적으로 '채움의 길'을 가고 있다. 뭐든지 모자라다고 생각하고 더 채우고 더 가지려 한다. 심리학자 에이브러햄 매슬로(Abraham Maslow)는 이런 심리 상태를 가리켜서 'D-cognition'이라고 했다. '결함(deficiency) 심리'라고나 할까? 그런데 도에 접한 사람은 채움의 길을 버리고 '비움의 길'을 걷기에 "내게 부족함이 없으리로다." 하고 노래

할 수 있다. 이제 'B-cognition'으로 산다. '있음 그대로(being)'에 자족하는 삶이다. 이런 마음가짐으로 살기 때문에 '멸망하지 않고 영원히 새로워지는' 삶을 사는 것이다.(마지막 줄은 읽기에 따라 "해어진 옷처럼 보이고 새롭게 보이지 않는다." 또는 "모든 것을 감쌀 뿐 억지로 새것을 만들지 않는다."로 풀 수도 있다.)

제16장

완전한 비움

−뿌리로 돌아감

완전한 비움에 이르십시오.
참된 고요를 지키십시오.
온갖 것 어울려 생겨날 때
나는 그들의 되돌아감을 눈여겨봅니다.

온갖 것 무성하게 뻗어 가나
결국 모두 그 뿌리로 돌아가게 됩니다.
그 뿌리로 돌아감은 고요를 찾음입니다.
이를 일러 제 명을 찾아감이라 합니다.
제 명을 찾아감이 영원한 것입니다.
영원한 것을 아는 것이 밝아짐입니다.

영원한 것을 알지 못하면 미망으로 재난을 당합니다.
영원한 것을 알면 너그러워집니다.

너그러워지면 공평해집니다.

공평해지면 왕같이 됩니다.

왕같이 되면 하늘같이 됩니다.

하늘같이 되면 도같이 됩니다.

도같이 되면 영원히 사는 것입니다.

몸이 다하는 날까지 두려울 것이 없습니다.

헛된 욕심과 잡생각을 모두 비우고 조용히 앉아 우주 만상의 생겨남을 관조하면 모든 것이 결국 그들의 뿌리로 돌아감을 보게 된다는 것이다. 생성과 변화의 세계에서 모든 것의 뿌리, 만물의 근원, 도道로 돌아가서 참된 고요를 찾는 것이 곧 우주 만상의 본래적 '운명'에 귀의함이라고 한다. 이렇게 무엇이든 생겨났으면 그 근원으

---

16. 致虛極, 守靜篤. 萬物竝作, 吾以觀復. 夫物芸芸*, 各復歸其根, 歸根曰靜.

　　是謂復命, 復命曰常, 知常曰明. 不知常, 妄作凶. 知常容, 容乃公*.

　　公乃王, 王乃天. 天乃道, 道乃久, 沒身不殆.

* 芸芸(운운) - 꽃과 잎이 무성하게 뻗어 가는 모양.

* 公(공) - '공평하다' 라는 뜻과 '공작(公爵)' 이라는 뜻이 둘 다 포함된 듯하다.

로 다시 돌아가는 반복적 과정은 우주의 영원한 법칙, 영원한 진리다. 이 영원한 실재의 구조와 흐름을 꿰뚫어보는 것이 '밝아짐(illumination, enlightenment)'이다.

이와 비슷한 가르침은 다른 종교에서도 발견되는데 예를 들어 불교의 묵조선默照禪에서는 모든 일상적인 생각을 비우고 고요히 앉아 우주의 실상, '참된 그러함眞如(suchness)'을 관조하라고 한다. 그렇게 하여 얻는 꿰뚫어 봄이 반야지般若智니 각覺이니 오悟니 깨침이니 하는 것이다. 신유학에서도 오랫동안 '정좌靜坐'하고 '사물의 이치를 궁구格物致知'하면 어느 날 아침 홀연히 '밝아짐明'에 이른다고 한다.

눈코 뜰 사이 없이 부산하게 돌아가는 현대 생활에서 언제 이렇게 한가하게 앉아 우주의 흐름이니 사물의 실상이니 영원한 진리니 따지고 있을 시간이 있겠는가? 그러나 이런 근본적인 진리에 입각하지 않고 엄벙덤벙 살아가면 아무리 설치고 부산하게 일을 늘어놓아도 그것은 결국 "미망으로 재난을 당하는" 결과밖에 가져오지 못한다고 경고하고 있다. 시간이 남아돌아서가 아니라 삶을 삶답게 하고, 일상의 허망한 생각과 무거운 짐에서 해방되는 참자유를 누리려면 어쩔 수 없이 영원한 진리를 궁구하는 데 전념하는 일밖에 딴 도리가 없다는 것이다.

영원한 진리를 알면 구체적으로 어떻게 된다는 것일까? 우선 너그러워진다고 한다. 옹고집이나 독단은 무지나 단견이나 편견에서 나온다. 사물의 영원한 실체를 꿰뚫어보게 된다면 자연히 옹고집이나 독단은 눈 녹듯 사라지고 쓸데없이 다투거나 조그만 일로 안달복달할 일이 없어진다. 통이 큰 사람, 여유 있는 사람, 융통성 있는 사람이 된다. 『장자莊子』에 나오는 '조삼모사朝三暮四' 이야기에서 보듯이 아침에 세 개 주고 저녁에 네 개 주나 아침에 네 개 주고 저녁에 세 개 주나 결국 다를 것이 없다는 것을 모르는 원숭이들은 어느 한쪽에 사활이 달린 것처럼 안달복달하며 자기들의 고집을 관철시키려 하지만, 그것을 아는 저공狙公은 이렇게 되든 저렇게 되든 거기에 구애되지 않는 여유를 보일 수 있다.

이렇게 '영원의 시각'에서 사물을 봄으로써 융통성, 포용성, 활달함을 갖게 되면 사私가 없어지고 공공적인 인간, 공평 무사公平無私한 인간이 된다. 여기서 공公은 공작公爵 같은 인물, 그 정도의 위치에서 사람을 다스리는 지도자가 될 수 있는 인물이라 해석할 수도 있다. 아무튼 이렇게 되면 계속해서 왕 같은 사람, 하늘 같은 사람, 도와 같은 사람이 된다는 것이다.

이런 사람은 도道와 하나되므로 작은 '나'라는 것이 없어진 무사無私, 무아無我의 사람, 큰 '나'로 새로 태어난 사람이기 때문에 육신적인 죽음이 별로 문제될 것이 없다. 비록 몸이 없어진다 하더라도 영원한 나는 없어지지 않으므로, 그야말로 "해를 두려워하지 않는" 경지, "죽어도 살겠고"의 경지에 이르는 셈이다.

제17장

가장 훌륭한 지도자는

－네 종류의 지도자

가장 훌륭한 지도자는

사람들에게 그 존재 정도만 알려진 지도자,

그다음은 사람들이 가까이하고 칭찬하는 지도자,

그다음은 사람들이 두려워하는 지도자,

가장 좋지 못한 것은 사람들의 업신여김을 받는 지도자.

신의가 모자라면

불신이 따르게 마련입니다.

[훌륭한 지도자는] 말을 삼가고 아낍니다.

[지도자가] 할 일을 다 하여 모든 일 잘 이루어지면

사람들은 말할 것입니다, "이 모두가 우리에게 저절로 된 것이

라"고.

나라를 다스리는 지도자를 네 가지 유형으로 나누어 본 것이다. 가장 훌륭한 유형은 지도자가 있다는 것은 알지만 있는지 없는지 알아볼 수 없을 정도로 나라를 다스리는 사람이다. 어느 사본에는 첫 줄의 '아래 하下' 대신에 '아닐 불不' 자로 되어 있는데 그대로 읽으면 '존재한다는 사실 자체도 알려지지 아니한 지도자'라는 뜻이 된다. 존재한다는 것만 알려진 지도자나 존재한다는 것마저도 알려지지 않은 지도자나 사람들이 일상 생활에서 이런 지도자를 구태여 의식하지 않고 지내기는 마찬가지다. 이런 지도자는 어디 멀리 별장 같은 데 들어가 있어 아무 일도 하지 않기 때문에 잊혀진 것이 아니다. 백성의 필요에 따라 너무나도 자연스럽게, 공기처럼 드러나지 않게, 순리대로, 뒤에서 잘 다스려 나가기 때문에 백성이 근심 걱정 없이 잘 살아갈 뿐이다. 이른바 '무위 자연'의 다스림, '가만둠'의 다스림이다. "The least government is the best government."에 해당한다고 할까?

---

17. 太上, 不知有之. 其次, 親而譽之. 其次, 畏之. 其次, 侮之. 信不足焉, 有不信焉.
   悠*兮, 其貴言. 功成事遂, 百姓皆謂我自然.

* 悠(유) - 悠悠自適(유유자적)할 때의 悠. 여기서는 '猶'와 같은 뜻으로 '삼가고 조심한다'는 뜻.

두 번째 유형은 사람들이 친근감을 가지고 찬양하는 지도자이다. 유가에서 이상으로 삼는 덕치주의德治主義 지도자가 여기에 속한다고 볼 수 있다. 예부터 동양에서의 가르침을 받는 임금은 이런 덕치주의 정치를 펴 백성의 칭송을 사려고 했다. 미국의 에이브러햄 링컨(Abraham Lincoln) 대통령도 이 유형에 속하는 대표적인 지도자가 아닐까?

그러나 『도덕경』에 의하면 이런 다스림도 최상의 다스림은 되지 못한다. 어느 지도자를 사람들이 좋아하고 칭송한다는 것 자체가 벌써 그 지도자를 의식한다는 뜻이다. 사람이 공기의 고마움을 모르고 산다든지, 자식이 어머니의 사랑을 의식하지 않고 지낸다든지 무엇이나 너무나 크고 자연스러운 것은 우리의 감지 대상 밖이다. 더 쉬운 예로 『장자』에서 말한 것처럼 신발이나 허리띠 등이 꼭 맞으면 내 몸의 일부처럼 되어 따로이 의식되지 않는다. 의식된다는 것은 뭔가 자연스럽지도 못하고 완전하지도 못하다는 뜻이다.

셋째 유형은 사람들이 무서워하는 지도자이다. 법가法家에서 떠받드는 법치주의法治主義 지도자이다. 법과 형벌로 다스려 백성이 꼼짝 못하고 따라오게 하는 정치 지도자로서 진시황제秦始皇帝나 요즘 우리 주위에서 흔히 보는 독재형 정치 지도자이다. "데려가서 맛을 보여 주라"는 식으로 나라를 다스리는 유형이다.

넷째, 가장 저질의 지도자는 사람들의 비웃음을 사는 부류이다. 스스로 도덕성을 상실하고 부패했기 때문에 아무리 사회 정의니 인도주의니 하고 떠들어도 사람들이 믿지 않고 조석朝夕으로 법령, 훈령, 지시를 내려도 사람들이 콧방귀나 뀐다. 불신 사회요, 나쁜 의미로의 혼돈이요, 혼란이다.

요즘 '강력한 지도자'가 있어야겠다는 말을 많이 한다. 노자님에 의하면 강력한 지도자란 결국 네 등급으로 나눈 지도자상 중에서 기껏해야 셋째에나 속하는 중하질 지도자인 셈이다. '다스림'이란 '다스릴 치治'라는 글자 모양에서 볼 수 있듯이 근본적으로 '치수治水'였다. 본래 '다스림'이란 물꼬를 트는 등 물의 흐름을 조절하여 물이 가지고 있는 본래의 능력을 최대 한도로 발휘하게 하는 것을 뜻했다. 사람을 다스리는 일도 마찬가지로 사람들의 본래적 능력이나 가능성을 자기들 스스로 마음껏 발휘할 수 있게 도와 주는 것이다. 다스림은 지배支配나 강압强壓이 아니다. 뒤에서, 밑에서 북돋워 줌이다.

훌륭한 지도자는 "말을 삼간다." 묵묵히 사람들의 안녕만을 생각할 뿐 홍보니 공보 영화니 하는 것들과 무관하다. 그러니 일이 잘되면 사람들은 그것이 모두 자기 자신의 덕인 줄로 생각한다. 그래도 훌륭한 지도자는 그것을 섭섭하게 여기지 않는다. 물처럼 만물을 이롭게 하나 그들과 겨루어 누구의 공이 더 큰가 따지는 따위의 일을 하지 않는다. 이런 지도자 밑에서 자신이 하는 일이나 훌륭한 업적을 자신의 덕이라고 생각하고 보람을 느끼며 사는 사람이 많으면 많을수록 나라나 사회나 집안의 살림살이가 그만큼 바르게 되어간다는 뜻이다.

제18장
대도가 폐하면 인이니 의니 하는 것이
－윤리적 차원의 한계

대도大道가 폐하면

인仁이니 의義니 하는 것이 나서고,

지략이니 지모니 하는 것이 설치면

엄청난 위선이 만연하게 됩니다.

가족 관계가 조화롭지 못하면

효孝니 자慈니 하는 것이 나서고,

나라가 어지러워지면

충신이 생겨납니다.

---

18. 大道廢, 有仁義. 慧智出, 有大僞*. 六親不和, 有孝慈. 國家昏亂, 有忠臣.

* 大僞(대위)·큰 위선. '僞(위)'는 인위(人僞). 사람이 의식적으로 하는 행위는
  위선적이라는 뜻이 포함되어 있다.

여기서 말하는 인仁, 의義 등은 유교에서 가르치는 최고의 덕목들이다. '인'은 한자 '仁'이란 글자 모양에서 보듯이 '人'과 '二'가 합한 것이다. '사람과 사람' 사이의 관계에 기본적으로 있어야 할 윤리적 특성이라 풀이하기도 한다. 그런 의미에서 사람을 사회적으로 사람답게 해주는 '사람됨'이라 할 수 있다. 영어로 'humanity'라 옮기기도 한다.

'의義'란 옳다고 생각되는 것을 하는 마음이다. 유교에서는 무엇을 할 때 이利가 된다고 하여 하는 행동과 이해利害에 관계없이 오로지 옳기 때문에 하는 행동으로 구별한 다음, 이해 관계에 구애됨이 없이 오로지 옳다고 여겨지면 하라고 가르치고 그렇게 하는 것이 바로 의에 입각한 행동이라고 강조한다. 이利에 따라 행동하는 것은 소인배小人輩의 짓이요, 의義에 따라 행동하는 것이 군자君子의 행동이라고 한다.

'혜慧'와 '지智'란 여기서는 초월적인 것을 꿰뚫어보는 불교의 반야지般若智 같은 지혜를 뜻하는 것이 아니고, 인간의 이원론적 사고방식에서 얻어진 분별지나 이성적 지식 혹은 일상적 의식의 한계 내에서 머리를 짜내어 얻어진 지략智略이나 지모智謀 같은 것을 뜻한다.

육친六親이란 나의 부, 모, 형, 제, 아내, 아들에 대한 관계라 풀이하기도 하고 부자, 형제, 부부 사이의 관계를 말하는 것이라고도 한다. 가족 관계 전체를 대표하는 말이라고 보면 될 것이다. 효孝는 자식이 부모에게 드리는 사랑이고, 자慈는 부모가 자식에게 베푸는 사랑을 뜻한다.

『도덕경』 전체를 통해 우리의 상식적인 생각을 뒤흔들거나 뒤엎도록 하는 '충격 요법' 비슷한 것이 계속 등장하는데 이 장에서도 그렇다. 상식적으로 생각해서 인의, 지혜, 효성, 자애, 충성 등은 우리가 일반적으로 최고로 여기는 덕목이다. 그래서 이런 것이 강조되고 실천되기를 바라고, 이런 것이 실천될 때 이상적인 사회가 이루어지리라고 믿는다. 그런데 『도덕경』에서는 이런 것이 강조되는 세상은 아직도 덜 된 세상이라고 한다.

어째서 그럴까? 첫째, 우리가 보통 귀히 여기는 이런 윤리적 가치가 강조된다는 사실은 결국 그런 윤리적 이상이 아직 완전히 실현되지 않고 있음을 말해 준다는 뜻이다. 예를 들어 "이웃을 사랑하라."고 강조하는 것은 사람들이 서로 사랑하지 않고 있기 때문이다. 모두가 서로 사랑하고 있다면 구태여 사랑하라고 말할 필요가 없다. 사랑이 강조되면 될수록 그만큼 사랑이 부족함을 반증하는 셈이다. 도덕적으로 타락한 사회일수록 도덕이 더욱 거론되고, 정신적으로 병든 사회일수록 종교가 더욱 성행하게 된다. 마치 강력한 약이 많고 용한 의원이 많다는 것은 그 사회에 아직 질병이 많다는 것을 뜻하는 증거임과 같다고 할 수 있다.

둘째, 설령 인仁이니 의義니 하는 유교식 최고 덕목이 완전히 실천되는 사회가 이루어진다 하더라도, 이런 덕목의 실천만으로는 완전한 사회가 실현될 수 없다는 것이다. 이상적인 사회란 이런 덕목의 실천을 넘어서서 이런 덕목이 더 이상 문제되거나 필요하지 않은 사회, 윤리적 제약이나 규범에 머물러 있는 단계가 아니라 이런 단계를 넘어서서 완전한 자유의 경지를 구가하는 사회라는 것이다.

여기서 한 가지 강조해 두어야 할 것은 '인' 이니 '의' 니 하는 것을 최고 이상으로 여기지 않는 사회를 이룬다고 하여 그런 것과 상관없는 동물의 세계로 되돌아감을 뜻하는 것이 아니라는 점이다. 동물의 영역 특히 서로 물어뜯으며 살아가는 본능의 세계, 유교에서 말하는 금수禽獸의 세계는 인간이 이어 갈 수 있는 삶의 형태 중에서 최하질의 것이다. 『도덕경』에서 찬양하는 인간 사회가 이런 것일 수는 없다. 여기서 가르치려는 것은 인간의 역사가 이런 약육강식의 단계를 벗어나 인간답게 살려고 인의예지 등을 강조하게 되었지만 자칫 이 두 번째 율법적, 윤리적 단계가 인간이 이룰 수 있는 최고 영역이라 착각하지 말고 거기서 한 단계 더 넘어서야 한다는 것을 깨달으라는 것이다. 이 세 가지 단계를 전인격적前人格的(pre-personal), 인격적人格的(personal), 초인격적超人格的(trans-personal) 단계로 나눈다면, 제2의 윤리적 단계는 그 자체로서는 완성일 수 없고, 대도大道가 세상에 편만해 모든 것이 자연적으로 이루어지는 사회를 이상으로 삼아야 할 것이다. 이런 사회는 율법이나 윤리가 폐한 사회가 아니라 완성된 사회이다.

제19장
성스러운 체함을 그만두고
— 소박성 회복

성聖스러운 체함을 그만두고 아는 체를 버리면
사람에게 이로움이 백 배나 더할 것입니다.
인仁을 그만두고 의義를 버리면
사람이 효성과 자애를 회복할 것입니다.
재간 부리기를 그만두고 이보려는 마음을 버리면
도둑이 없어질 것입니다.
이 세 가지는 문명을 위하는 일이지만
그 자체만으로는 부족합니다.

그러므로 뭔가 덧붙이지 않을 수 없습니다.
물들이지 않은 명주의 순박함을 드러내고
다듬지 않은 통나무의 질박함을 품는 것,
'나' 중심의 생각을 적게 하고
욕심을 줄이는 것입니다.

주객 분리의 이분법적 의식에서 이루어지는 일상적 삶의 부작용을 지적하고 거기서 헤어날 수 있는 해결책을 제시하고 있다. 그 해결책이란 물론 인위적 의식 세계에서 떠받드는 인위적인 모든 것을 청산하고 우리 본래의 마음 바탕, 때묻지 않은 순수성을 회복하는 것이다.

『도덕경』에 '성인聖人' 이란 말이 30번이나 나오는데, '聖' 이라는 글자가 독립된 말로 나오는 곳은 여기 한 군데뿐이다. 여기서 말하는 '성스러움' 은 『도덕경』에서 말하고 있는 도를 따르는 사람, 도와 하나된 사람, 윤리적 차원을 초월한 사람으로서의 성인됨이 아니라 인위적 윤리 규범을 성실히 지키려고 노력하여 어느 정도 윤리적 차원에서 그럴 듯하게 된 사람이 떠받드는 윤리적 완성 정도를 뜻하는 것이라 볼 수 있다. 이런 식의 성스러움이란 사람을 윤리적 차원에 묶어 놓음으로 사람을 더욱 그 본바탕에서 멀어지게 할 뿐이다. 따라서 이런 것을 추구하려는 생각을 버려야 한다는 것이다.

---

19. 絶聖棄智, 民利百倍. 絶仁棄義, 民復孝慈. 絶巧棄利, 盜賊無有.

　此三者以爲文*不足, 故令有所屬. 見素抱樸, 少私寡欲.

* 文(문) - '꾸밈, 문식(文飾), 문명, 문화, 문장(文章), 법' 등의 뜻이 있어 여기서 무슨 뜻을 채택할까 하는 데 대해 주석가들 사이에 의견이 분분하다.

'지智'도 마찬가지다. 사물의 궁극 구조를 꿰뚫어보는 안목 같은 것이 아니라 이성적인 인간의 머리로 짜낸 생각을 뜻한다. 인, 의, 예, 지, 충, 효 등 인위적으로 설정된 윤리적 덕목이 우리의 궁극 이상일 수 없음은 앞장에서 이미 말한 바와 같다. 여기서는 거기에다가 '교巧'와 '이利'를 덧붙였다. '교'란 자연적인 것에 인공적인 것을 가하여 뭔가를 만들어 내는 기술이다. '이'란 상업적 수단이든 무엇이든 이익을 얻으려는 마음이다. 성스러움이니 지식이니 인이니 의니 기술이니 영리니 하는 것에 대한 관심이나 집착은 모두 "인위적인 것, 장식적인 것, 문명文을 구성하는 것으로서 그 자체만으로는 부족하다."(이 구절에 대한 해석이 구구하지만 여기서는 우선 이렇게 풀어 본다.) 이런 것으로는 사랑이 용솟음치고 생명력이 넘치는 삶이 이루어질 수가 없다는 것이다.

그러면 무엇이 필요하다는 것인가? 한마디로 '소박'해야 한다는 것이다. 어원적으로 '소素'는 물들이기 전 본바탕 그대로의 명주천을 뜻하고, '박朴/樸'은 사람 손에 의해 다듬어지지 않은 통나무, 원목이란 뜻이다. 이처럼 인위적인 것이 가미되거나 거기에 물들지 않은 자연적 마음 상태, 이분법적 사고방식에 지배되지 않고 사물을 있는 그대로 볼 수 있는 거울 같은 마음 상태를 회복해 나가야 한다는 것이다.

그러려면 어떻게 해야 하는가? 다른 모든 종교에서 가르치듯 여기서도 '나私'를 줄여 가야 한다고 권고하고 있다. 자기 중심주의, 저차적인 이기주의, 자의식 등에서 해방되어야 한다는 것이다. 궁극적으로 멸사滅私나 무아無我의 경지, 좀 현대적 용어를 쓰면 자기를 비우는 것, 자기를 잊는 것, 자기를 부정하는 경지에 도달하는 것이다. 이 말은 자기 중심으로 살아가는 사람이 가지고 있는 욕심을 점차로 줄여 가서 무욕無欲의 경지에 이르는 것을 뜻하기도 한다.

영국의 유명한 역사가 아놀드 토인비(Arnold Toynbee)의 다음과 같은 말이 생각난다. "종교라 했을 때 내가 뜻하는 것은 우주를 초월하는 영적 실재와의 관계에 들어감으로써, 그리고 우리의 의지를 그것과 조화시킴으로써 개인과 단체에서 자기 중심주의를 극복하는 것이다. 이것이 평화를 위한 유일한 열쇠라고 생각한다. 그러나 우리는 이 열쇠를 집어서 사용한다는 일과는 너무나도 거리가 먼 입장이다. 우리가 이 열쇠를 집어서 사용하게 되기까지는 인류의 존속이 항상 의심스러운 상태를 면치 못할 것이다."

어느 면에서 종교란 우리의 자기 중심적 욕심 때문에 실재를 있는 그대로 볼 수 없는 상태에서 욕심을 줄여 실재를 있는 그대로 볼 수 있는 상태로 옮겨 가려는 노력이라 해도 좋을 것이다. 성 어거스틴(St. Augustine)도 "영혼이 자신을 생각하는 일을 그만둠으로써만 자신을 초월할 수 있다."고 했고, 마이스터 에카르트(Meister Eckhart)도 "만일 영혼이 하느님을 알려고 한다면 그것은 먼저 자기 스스로를 잊어버려야 한다."고 했다. 자기를 쳐서 복종시킴은 물론 성을 쳐서 이김보다 더 어려운 일이다.

제20장
세상 사람 모두 기뻐하는데
― 위대한 인물의 실존적 고독

배우는 일을 그만두면 근심이 없어질 것입니다.

'예'라는 대답과 '응'이라는 대답의 차이가 얼마이겠습니까?

선하다는 것과 악하다는 것의 차이가 얼마이겠습니까?

사람들이 두려워하는 것 나도 두려워해야 합니까?

얼마나 허황하기 그지없는 이야기입니까?

딴 사람 모두 소 잡아 제사 지내는 것처럼 즐거워하고,

봄철 망루望樓에 오른 것처럼 기뻐하는데,

나 홀로 멍청하여 무슨 기미조차 보이지 않고,

아직 웃을 줄도 모르는 갓난아이 같기만 합니다.

지친 몸으로도 돌아갈 곳 없는 사람과도 같습니다.

세상 사람 모두 여유 있어 보이는데

나 홀로 빈털터리 같습니다.

내 마음 바보의 마음인가 흐리멍텅하기만 합니다.
세상 사람 모두 총명한데 나 홀로 아리송하고,
세상 사람 모두 똑똑한데 나 홀로 맹맹합니다.
바다처럼 잠잠하고, 쉬지 않는 바람 같습니다.
딴 사람 모두 뚜렷한 목적이 있는데
나 홀로 고집스럽고 촌스럽게 보입니다.

나 홀로 뭇사람과 다른 것은 결국
나 홀로 어머니 [젖] 먹음을 귀히 여기는 것입니다.

일상적 주객 분리의 이분법적 사고방식에 근거한 학문의 축적이 궁극 해결일 수 없음을 다시 한 번 강조한다.(이 줄은 앞장에 붙어야 한다고 생각하는 주석가도 많다.) 정중한 대답과 오만한 응대, 선하다는 것과 악하다는 것이 '본질적으로' 다른 이원적인 것이라는 가르침은 결국 '본질론자들'의 이분법적 발상이다. 이분법적 상식의 세계를 넘어서서 초이분법적 의식 세계에서 사물을 보는 사람은 이처럼 딱 부러진 흑백 이분의 논리에 지배되지 않는다. 상식적 윤리 세계에서는 '예'와 '아니오'가 분명할 수 있고 또 그래야 하겠지만, 윤리적 차원을 넘어서는 영역에서는 '예'와 '아니오'가 그렇게 명쾌하게 구별되는 것이 아니다.

일상적 의식의 합리적 차원에 머물고 있는 사람이 이런 차원을 넘어선 사람을 보면 아주 흐리멍텅하고 답답하기 그지없어 보인다. 도저히 이해할 수가 없다. 그래서 위대한 사람은 뭇사람의 이해를 얻지 못해 외로운 법이다. 이를 일러 위대한 인물의 '실존적 고독'이라 할까?

노자님도 여기서 자기의 이런 심정을 이야기하고 있다. 세상 사람 모두 희희 낙락하고, 똑똑하고, 영리하고, 분명하고, 여유 있고,

---

20. 絶學無憂. 唯*之與阿*, 相去幾何. 善之與惡, 相去若何. 人之所畏, 不可不畏. 荒兮, 其未央哉. 衆人熙熙, 如享太牢*, 如春登臺. 我獨泊兮, 其未兆, 如嬰兒之未孩. 儽儽兮*, 若無所歸. 衆人皆有餘, 而我獨若遺. 我愚人之心也哉, 沌沌兮*. 俗人昭昭, 我獨昏昏. 俗人察察, 我獨悶悶. 澹兮*其若海, 飂兮*若無所止. 衆人皆有以, 而我獨頑似鄙*. 我獨異於人而貴食母.

* 唯(유) - '예' 하고 정중히 하는 대답.
* 阿(아) - '응' 하고 낮추어서 하는 대답.
* 太牢(태뢰) - 소·양 등 제사에 바치는 짐승.
* 儽儽兮(내래혜) - 지치고 고달픈 모양.
* 沌沌兮(돈돈혜) - 어리석고 흐리멍텅함.
* 澹兮(담혜) - 잠잠히 흐르는 모양.
* 飂兮(요혜) - 바람이 부는 모양.
* 鄙(비) - 촌스러움.

쓸모 있고, 목적 의식이 투철하고 희망으로 가득한 것 같은데 자기 혼자 멍청한 것 같고, 아리송한 것 같고, 맹맹한 것 같고, 촌스럽고, 답답하고 미욱하게 보이고, 빈털터리 같고, 정처없이 떠다니는 것 같고……. 하면서 자기의 '홀로임'을 슬픈 어조로, 그러나 담담하게 읊고 있다. 『도덕경』 제70장에서도 "내 말은 이해하기도 그지없이 쉽고 실행하기도 그지없이 쉬운데, 세상 사람이 도무지 이해하려고도 하지 않고 실행하려고도 하지 않는구나……. 나를 이해하는 사람이 이렇게도 드문가." 하고 탄식하고 있다.

공자님도 이와 마찬가지 경우여서 "아, 아무도 나를 이해하지 못하는구나……. 하늘밖에 없구나."(『논어』14:37) 했다. 예수님도 사람들에게 "나의 멍에는 가볍다."는 것, "내가 쉼과 자유를 주겠다."는 것을 이야기했지만 그런 것을 이해하지 못하고 그가 메시아로 임할 때 그들이 누릴 권력이나 부귀 등 세상적 가치 때문에 그를 따르던 뭇사람 혹은 그를 받아들일 줄 모르던 예루살렘을 내려다보면서 "우셨다"고 한다. 1979년 함석헌 선생님이 캐나다에서 이와 비슷한 심정을 토로한 적이 있다. 역사적으로 이렇게 일반 사람의 이해를 넘어서는 경지에서 고독했던 사람이 얼마일까? 인간 역사는 이런 위대한 사람들이 그들의 고독 속에서 밝힌 진리의 등불로 이 정도라도 밝음을 유지하고 있는 것 아닐까? 우리는 이런 분들의 깊은 뜻을 이해하지 못하는 우리의 무지를 부끄럽게 생각할 뿐만 아니라 그들에게 감사할 줄 알아야 하리라.

그러면 이런 위대한 선각자는 일반 사람과 무엇이 어떻게 다르다는 것인가? "어머니 먹음食母"을 소중히 하는 점이라고 한다. 여러 가지 해석이 있지만 어머니는 도道를 상징하므로 결국 도에 의존하여 도와 함께 사는 삶을 소중히 여긴다는 뜻일 것이다. 이런 삶은 이분법적 의식을 초월하여 '양극의 조화'를 체득한 삶이다. 이렇게 홀로 도와 하나되는 삶을 살아감으로 고독한 사람을 두고 'the alone with the Alone'이라 한다.

제21장

황홀하기 그지없지만 그 안에

— 도의 존재론적 측면

위대한 덕(힘)의 모습은 오로지 도를 따르는 데서 나옵니다.

도라고 하는 것은 황홀할 뿐입니다.

황홀하기 그지없지만 그 안에 형상象이 있습니다.

황홀하기 그지없지만 그 안에 질료物가 있습니다.

그윽하고 어둡지만 그 안에 알맹이精가 있습니다.

알맹이는 지극히 참된 것으로서, 그 안에는 미쁨이 있습니다.

예부터 이제까지 그 이름 없은 적이 없습니다.

그 이름으로 우리는 만물의 시원을 볼 수 있습니다.

내가 만물의 시원이 이러함을 알 수 있는 것은

바로 이 때문입니다.

"위대한 덕孔德"이라 했을 때 '덕'은 '미덕美德'이라고 할 때의 윤리적인 덕이 아님을 기억해야 한다. '덕'이란 "부모님 덕으로"라고 할 때라든가 덕택, 덕분, 은덕, 배은망덕 등의 말 등에서 밝혀지듯이 '힘', '능력', '은혜' 같은 뜻이다. 덕이란 도를 따르므로 세상을 자유롭게 살아갈 수 있는 힘, 여유 같은 것이다. 물론 이런 덕을 가진 사람은 윤리적으로도 훌륭하겠지만 판에 박은 듯한 윤리 규범을 지키기 때문이 아니다. 이런 사람은 윤리적 차원을 완성하고 이를 넘어서서 훌훌 자유로이 살아가는 능력 때문에 '덕'의 사람, '힘'의 사람이 된 것이다. 앞에서도 지적했지만 『도덕경』은 '도道'를 체득함으로 자유를 구가하는 삶을 살 수 있는 '능력德'을 갖도록 가르쳐 주는 '말씀經'이다. 이 장에서도 자유를 만끽하는 참된 능력孔德, 그것은 도를 따르는 데서만 가능함을 역설하고 있다.(여기서 '孔德'을 '공자님의 덕'이라 풀이하여, 공자님의 덕이 결국 노자님이 가르치는 도를 따

---

21. 孔德之容, 惟道是從, 道之爲物, 惟恍惟惚, 惚兮恍兮, 其中有象, 恍兮惚兮, 其中有物, 窈兮冥兮*, 其中有精, 其精甚眞, 其中有信. 自古及今, 其名不去, 以閱衆甫*. 吾何以知衆甫之狀哉, 以此.

* 窈兮冥兮(요혜명혜) - 그윽하고 어두움.
* 衆甫(중보) - 만물의 시원.

르는 데서 나오는 것이므로 공자님의 책이 아니라 도가의 책을 공부해야 함을 말하는 것이라고 종파주의 입장에서 해석하는 사람도 있다.)

그러면 도란 무엇인가? 이 장에서 도에 대해 다시 언급한다. 그러나 제14장에서는 주로 도의 '없음無'의 측면, '비존재'의 측면을 가지고 이야기하는 데 반하여, 여기서는 도가 볼 수도 없고 잡을 수도 없이 미묘하고 '황홀'하지만 그렇다고 무의미하게 텅텅 빈 것이 아니라는 것, 그 속에 모든 것의 존재를 가능하게 하는 뭔가가 들어 있다는 '있음有'의 측면을 가지고 이야기한다. 도는 '비존재(non-being)'이지만 그것은 일반적 존재를 초월하고 모든 존재의 바탕이 되는 '비보통적인 존재(non-ordinary-being)'라는 뜻으로서의 비존재이지 존재와 반대되는 개념이 아니다. 비존재로서의 도는 존재의 근원으로서, 좀 철학적인 용어를 쓰면 '존재들보다 더욱 존재적'이다. 따라서 도의 '있음'의 측면도 무시하지 말라는 것이다.

그러면 도 안에 무엇이 있다는 것인가? 우선 '형상象'이 있다고 한다. 현상 세계에 존재하는 모든 형상의 근본 모형으로서의 형상이다. 전에 언급한 것처럼 모든 형상에 그 꼴을 지어 주지만 그 자체로서는 형상이 있을 수 없는 '형상 없는 형상無象之象'이다.

도 안에는 또 '질료物'가 있다고 한다. 여기서 '물物'이란 개별적인 '물건(a thing)'을 뜻하는 것이 아니고 실체라고 할까, 모든 존재하는 것의 물질적 바탕이 되는 무엇을 말하고 있다.

도에는 또 정精이 있다고 한다. 정精이란 진수, 본질, 정신, 생명력 등을 뜻한다. 정기精氣, 정신精神, 정액精液, 정수精髓, 정력精力, 인삼

정人蔘精 등의 낱말에서 볼 수 있는 것처럼 뭐라고 딱잡아 번역하기가 곤란한 말이다. 여기서는 '알맹이'라고 해 보았다. '속알'이라 할 수도 있을 것이다. 아무튼 이것은 지극히 진실되고 참된 무엇으로서, 그 안에 신信이 있다고 한다. 미쁨, 믿음직스러움이라는 뜻인데 여기서는 우주에 편만한 법칙성, 규칙성, 주기성을 뜻한다고 여겨진다.

이렇게 도 자체는 보이지도 않고 만질 수도 없고 잡을 수도 없는 무엇이지만 그 속에 들어 있는 형상, 질료, 속알 등이 서로 어울려 세상의 모든 것이 생겨나게 하고, 이런 뜻에서 도는 모든 것의 근원이며 시원이 된다는 것이다.

이런 도가 예부터 지금까지 언제나 작용하고 있고 한시도 그 작용을 쉰 적이 없다. 지금 우리 주위에 있는 모든 것이, 아니 우리 자신도 모두 도의 덕택으로 존재하고 있다. 우리에게 만물의 깊이를 꿰뚫어볼 수 있는 형안만 있다면 지금도 순간순간 작용하고 있는 도, 만물의 시원이며 우리 존재의 근거인 도를 알아볼 수 있을 것이다. 그런 뜻에서 야스퍼스(Karl Jaspers)가 말한 것처럼 "우리가 눈으로 볼 수 있는 현상 세계의 모든 것은 존재 자체(Being-itself)를 가리키는 암호(cypher) 내지 상징"이라 할 수 있다. "눈 있는 자는 보라"는 것이다.

제22장
휘면 온전할 수 있고
─겸손의 위력

휘면 온전할 수 있고,

굽으면 곧아질 수 있고,

움푹 파이면 채워지게 되고,

헐리면 새로워지고,

적으면 얻게 되고,

많으면 미혹을 당하게 됩니다.

그러므로 성인은 '하나'를 품고 세상의 본보기가 됩니다.

스스로를 드러내려 하지 않기에 밝게 빛나고,

스스로 옳다 하지 않기에 돋보이고,

스스로 자랑하지 않기에 그 공로를 인정받게 되고,

스스로 뽐내지 않기에 오래갑니다.

겨루지 않기에 세상이 그와 더불어 겨루지 못합니다.

옛말에 이르기를 휘면 온전할 수 있다고 한 것이 어찌 빈말이
　겠습니까?
진실로 온전함을 보존하여 돌아가십시오.

"휘면 온전할 수 있다"는 말은 노자님 이전부터 내려오던 말인 모
양이다. 온전하려면 휘어져야 한다는 것이다. 들의 풀잎을 보라. 바
람이 불 때 휘어지지 않는다면 뿌리째 뽑혀 버리고 말 것이다. 대나
무를 보라. 휘어지지 않으면 꺾어 버리고 말 것이다. 높은 굴뚝, 송
신탑, 빌딩, 심지어 비행기 날개 같은 것도 어느 정도 휘어 온전함을
유지할 수 있도록 하였다고 하지 않는가? 살아가는 데 융통성, 유연

---

22. 曲則全, 枉*則直, 窪*則盈, 敝則新, 少則得, 多則惑. 是以聖人抱一爲天下式. 不
　　自見*故明, 不自是故彰, 不自伐*故有功, 不自矜故長. 夫唯不爭, 故天下莫能與
　　之爭. 古之所謂曲則全者, 豈虛言哉. 誠全而歸之.

＊枉(왕) - 굽다.
＊窪(와) - 움푹 파인 곳.
＊自見(자현) - 스스로를 드러냄.
＊自伐(자벌) - 스스로 자랑함.

성을 유지해야 한다는 말일 것이다.(이 말은 『장자』에 나오는 이야기처럼 나무가 구부러져 쓸모없어 보이면 잘리지 않고 그대로 온전히 남을 수 있다는 뜻으로도 풀 수 있다.)

융통성, 유연성도 중요하지만 여기서 무엇보다도 강조하고 있는 것은 '휘어짐'과 '온전함', '굽어짐'과 '곧아짐' 등이 양립 불가능한 반대 개념이 아니라 오히려 상호 불가결의 상관 개념이라는 더욱 근본적인 사실이 아닌가 생각된다. 예를 들어 자벌레를 보라. 굽어져야 곧아지고, 곧아져야 굽어진다. 곧아지려면 굽어져야 하고, 굽어지려면 곧아져야 한다. 굽어짐이 곧 곧아짐이요, 곧아짐이 곧 굽어짐이다. 굽어짐이 없으면 곧아짐이 없고, 곧아짐이 없으면 굽어짐이 없다. 굽어짐과 곧아짐은 서로 떼어 생각할 수 없는 관계에 있다. 이처럼 파임과 메워짐, 헐어짐과 새로워짐, 적음과 얻음, 많음과 곤혹 등등은 모두 반대되는 별개의 개념이 아니라 우주의 생성 변화 과정에서 어쩔 수 없이 서로 붙어서 돌아가는 하나의 변증법적 진행일 따름이다.(제9장 참조)

성인이란 이렇게 '반대의 일치'라는 위대한 진리를 통찰하고 거기에 따라 살아가는 사람이다. 그러기에 어느 한쪽에 치우치는 일이 없이 사물을 '하나'로, '통전적으로(holistically)' 파악함으로 의연함을 유지할 수 있고, 이 때문에 '세상의 본보기'가 된다.

일반 사람은 모두 세상을 한쪽 면으로만 보게 마련이다. 이런 사람은 어느 한쪽이 다른 한쪽보다 절대적으로 더 좋다고 생각하고 그 한쪽을 위해 전심 전력한다. '이것이냐 저것이냐'의 사고방식이다. 예를 들어 스스로를 드러내는 것이 빛도 없이 이름도 없이 한 세상 지내는 것보다 좋다고 생각했으면 스스로를 드러내는 일에 온 힘을 기울인다. 기회 있을 때마다, 기회가 없으면 만들어서라도 자기가 뭔가 되는 것처럼 목에 힘을 주고, 자기를 자랑하고, 뽐내려 한다는 것이다. 그러나 역설적으로 이런 짓은 오히려 역효과를 가져올 뿐이다. 세상을 양면으로 다 보는 사람은 어느 한쪽에 치우치는 일이 없어 구태여 그런 일을 하지 않는다. 그러기에 더욱 빛이 나고, 돋보이고, 인정을 받고, 오래 기억된다는 것이다.

결국 이런 트인 생각을 가진 사람들은 한 면만 보는 데서 오는 단견에 입각한 자기의 입장을 관철하려거나 자기를 드러내려고 겨루거나 다투는 일을 하지 않는다. 아침에 세 개 주고 저녁에 네 개 주거나 아침에 네 개 주고 저녁에 세 개 주거나 상관하지 않는다. 제8장에서 말한 것처럼, 부쟁不爭의 사람들이다. 이렇게 아무에게도 대적하지 않는 사람을 누가 대적하겠는가?

이런 삶의 태도는 물론 심한 반발을 불러일으킬 수 있다. 그러나 예수님도 "악한 자를 대적하지 말라."(마태복음5:39)고 했다는 것, 이것을 톨스토이(Leo Tolstoy) 같은 이는 철저히 실행하려고 해서 '무저항', '비폭력' 운동을 일으켰다는 것, 그래서 간디(Mohandas Karamchand Gandhi)도 여기에 영향을 받았다는 것, 마틴 루터 킹(Martin Luther King Jr.) 목사도 이런 정신적 전통에서 인권 운동을 지도했다는 것, 함석헌 선생님도 같은 맥락에서 이해할 수 있다는 것 등은 깊이 생각해 볼 문제이다.

『도덕경』이 씌어질 당시에도 이런 태도에 회의적인 사람이 많았던 모양이다. 그러기에 "옛말이 어찌 빈말일 수 있으리오." 하고 빈말이 아님을 강조하고 있는 것이 아닐까? 빈말이 아니니까 실천해 보라고 한다. 그러면 참으로 온전함을 유지할 수 있다는 것이다. 종교란 궁극적으로 구원을 목표로 하는데, '구원'이란 '온전함(wholeness)'을 회복하는 일이다.

제23장
말을 별로 하지 않는 것이 자연
― 언어를 넘어서는 경지

말을 별로 하지 않는 것이 자연입니다.
회오리바람도 아침 내내 불 수 없고,
소낙비도 하루 종일 내릴 수 없습니다.
누가 하는 일입니까?
하늘과 땅이 하는 일입니다.
하늘과 땅도 이처럼 이런 일을 오래 할 수 없거늘
하물며 사람이 어찌 그럴 수 있겠습니까?

그러므로 도를 따르는 사람은 도와 하나가 되고,
덕을 따르는 사람은 덕과 하나가 되고,
잃음을 따르는 사람은 잃음과 하나가 됩니다.
도와 하나 된 사람[도] 역시 그를 얻었음을 기뻐하고,
덕과 하나 된 사람[덕] 역시 그를 얻었음을 기뻐하고,
잃음과 하나 된 사람[잃음] 역시 그를 얻었음을 기뻐할 것입니다.

신의가 모자라면
불신이 따르게 마련입니다.

큰소리로 말을 많이 하여 자기를 과시하려 하거나 길게 논리를 늘어놓아 자기 주장을 관철시키려는 것이 우리 일반 사람의 성향이다. 그러나 여기서는 말을 별로 하지 않는 것이 순리라는 것이다. 하늘과 땅이 합하여 온갖 일을 이루어 내지만 요란스럽게 떠들면서 하지 않는다. 별이 질서 정연하게 움직이게 하고, 때가 되면 꽃이 피고 열매가 맺게 하는 등 대자연의 움직임을 가능하게 하지만 그런 것을 말로 하는 것도 아니고, 여러 말로 선전하려 하지도 않는다는 것이다. 공자님도 『논어』에 비슷한 말을 했다. "하늘이 무슨 말을

---

23. 希*言自然, 故飄風*不終朝, 驟雨*不終日. 孰爲此者, 天地. 天地尙不能久, 而況於人乎. 故從事於道者, 道者, 同於道, 德者, 同於德, 失者, 同於失. 同於道者, 道亦樂得之, 同於德者, 德亦樂得之, 同於失者, 失亦樂得之. 信不足焉, 有不信焉.

* 希(희) - '稀' 와 같이 '드물다' 는 뜻.
* 飄風(표풍) - 회오리바람.
* 驟雨(취우) - 소낙비.

하는가? 사철이 순리대로 바뀌고 만물이 생겨나지만, 하늘이 무슨 말을 하는가?"(17:19)라고 했다.

『도덕경』에 의하면 하늘과 땅도 가끔씩 말을 하기는 한다. 회오리바람이나 소낙비가 하늘과 땅의 말이라고 볼 수 있다는 것이다. 그런데 이런 하늘과 땅의 말도 아침 나절이나 하루 이상 계속되는 경우는 드물다. 하늘과 땅도 이렇게 가끔씩 짧게 말할 뿐인데, 어찌 사람이 그토록 오래 말을 계속할 수 있겠는가, 사람은 그보다 훨씬 말을 적게 하는 것이 당연하지 않겠는가 하는 이야기다.

"도를 따르는 사람은 도와 하나가 되고" 하는 구절은 그런대로 이해가 되는데 "덕을 따르는 사람은 덕과 하나가 되고, 잃음을 따르는 사람은 잃음과 하나가 된다"는 것은 무슨 뜻인가? 덕 있는 사람을 만나면 덕이라는 점에서 그와 동조하고, 덕에 결함이 있는 사람을 만나면 그를 경멸하여 멀리하지 말고 다른 공통점을 찾아 그와 하나가 되라는 말로 푸는 사람도 있다.

그러나 덕德은 '득得'과 상통하는 글자이다.(중국어로는 두 글자의 발음이 같다.) 따라서 여기서는 '얻음得'과 '잃음失'을 대조하는 것으로 볼 수도 있다. 어느 주석에 의하면 '얻음'은 도와 하나된 상태를 말하고 '잃음'은 도에서 떨어진 상태를 말한다고 한다. 도와 하나가 되면 우리에게 있던 본래적인 것을 다시 얻게 되는 것이고, 도에서 떨어지면 그것을 다 잃어버리게 되기 때문이라는 것이다. 그런 의미에서 '실失'은 '실낙원失樂園'의 상태, 곧 벌거벗은 것도 의식하지 못하며 천진스럽게 살던 주객 미분의 의식 상태를 '잃어버리고' 우리가 지금 가지고 있는 것과 같은 '이분법적 의식(dualistic consciousness)'을 가지고 살아가는 모습이라 볼 수 있다.

'득得'은 이런 일상적 이분법적 의식을 초월함으로 '얻어진' '비이분법적 의식' 내지 '초이분법적 의식'이라 볼 수 있다. 이것은 어느 의미에서 '복낙원復樂園'이기는 하지만 처음 낙원으로 그대로 돌아감을 뜻하지는 않는다.

처음 낙원에서는 주객이 분리되지 않은 상태의 '꿈꾸는 듯한 천진성(dreaming innocence)'에서 살았지만 이런 상태를 잃고 지금처럼 주객 분리의 상태에 살다가 이런 상태의 한계성을 자각하고 이 상태를 벗어났을 때는, 처음 상태와 두 번째 상태가 변증법적 종합을 이룬 제3의 더욱 고차원적 의식 상태로 승화하기 때문이다.

말을 많이 한다는 것은 결국 제2단계의 의식을 활용하면서 산다는 것을 뜻한다. 이것은 어느 의미에서 필요한 단계이기는 하지만 최상의 상태가 될 수 없는 것으로서 인간은 언제까지나 이런 상태 속에서만 계속 살아갈 수가 없다. 말장난으로서의 정치, 말장난으로서의 변론, 말장난으로서의 학문 등은 물론 타기해야 할 일이지만, 심지어 우리가 살아 가는 데 불가결한 합리적인 사고와 조리 정연한 말이라도 그것이 전부라는 생각은 버려야 한다. 말로 할 수 없는 경지가 있다는 것, 이성적 추구만으로는 뚫을 수 없는 경지가 있다는 것을 깨닫고 이런 경지를 궁극 목표로 삼아야 한다. 그것은 도와 하나되는 경지다. 이것이 바로 '신비스런 하나됨玄同'으로서 이런 경지가 되면 도마저 이를 기뻐한다고 한다.

제24장
발끝으로는 단단히 설 수 없고
— 부자연스러운 행동의 역효과

발끝으로 서는 사람은 단단히 설 수 없고,

다리를 너무 벌리는 사람은 걸을 수 없습니다.

스스로를 드러내려는 사람은 밝게 빛날 수 없고,

스스로 의롭다 하는 사람은 돋보일 수 없고,

스스로 자랑하는 사람은 그 공로를 인정받지 못하고,

스스로 뽐내는 사람은 오래갈 수 없습니다.

도의 입장에서 보면

이런 일은 밥찌꺼기 군더더기 같은 행동으로

모두가 싫어하는 것입니다.

그러므로 도의 사람은 이런 일에 집착하지 않습니다.

좀더 높이 서겠다고 발끝으로 서는 것은 자연스런 행동이 아니다. 그런 부자연스런 행동으로서는 단단히, 오래 서 있을 수 없다. 멀리 가겠다고 다리를 한껏 벌리고 가려고 하는 것도 자연스런 행동이 아니다. 그런 부자연스런 행동으로서는 멀리, 오래 갈 수 없다. 모든 부자연스런 행위를 버리라는 것이다. 이런 부자연스런 일로서는 본래의 의도에 역행하는 결과만 불러 올 뿐이기 때문이다.

스스로 드러내려고 하는 것, 스스로 의롭다고 하는 것, 스스로 자랑하는 것, 스스로 뽐내는 것 등도 모두 자연스런 일이 아니다. 따라서 우리가 이런 일을 하면 할수록 우리의 본래 의도와 반대되는 결과만 거두게 된다. 스스로 드러내려고 하기 때문에 드러나지 않고, 스스로 의롭다고 하기 때문에 멸시를 당하고, 스스로 자랑하기 때문에 한 일이 모두 허사로 돌아가고, 스스로 잘난 체하기 때문에 무시를 당한다. 제22장에 이미 나온 것처럼 스스로를 드러내지 않아

---

24. 企*者不立. 跨*者不行. 自見者不明. 自是者不彰. 自伐者無功. 自矜者不長.
    其在道也, 曰餘食贅行*, 物惑惡之. 故有道者不處.

* 企(기) - '跂(기)'와 같은 뜻으로 '발끝으로 서다.'
* 跨(과) - 다리를 한껏 벌리는 것.
* 餘食贅行(여식췌행) - 먹다 남은 밥과 혹처럼 쓸데없는 행위나 사물.

야 밝게 드러나고, 스스로 의롭다 하지 않아야 돋보이게 되며, 스스로 자랑하지 않아야 한 일이 허사로 돌아가지 않게 되고, 스스로 뽐내지 않아야 오래갈 수 있다는 역설의 논리가 성립된다는 것이다.

조금만 곰곰이 생각해 보더라도 체하는 삶, 허례 허식으로 가득한 삶, 위선적인 삶은 무엇보다도 우선 본인을 고달프게 한다는 사실을 곧 발견하게 된다. 남에게 잘 보이려고 안간힘을 쓰고, 뭔가 보여 주겠다고 큰 소리를 치고, 뭔가 자기만 옳다고 외쳐 대고, 뭔가 자기만 위대하다고 거들거리고……. 언제나 남의 눈치를 봐야 하고, 언제나 남이 나를 어떻게 생각할까 신경쓰고, 남과 자기를 비교하고, 겉과 속이 다른 행동을 하고……. 이렇게 온갖 애를 다 쓰는데도 기대한 만큼 좋은 결과커녕 오히려 남의 비웃음만 사고 만다. 이를 만회하기 위해 더욱 잘난 체하고, 목에 힘주고, 그러기에 더욱 남의 빈축을 사게 되고, 이를 만회하기 위해……. 이런 악순환이 계속되고, 그러다가 결국 독립적이고 주체적인 삶이 불가능한 삶, 그저 끊임없이 남과 비교하면서 사는 '비교급 인생'으로 전락하고 만다. 차분하고 홀가분한 삶의 담백한 맛을 모르고 사는 비참한 삶이다.

이런 식의 삶은 또 남을 괴롭게 하기도 한다. 스스로를 드러내려고 하는 삶, 스스로 의롭다 하는 삶, 스스로 자랑하고 뽐내는 삶은 주위에서 이를 보아야 하는 사람에게 불쾌감을 준다. 이런 사람 주위에는 밝고 아름다운 분위기가 있을 수 없다. 일종의 '정신 공해'라고 할까. 그뿐만 아니라 이런 삶은 필연적으로 남을 정죄하고, 모함하고, 질시하고, 헐뜯는 삶이 되게 마련이다. 자기가 남보다 높이 올라가기 위해서는 남을 내리누르거나 끌어내려야 한다고 생각하기 때문이다.

사람의 인정을 받고, 자기가 한 일의 공이 알려지고, 그래서 딴 사람들의 칭송을 받기 원하는 것은 일반 사람이 가지고 있는 가장 강한 본능적 욕구이다. 따라서 일반 사람의 이런 심성을 이해하고 그들의 공로나 훌륭한 일을 인정하고 찬양하는 일에 인색할 필요는 없다. 그러나 우리 스스로가 우리를 드러내려고 거들먹거리거나 교만하고 자긍하는 태도는 이렇게 우리 스스로도 괴롭고, 남도 못살게 하는 고달픈 삶이라는 사실을 깨달아야 한다.

도의 입장에 선 사람은 이런 일이 어차피 모두 '밥찌꺼기'나 '군더더기' 같이 쓸데없는 일이라는 것을 깨달은 사람이다. 남이 칭찬한다고 키가 한 치 더 커지는 것도 아니고, 남이 비난한다고 몸이 가려워지는 것도 아니다. 구태여 자신을 과시하여 남의 인정을 받으려 하거나, 멸시를 피하려 하는 모든 인위적이고 가식적이고 작위적인 행동이 결국은 부자연스럽고 거추장스러운 일임을 아는 것이다.

따라서 도의 사람은 이런 일에 연연해 하지 않는다. 남이 칭찬을 하거나 오해하여 비난을 하는 데 신경쓰지 않고, 홀가분한 마음으로 자기에게 주어진 삶을 소박하고 충실하게, 그리고 묵묵히 살아갈 뿐이다. 단순하고 꾸밈이 없는 삶이 가져다 주는 자유自由와 청복淸福을 누리며 살아가는 해방의 삶이다.

제25장
나는 그 이름을 모릅니다
―근원으로서의 도

분화되지 않은 완전한 무엇,

하늘과 땅보다 먼저 있었습니다.

소리도 없고, 형체도 없고,

무엇에 의존하지도 않고, 변하지도 않고,

두루 편만하여 계속 움직이나 [없어질] 위험이 없습니다.

가히 세상의 어머니라 하겠습니다.

나는 그 이름을 모릅니다.

그저 '도' 라 불러 봅니다.

구태여 형용하라 한다면 '크다大' 고 하겠습니다.

크다고 하는 것은 끝없이 뻗어 간다는 것,

끝없이 뻗어 간다는 것은 멀리멀리 나가는 것,

멀리멀리 나간다는 것은 되돌아가는 것입니다.

그러므로 도도 크고, 하늘도 크고, 땅도 크고, 임금도 큽니다.
세상에는 네 가지 큰 것이 있는데 사람도 그 가운데 하나입니다.
사람은 땅을 본받고, 땅은 하늘을 본받고, 하늘은 도를 본받고,
도는 '스스로 그러함'을 본받습니다.

이 장은 제1장, 제14장, 제21장, 제40장과 함께 도에 대한 이야기를
하고 있는 중요한 장에 속한다. 천지가 창조되었다는 태초보다도
더 이전에 '무엇物'이 있었다고 한다. 이것은 혼混 혹은 혼돈混沌인
데 혼잡하다거나 무질서하다는 식의 부정적 의미로서의 'chaos'가
아니라, 모든 것의 근원으로서 그 안에 모든 것을 잠재적으로 포괄
하고 있는 '분화되지 않은 무엇(the Undifferentiated)'을 말한다. 아무

---

25. 有物混成, 先天地生. 寂兮寥兮*, 獨立而不改, 周行而不殆, 可以謂天下母.

吾不知其名, 字之曰道, 强爲之名曰大. 大曰逝*, 逝曰遠, 遠曰反. 故道大, 天大,

地大, 王亦大. 域中有四大, 而王居其一焉. 人法*地, 地法天, 天法道, 道法自然.

*寂兮寥兮(적혜요혜) - '寂'은 소리가 없는 상태, '寥'는 형체가 없는 상태.

*逝(서) - 끝없이 뻗어감.

*法(법) - 동사로 '본받다'의 뜻.

것도 생겨나지 않은 '미발未發' 상태의 무엇 혹은 '포괄자(the All-embracing)'라 부를 수도 있을 것이다. 신유학에서 말하는 무극無極, 태극太極 중에서 음양으로 갈라지기 전의 태극(Supreme Ultimate)에 해당되는 개념이라 볼 수 있을 것이다. 아무튼 『노자』, 『장자』에서는 이 '혼돈'을 모든 것의 시원으로 본다. 통전적, 통일적 실체로서 모든 가능성을 그 속에 머금고 있는 '완전한 무엇'이다.

이것은 분화 이전, 창조 이전의 개물個物들의 근본 자리이기 때문에 물론 소리도 형체도 있을 수 없다. 무엇에 의존하지도 않고 독립된 자존적自存的 존재이다. 중세 철학에 쓰던 'aseitas'라고나 할까. 이것은 또 '변하지도 않는다'고 했다. '변하지 않는다'고 했지만 고착되거나 정적인(static) 무엇으로 가만히 있다는 뜻이 아니라 이랬다 저랬다 변덕을 부리지 않고 항존한다는 뜻이다. '두루 편만하다'는 것은 무소부재無所不在하여 어디서나 역동적으로 작용한다는 것이다. 그리하여 모든 변화의 근원이지만 그 자체로서는 변하거나 지치거나 없어지지 않는 무엇이다. 모든 것이 여기서 나온다는 뜻에서 이것은 세상 모든 것의 '어머니'다.

'어머니'라는 것은 상징이지 그 무엇의 이름 자체는 아니다. 제1장에서 말한 것처럼 이것은 '이름 붙일 수 없는 무엇無名'이다. 절대적인 것은 어떤 이름이나 범주로 한정될 수 없기 때문이다. 이름이 아니라 뭔가 그냥 덧붙여 보는 자字로 말하면 '도'라 할 수 있다고 한다. '도'라 하는 것도 엄격히 따지자면 그 무엇의 참 이름은 아니라는 뜻이다.

그렇다고 가만히 있을 수는 없고 구태어 뭔가로 표현하자면 '크다'는 말이나 써 볼 수 있을까? 크다는 것은 무한하다는 것, 무한하다는 것은 끝없이 뻗어 간다는 것, 끝없이 뻗어 간다는 것은 역설적으로 자기에게 되돌아옴을 뜻한다. 절대적이고, 전일적이고, 무소부재하므로 아무리 뻗어 나가도 결국 그 자체 안에서 움직이기 때문이다. 우주의 확대(evolution)와 축소(involution)의 순환 과정을 이야기하고 있는 것인가? 아무튼 여기서 강조하려는 것은 도의 정적 존재성(static being)의 면보다는 역동적 생성(dynamic becoming)의 면임이 분명한 것 같다.

'도'는 크다. 도를 본받는 하늘도 크다. 도를 본받으므로 위대해진 하늘, 그 하늘을 본받는 땅도 크다. 도를 본받으므로 위대해진 하늘, 그 하늘을 본받으므로 위대해진 땅, 그 땅을 본받는 사람도 크다.(여기서 '임금'이라고 했지만 '사람'이라고 된 사본도 있고, 임금이란 사람들의 대표자이기 때문에 사람을 뜻한다고 볼 수 있다.) 결국 모든 위대함의 근원은 '도'다. 사람의 위대함도 땅과 하늘을 거슬러 올라가 도를 본받는 데서 비롯한다.

'도'는 무엇을 본받는가? 도는 '자연自然'을 본받는다고 한다. 해석이 구구하지만 분명한 것은 여기서 말하는 자연이란 우리가 보통 생각하는 산천 초목 같은 것을 뜻하는 것이 아니다. 문자대로 '스스로 그러함'이다. 영어로 'self-so'나 'spontaneity'로 번역하기도 한다. 따라서 '자연을 본받는다' 함은 '스스로 그렇게 존재한다'는 뜻이라 볼 수 있다.

제26장
무거운 것은 가벼운 것의 뿌리
ㅡ 무거움의 힘

무거운 것은 가벼운 것의 뿌리입니다.
조용한 것은 조급한 것의 주인입니다.

그러므로 성인은 하루 종일 다닐지라도
짐수레를 떠나지 않습니다.
화려한 경관이 있을지라도
의연하고 초연할 뿐입니다.
만 대의 전차를 가진 나라의 임금이
어찌 세상에서 가볍게 처신할 수 있겠습니까?

가볍게 처신하면 그 근본을 잃게 되고,
조급히 행동하면 임금의 자리를 잃게 될 것입니다.

앞 장에서 사람은 땅을 본받아야 한다고 했다. 구체적으로 땅의 무슨 면을 본받아야 한다는 것일까? 바로 땅의 '무거움'을 본받아야 한다는 것을 강조하고 있다. 땅은 무거운 것 중에서도 가장 무거운 것이다. 사람, 특히 지도자는 땅의 이런 묵직함을 본받아 중후하고 침착해야 한다. 경박하거나 조급하거나 초조해서는 안 된다. 안달하거나 덤벙거리거나 촐랑거리거나 부산을 떨지 말고 땅처럼 의연해야 한다는 것이다.

땅은 스스로 무거울 뿐만 아니라 산이나 바다나 온갖 무거운 것을 지고 있다. 무거운 짐을 지고 있다. 사람, 특히 지도자는 무거운 짐 지는 것을 무서워하거나 피하지 말아야 한다. "짐수레를 떠나지 않는다"는 것은 무거운 짐을 벗어던져 버리고 나 몰라라 하지 않는다는 뜻이다. 세상의 짐, 사회의 짐, 형제의 짐을 대신 져야 한다. 남의 어려움을 마다하지 않고 맡아야 한다.

이런 사람은 무슨 구경거리나 신나는 일이 있더라도 들뜨거나 거기에 정신을 팔지 않는다. '연처燕處'는 '제비 둥우리'라는 등 여러

---

26. 重爲輕根, 靜爲躁君, 是以聖人終日行, 不離輜重*, 雖有榮觀, 燕處超然.

奈何萬乘之主, 而以身輕天下. 輕則失本, 躁則失君.

* 輜重(치중) · 무거운 짐을 실은 수레.

가지 풀이가 있지만, '한가하게 거한다' 는 뜻으로 제자리를 지킬 뿐 분주하게 쏘다니지 않는다는 뜻으로 보는 것이 좋을 것 같다. 어떤 그럴 듯한 유혹이나 꾐이 있을지라도 그런 것을 허둥지둥 따라가는 등 경솔하게 움직이지 않는다는 이야기다. 사물을 높은 차원에서 내려다보기 때문에 사물의 어느 한 면만 볼 때 필연적으로 따르는 단견, 이로 인한 흥분, 조바심 같은 것에 지배되지 않고 자기의 기본 자세에서 흐트러짐이 없이 의연하고 초연한 자세를 유지할 수 있다.

사람, 특히 만대의 병거를 가진 나라의 지도자는 가볍게 처신할 수 없다. 옛날에 부자의 재산을 따질 때 전답의 소출량에 따라 천석꾼, 만석꾼 했듯이 중국에서 나라의 크기를 따질 때도 병거(전차)의 수에 따라 천승지국, 만승지국 등으로 불렀는데 '만승지국' 정도면 큰 나라에 속했다. 큰 나라든 작은 나라든 지도자 입장에 선 사람은 조그만 일, 사소한 문제로 경거망동輕擧妄動하거나 부화뇌동附和雷同할 수 없다. 그러면 우선 '근본' 을 잃어버리게 된다고 한다. 근본을 잃는다는 것은 자기 목숨을 잃는다는 뜻일 수도 있고, 나라를 잃는다는 뜻일 수도 있다. 어떤 사본에는 '본本' 대신 '신臣' 이라는 글자가 나오는데 그렇게 되면 신하, 부하를 잃어버리게 된다는 말일 수도 있다. 경거망동하거나 부화뇌동하면 근본을 잃을 뿐만 아니라 '임금됨' 도 잃어버리게 된다고 한다. 임금됨을 잃어버린다는 것은 임금으로서의 자리를 잃는다는 뜻일 수도 있고 자기 스스로를 제어할 힘(self-mastery)을 잃는다는 뜻일 수도 있다. 어느 경우이든 더 이상 지도자로서의 자격이 없어져 버렸다는 뜻이다. 결국 자기도 망하고 자기가 속한 집단도 망하는 결과가 온다는 것이다.

우리 주위를 보라. 지도자가 다음 선거를 위한 전술적 차원이나 사소한 당리 당략에 따라 움직이는 일이 얼마나 많은가. 세계 평화, 사회 정의, 인권 존중, 민리 민복 같은 근본적인 대원칙에 따라 무겁고 침착하게, 그러면서도 자연스럽게 움직이는 것이 아니라 당장 눈앞의 이해 관계에 따라 정책을 결정하거나 매달 나오는 갤럽 여론 조사의 인기도를 높이기 위해 노심 초사勞心焦思하는 일이 얼마나 많은가. 지도자뿐 아니라 우리 자신은 어떤가? 우리는 근본적이고 본질적인 것을 사랑하는가, 혹은 당장 눈앞에 나타나는 화려한 결과에만 신경을 쓰고 있는가?

그때그때 임기 응변臨機應變으로 세상을 살아가고 약삭빠르게 온갖 편법便法을 써 가면서 수선을 떨고 사는 삶이 우선은 '성공적'이고 '적극적'인 삶의 태도같이 보이는 것이 사실이지만, 『도덕경』에서는 우리에게 그런 삶에 현혹되지 말라고 경고한다. 묵직하고 조용하게 사는 삶, 어느 면에서 우직하기까지 한 삶이 결국 긴 안목으로 볼 때 그런 경박한 삶보다 훌륭하기 때문이다. 하상공이 이 장을 '중덕重德'의 장이라 부른 것처럼, 이 장에서 우리에게 당부하는 것은 '무거움의 위력重德'을 알고 무겁게 살아가라는 것이다.

제27장

정말로 잘하는 사람은

─도에 따른 행동의 완벽성

정말로 달리기를 잘하는 사람은 달린 자국을 남기지 않습니다.

정말로 잘하는 말에는 흠이나 티가 없습니다.

정말로 계산을 잘하는 사람에겐 계산기가 필요없습니다.

정말로 잘 닫힌 문은 빗장이 없어도 열리지 않습니다.

정말로 잘 맺어진 매듭은 졸라매지 않아도 풀리지 않습니다.

그러므로 성인은 언제나 사람을 잘 도와 주고,

아무도 버리지 않습니다.

물건을 잘 아끼고, 아무것도 버리지 않습니다.

이를 일러 밝음을 터득함이라 합니다.

그러므로 선한 사람은 선하지 못한 사람의 스승이요,

선하지 못한 사람은 선한 사람의 감資입니다.

스승을 귀히 여기지 못하는 사람이나,

감을 사랑하지 못하는 사람은,

비록 지혜롭다 자처하더라도 크게 미혹된 상태입니다.

이것이 바로 기막힌 신비입니다.

보통으로 걷는 사람은 발자국을 남기게 마련이다. 보통으로 말을 하는 사람은 말을 하다가 가끔씩 실수를 하게 마련이다. 보통 사람이라면 계산을 할 때 산대나 주판이나 계산기 같은 것이 있어야 한다. 보통 문도 단단히 닫으려면 빗장을 걸어야 한다. 보통의 매듭도

---

27. 善行無轍迹*. 善言無瑕讁*. 善數不用籌策*. 善閉無關楗*而不可開. 善結無繩
　　約*而不可解.
　　是以聖人常善救人, 故無棄人. 常善救物. 故無棄物. 是謂襲明. 故善人者,
　　不善人之師. 不善人者, 善人之資. 不貴其師, 不愛其資, 雖智大迷. 是謂要妙.

* 轍迹(철적) - 달린 자국.
* 瑕讁(하적) - 옥의 티나 흠.
* 籌策(주책) - 산가지. 옛날 셈하는 데 쓰던 물건.
* 關楗(관건) - 문빗장.
* 繩約(승약) - 끈으로 졸라맴.

튼튼히 매려면 단단히 묶어야 한다. 모두가 일상적, 상식적 세계에서 보통으로 있는 일이다. 그런데 일상적, 상식적 세계를 넘어서서 완벽한 선善의 경지에 이르면 이런 외부적인 것에서 완전히 자유스러워진다는 것이다.

도통을 하여 축지법縮地法이나 그 비슷한 능력을 발휘하게 됨으로 훨훨 날아가듯 가기 때문에 자국이나 흔적이 없이 다닐 수가 있다는 뜻인가? 입신入神의 경지에서 말을 하므로 말이 저절로 술술 나와 말에 흠잡을 데가 없게 되었다는 뜻인가? 초능력을 발휘하여 암산을 하기 때문에 계산기 같은 것이 없이도 척척 알아 낼 수 있다는 뜻인가? 옛날 훌륭한 목수는 대패로 널빤지를 밀어 두 널빤지를 맞붙이면 유리판을 두 장 맞붙일 때처럼 두 널빤지가 떨어지지 않을 정도로 완벽한 솜씨를 보였다는데 그런 식으로 문을 짜서 빗장 없이도 열리지 않는 문이 된다는 뜻인가? 그럴 수도 있을 것이다.

그러나 더욱 중요한 것은 인공적이고 인위적인 단계를 넘어 도와 하나된 경지에 이르면 '나'라고 하는 것은 없어지고 '도'만 있는 상태이므로 결국 내가 하는 모든 것은 도가 하는 일이 되고, 내가 하는 모든 행동에서 인공적이고 인위적인 흔적이나 흠은 사라져 버린다는 뜻이 아닐까?

성인은 이렇게 자연스럽고 자발적인 행동만을 하기 때문에 좋은 사람 나쁜 사람, 좋은 물건 나쁜 물건으로 사람이나 사물을 차별하지 않는다. 모든 사람, 모든 사물을 한결같은 마음으로 대하고 어느 누구도, 어느 것도 무시하거나 버리는 일이 없다. 선한 사람에게는 잘 해주고 선하지 못한 사람에게는 등을 돌린다거나, 좋은 물건은 아끼고 좋지 못한 물건은 버리는 사람은 아직 완벽한 경지에 이르지 못한 사람이다. 아직도 의식적, 상식적, 일상적 차원에서 분별과 차별을 가지고 우리가 세워 놓은 규준規準에 따라 행동하고 있을 뿐이다. 이런 보통인의 차별주의적 단계를 넘어 모든 사람, 모든 사물을 한결같이 대하는 성인의 경지에 이르는 것을 '습명襲明'이라 한다는 것이다. 이 말은 여러 가지로 해석되지만 여기서는 '밝음을 터득함'이라 해 보았다. '명明'은 해와 달이 합한 글자로 해와 달이라는 두 개의 광원光源이 합했으므로 '밝음'을 뜻하는 것으로 보는 것이 보통이지만, 여기서는 해로 대표되는 양陽과 달로 대표되는 음陰이 합해서 불이不二의 조화스런 관계, 양극의 일치(coincidentia oppositorum)를 나타내는 것으로 볼 수도 있다. 따라서 '습명襲明'이란 사람이나 사물을 구할 것, 버릴 것으로 이분하는 대립적 의식 구조에서 탈피하여 이 둘을 불가분不可分, 불가결不可缺의 하나로 보는 총체적 안목의 획득을 아울러 뜻한다고 풀이할 수도 있다.

선한 사람은 선하지 못한 사람의 스승師이 된다는 것은 자명한 일이다. 그런데 선하지 못한 사람이 선한 사람의 감資이 된다고 했을 때, 옷감이 없으면 옷이 있을 수 없듯이 선하지 못한 사람이 없으면 선한 사람이 있을 수 없다는 뜻인데 어째서 그럴까? 여러 가지 해답이 있겠으나, 도움을 주는 선한 일을 하려 해도 도움받을 사람이 없으면 그 일을 할 수 없듯, 선한 사람이 선한 일을 할 수 있는 것도 선하지 못한 사람이 있기 때문이라는 뜻 아닐까? 선함은 선하지 못함이 있을 때 가능하다. 익충益蟲과 해충害蟲의 관계이다. 익충은 해충이 있을 때만 의미가 있다. 선함과 선하지 못함은 이처럼 둘이 떨어질 수 없는 동전의 양면과 같다. 선한 사람을 귀히 여김과 동시에 선하지 못한 사람을 아낄 줄 아는 트인 마음을 가져야 한다는 것이다. 이런 깊은 뜻을 모르고 어느 일면만을 추구하는 일은 지혜로운 것 같지만 미혹된 상태이다. 여기 바로 오묘한 신비의 이치가 있다는 것이다.

제28장

남성다움을 알면서 여성다움을

— 양극의 조화

남성다움을 알면서 여성다움을 유지하십시오.

세상의 협곡이 될 것입니다.

세상의 협곡이 되면,

영원한 덕에서 떠나지 않고,

갓난아기의 상태로 돌아가게 될 것입니다.

흰 것을 알면서 검은 것을 유지하십시오.

세상의 본보기가 될 것입니다.

세상의 본보기가 되면,

영원한 덕에서 어긋나지 않고,

무극無極의 상태로 돌아가게 될 것입니다.

영광을 알면서 오욕을 유지하십시오.

세상의 골짜기가 될 것입니다.

세상의 골짜기가 되면,

영원한 덕이 풍족하게 되고,

다듬지 않은 통나무 상태로 돌아가게 될 것입니다.

다듬지 않은 통나무를 쪼개면 그릇이 됩니다.

성인은 이를 사용하여 지도자가 됩니다.

정말로 훌륭한 지도자는 자르는 일을 하지 않습니다.

지금까지 이 '반대의 일치' 라는 이야기가 하도 자주 나와 신물이 날 정도라고 생각할 수도 있다. 그러나 이보다 더욱 중요한 사상이 또 있을까? 조셉 캠벨(Joseph Campbell)은 그의 유명한 책 『*The Hero with a Thousand Faces*(천의 얼굴을 가진 영웅)』에서, 모든 영웅담(hero

---

28. 知其雄, 守其雌, 爲天下谿. 爲天下谿, 常德不離, 復歸於嬰兒.

知其白, 守其黑, 爲天下式. 爲天下式, 常德不忒*, 復歸於無極.

知其榮, 守其辱, 爲天下谷. 爲天下谷, 常德乃足, 復歸於樸. 樸散則爲器.

聖人用之, 則爲官長, 故大制不割.

* 忒(특) - 어긋나다. 틀리다.

myths)에 나오는 정신적 영웅의 이야기를 잘 살펴보면 그들의 정신적 모험이란 결국 최종적으로 이 '반대의 일치' 의 자각에 도달하려는 정신적 추구라는 것을 발견하게 된다는 점을 밝히고 있다. 칼 융 (Carl G. Jung)도 "중국인들은 모든 생명 있는 것 속에 생래적으로 내재하는 모순성과 양극성을 인지하는 데 실패한 적이 없다. 반대처럼 보이는 것은 언제나 다른 편에 대한 균형을 뜻하는 것으로서 이는 고급 문화의 징표이다. 일면성(one-sidedness)은 비록 그것이 모멘텀으로 유도하기는 하지만 야만성의 표지이다." 라고 했다.

음양陰陽을 나타내는 태극 표시는 말할 것도 없지만, 위로 향한 삼각형과 아래로 향한 삼각형을 겹쳐 놓은 유대교의 '다윗의 별' 이라든가 수직선과 수평선을 교차시킨 기독교의 '십자가', 두 원을 아래 위로 일부분씩 겹치게 하고, 겹친 부분을 따로 떼어 만든 '물고기(ἰχθυς)' 형상 같은 것도 본래는 양극의 조화를 말해 주는 상징이라 보는 사람이 많다.

아무튼 여기서도 남성다움과 여성다움, 흼과 검음, 영광과 오욕 같은 반대 개념을 대할 때 어느 한쪽을 택하는 '이것이냐 저것이냐' 의 태도가 아니고 양쪽을 모두 껴안는 '이것도 저것도' 의 태도를 취해야 한다고 가르친다. 지도자가 이런 태도와 안목을 지닐 때만 진실로 '세상의 본보기' 가 될 수 있고, 세상의 모든 물이 모여들 듯 천하의 인심이 그에게 모여드는 '세상의 계곡' 이 된다고 한다.

이런 사람은 또 '갓난아기', '무극', '다듬지 않은 통나무' 의 상태로 '돌아가게 된다' 고도 한다. 이런 것들은 '도' 의 상징이다. 아기는 성별이 구별되기 이전이다. 무극은 후에 주돈이周敦頤가 채택하여 신유학의 중요한 철학적 용어로 사용되었지만, 태극太極보다도 이전 상태로서 어떤 형태의 사물도 분화되기 이전의 궁극 상태를 뜻한다. '다듬지 않은 통나무樸'라는 것도 전에 나왔듯이 인공적인 것이 가해지지 않은 '원목原木'이다. 이 세 가지 상징 모두 양극으로 분화된 상태를 넘어서는 무경계의 경지, 도를 뜻한다.

이 세 가지 중에서 특히 '다듬지 않은 통나무'를 예로 들면서 "樸散則爲器"라고 하고 있는데, 이것은 이렇게 본래적으로 비분화의 도가 분화될 때 세상의 여러 가지 구체적 사물이 생성되게 되었다는 것을 말해 주고 있다. 이렇게 원목이 쪼개져 구체적인 개체個體로 분화되는 것은 어떤 의미에서 '타락'일 수 있다. 그러나 또 한편으로 보면 쪼개짐은 원목 상태로 '다시 돌아가기' 위해서 필연적으로 거쳐야 하는 하나의 단계일 수도 있다. 그런 의미에서 성 어거스틴이 말한 것처럼 그것은 '행복한 타락'일 수 있다. 실낙원은 복낙원의 전제 조건이기 때문이다.

성인은 이렇게 구체화된 의식 세계, 현상 세계의 사물을 사용하여 사람을 지도한다. 그러나 궁극적 이상을 말한다면 다시 원목 상태를 회복하는 것이다. 이 대목은 해석이 구구하지만, 정말로 위대한 마름이나 제도大制는 '쪼개는 일을 하지 않는다不割'는 결론만은 분명하다. 분석적, 이분법적 대립의 세계관에서 해방되어 근원으로 돌아감으로 양면을 동시에 보는 통전적, 비이분법적 의식 구조를 가지도록 하라는 이야기다.

제29장

세상은 신령한 기물
－외경畏敬의 자세

세상을 휘어잡고 그것을 위해 뭔가 해보겠다고 나서는 사람들,
내가 보건대 필경 성공하지 못하고 맙니다.

세상은 신령한 기물,
거기다가 함부로 뭘 하겠다고 할 수 없습니다.
거기다가 함부로 뭘 하겠다고 하는 사람 그것을 망치고,
그것을 휘어잡으려는 사람 그것을 잃고 말 것입니다.

그러므로 만사는 [다양해서]
앞서가는 것이 있는가 하면 뒤따르는 것도 있고,
숨을 천천히 쉬는 것이 있는가 하면 빨리 쉬는 것도 있고,
강한 것이 있는가 하면 약한 것도 있고,
꺾이는 것이 있는가 하면 떨어지는 것도 있습니다.

따라서 성인은 너무함, 지나침, 극단 등을 피합니다.

여기서도 다시 '무위無爲(trying without trying)'를 말하고 있다. '세상'을 휘어잡고 그것을 위해 뭔가 해 보겠다고 설치지 말라는 것이다. 여기서 '세상'이라고 번역한 '천하天下'는 큰 나라를 뜻할 수도 있고 대자연을 뜻할 수도 있다. 나라든 자연이든 함부로 대하지 말라는 것이다. 나라든 자연이든 그렇게 호락호락 마음대로 되는 것이 아니라는 것이다.

거기엔 인간의 꾀나 능력으로 어찌할 수 없는 신령스럽고 신비한 면이 있을 뿐 아니라 다양하고도 복잡한 원리와 리듬이 내재해 있다. "앞서가는 것이 있는가 하면 뒤따르는 것이 있고" 그뿐 아니라

---

29. 將欲取天下而爲之, 吾見其下得已. 天下神器, 不可爲也. 爲者敗之, 執者失之.
　　故物或行或隨, 或歔*或吹*, 或强或羸*, 或載或隳*. 是以聖人去甚去奢去泰.

* 歔(허) - 숨을 천천히 쉬는 것.
* 吹(취) - 숨을 빨리 쉬는 것.
* 羸(리) - 약함.
* 隳(휴) - 떨어짐.

동일한 사물이나 사람도 앞서가는 때가 있는가 하면 뒤따르는 때도 있고…….

그러기 때문에 일방적이고 피상적인 사고방식을 가지고 살아가는 인간이 세상을 뜯어고친다 어쩐다 하면서 함부로 덤비다가는 자기 코만 다치는 것이 아니라 나라나 자연 자체에도 손상을 입히는 결과를 초래하고 말게 된다는 것이다. 제발 세상을 외경畏敬의 태도로 대할 줄 알라는 이야기다.

요즘처럼 이 말이 실감 있게 들리는 때가 또 있을까? 우선 정치, 사회적인 면을 보라. 한 가지 예로 나라를 뜯어고쳐 모든 사람이 평등하게 살게 하겠다고 외치면서 혁명이니 계급 투쟁이니 인민 해방이니 하고 함부로 대들다가 그 동안 얼마나 많은 사람이 피를 흘리고 고통을 당했는가? 결국 동유럽이나 기타 여러 나라에서 보듯이 평등한 굶주림의 사회로 끝장나게 하려고 그 동안 그렇게도 야단스럽게 설쳤던가?

'자본주의 경제 체제 밑에서 신음하는 인민을 해방시키겠다'고 전쟁을 일으키거나 '기아선상에서 헤매고 있는' 국민을 구하고 '백척 간두에 선' 사회를 지키겠다고 혁명을 일으키는 것도 모두 세상을 휘어잡고 세상을 한 번 바꾸어 보겠다고 무리하게 설치는 일이다. 그런 일로 세상이 좋아졌는가?

물론 사회를 조금이라도 밝고 아름답게 하겠다는 순수한 의도를 가지고 이를 실현시키기 위해 바치는 노력 자체를 정죄할 수는 없다. 그러나 이런 노력도 순리대로 자연스럽게 사심없이 이루어져야 한다. 극렬 투쟁이니 혁명이니 대결이니 피를 흘려야 한다느니 하는 것은 모두 자연스런 순리가 아니다. 순리가 아니면 고통이 따르게 마련이다. 『장자』에서 말하듯이 짧은 오리 다리를 길게 늘이려 하거나 긴 황새 다리를 짧게 오그라뜨리려 하는 것은 고통을 가져다 줄 뿐이다. 나라나 사회도 하나의 생명체로서 그 자체의 생리와 리듬이 있는데 이를 무시하고 함부로 덤빌 수가 없다.

이제 눈을 돌려 자연을 보라. 세상을 어떻게 해 보겠다고 다이너마이트와 불도저로 산을 옮기고 강의 흐름을 바꾸고 있지 않은가. 하늘을 가리는 매연, 호수와 강을 죽이는 산성비, 온실 효과, 산업 재해 등 오늘날 인류의 생존 자체를 위협하고 있는 생태계 파괴 현상은 모두 '자연과 함께'가 아니라 '자연을 거슬러' 뭔가 해 보겠다고 설치는 데서 온 결과이다. 자연도 생명체로서 그 자체의 유기체적 복합성과 리듬이 있는데 이를 무시하고 함부로 덤비는 것은 실패를 자초하는 일이다.

한 가지 아이러니컬한 사실은 "땅을 정복하라. 바다의 고기와 공중의 새와 땅에 움직이는 모든 생물을 다스리라."(창세기1:28)는 『성서』의 명령에 따라 자연을 '정복'하고 '다스리는 것'이 인간이 누릴 수 있는 천부의 권리라고 믿고 자연을 함부로 대하던 서양에서는 이제 환경 보호 문제가 큰 이슈로 되어 이를 위한 노력이 전반적으로 활발해지기 시작한 데 반하여, 인간을 자연의 일부로 생각하고 자연과 벗할 것을 이상으로 여겨 왔던 동양에서는 새삼 서양의 과거 전철을 밟아 가는 건지 생태계 파괴로 인한 공해 문제가 심각하지만 이를 개선하겠다는 노력이 아직 미미하다는 것이다. 얼마 전『타임』지 특집으로 중국의 공해 문제가 크게 다루어졌고 한국에서도 식수 오염 등 공해가 심각한 정도이다.

동서양 할 것 없이 현재 우리에게 무엇보다 크게 요구되는 것은 나라나 자연을 대할 때 함부로 설치는 대신 차분한 마음으로 거기에 내재한 흐름과 리듬을 알고 거기에 순응하겠다는 더욱 겸허한 마음가짐이 아닐까?

제30장

군사가 주둔하던 곳엔 가시엉겅퀴가

— 전쟁의 비극

도道로써 군주를 보좌하는 사람은

무력을 써서 세상에 군림하는 일이 없도록 해야 합니다.

무력을 쓰면 반드시 그 대가가 돌아오게 마련이어서

군사가 주둔하던 곳엔 가시엉겅퀴가 자라나고,

큰 전쟁 뒤에는 반드시 흉년이 따르게 됩니다.

훌륭한 사람은 목적만 이룬 다음 그만둘 줄 알고,

감히 군림하려 하지 않습니다.

목적을 이뤘으되 자랑하지 않고,

목적을 이뤘으되 뽐내지 않고,

목적을 이뤘으되 교만하지 않습니다.

목적을 이뤘으되 할 수 없어서 한 일,

목적을 이뤘으되 군림하려 하지 않습니다.

무엇이나 기운이 지나치면 쇠하게 마련,

도가 아닌 까닭입니다.

도가 아닌 것은 얼마 가지 않아 끝장이 납니다.

앞장에서 세상을 함부로 대하지 말라고 했는데, 이 장에서는 함부로 하지 말아야 할 일 가운데 가장 중요한 것으로 무력으로 전쟁을 일으키는 것을 들고 있다. 무력으로 세상을 제압制壓하려 들지 말고, 국가간의 관계에서 평화주의를 원칙으로 해야 한다는 것을 강조한다.

중국에서 유가, 불가, 도가의 사상가들, 심지어 묵자墨子님 같은

---

30. 以道佐人主*者, 不以兵强天下. 其事好還. 師*之所處, 荊棘*生焉, 大軍之後, 必有凶年.

善者果而已, 不敢以取强. 果而勿矜, 果而勿伐, 果而勿驕, 果而不得已, 果而勿强. 物壯則老, 是謂不道. 不道早已.

* 人主 - 춘추전국 시대의 군주.
* 師 - 군대.
* 荊棘(형극) - 싸리와 가시덤불.

사상가도 그 동기는 각각 달랐겠지만 모두 평화주의자였다. 그 가운데에서 노자님, 장자님이 가장 철두철미하게 평화를 주장하고 전쟁을 죄악시했다. 중국이나 한국 전통에서 무인 계급을 최고로 숭상하지 않은 것도 무력을 반인간적으로 보던 이런 보편적 평화주의 정신 때문이었다.

무력을 왜 피해야 한다는 것인가? 말할 것도 없이 무력이나 폭력 사용은 무위의 원칙에 정면으로 어긋난다. 그러나 여기서는 좀더 구체적으로 무력이나 폭력을 쓰면 비극적 결과가 초래되기 때문이라는 점을 지적하고 있다. 무력이나 폭력이 스쳐 간 자리에는 가시엉겅퀴의 폐허와 흉년의 굶주림만이 남기 때문이라 했다.

그러나 한 가지 주목할 일은 『도덕경』에서 전쟁 자체를 무조건 반대하고 있지는 않다는 사실이다. 부드러움의 길, 휘고 굽어짐의 길이 더욱 확실한 길이기는 하지만 당장 이웃 나라가 침략해 올 경우 가만히 앉아서 떼죽음을 당할 수는 없으므로 '할 수 없어서不得已' 하는 방어전은 어쩔 수 없다는 것이다. 물론 이런 방어전에서도 부드러움의 길, 휘고 굽어짐의 길이 전쟁을 승리로 이끄는 데 더 현명하고 효과적인 방법일 수 있다.

아무튼 방어전에서 승리를 거두었다 하더라도, 나라를 방어하고 국민을 보위한다는 본래의 목적이 성취되었으면 거기서 끝나야 한다. 무슨 큰일을 이룬 것처럼 승전고를 울리면서 사열식을 하고, 전승 기념탑이니 영웅 추대식이니 하면서 그것을 자랑하거나 뽐내거나 그것으로 교만해져서는 안 된다고 한다. 어디까지나 그것이 불가피해서 된 일이라는 사실을 명심할 일이지 이런 식으로 부산을 떨어서도 안 되고, 더구나 이제 방어전에서 힘을 길렀으니 그 여세를 몰아 한 번 군사 대국으로 발돋움하고 나아가 주위 국가나 천하를 제패制覇해 보겠다는 등의 허황한 야망을 품는다든가 해서는 더욱 안 된다는 것이다.

'강강强强' 하지 말라는 말을 세 번이나 쓰고 있다. '강강强强' 이란 '유柔(부드러움)' 와 반대로서 도의 원리에 어긋나는 것이다. '강강强强' 으로만 줄달음치면 결국 쉬이 쇠망하고 만다. 도가 아니기 때문이다.

근래의 청淸나라가 그 좋은 예다. 청은 만주족으로서 힘이 강대해 중국을 삼켰지만 결국 지금 만주족은 어디에 있는가? 한국사에서도 삼국 통일을 신라가 하지 않고 고구려가 했으면 우리도 한 번 강국으로 힘을 써 볼 수 있었을 것이라고 생각하는 역사가가 많지만, 한편으로 생각하면 고구려가 통일을 해서 그 여세로 중국을 쳐 이겼으면 우리 민족이 중국 전역에 퍼져 중국을 지배하기는 했겠지만 결국 원元이나 청淸같이 중국에 흡수되어 지금처럼 한민족으로 남아 있지 못했을 것이라고 보는 견해도 가능하다.

'강장强壯' 은 그리 좋아할 것이 못 된다. '강장强壯' 은 쇠망으로 달음질치는 준비 단계이기 때문이다. 역사적으로 모든 제국이 결국 이웃을 삼키거나 삼키려 할 만큼 강대해진 그 비대증으로 인해 패망을 자초한 것이 사실이다. 따라서 군사적으로 남의 나라를 침략할 만큼 강대국이 아니었음을 슬퍼할 필요는 없다. 오직 남의 나라가 우리 나라를 침략하여 범한 역사적 죄악을 미리 막아 주지 못할 정도로 방어 태세가 충분하지 못했다는 것을 안타까워 할 뿐이다. 평화를 사랑하는 민족은 과거 자기들이 남의 나라를 점령하고 지배한 역사가 없음을 영예로 생각할 뿐 수치로 생각하지는 않을 것이다.

제31장
무기는 상서롭지 못한 것
─무기여 안녕

훌륭하다는 무기는 상서롭지 못한 물건

사람이 모두 싫어합니다.

그러므로 도의 사람은 이런 것에 집착하지 않습니다.

군자가 평소에는 왼쪽을 귀히 여기고,

용병 때는 오른쪽을 귀히 여깁니다.

무기는 상서롭지 못한 물건,

군자가 쓸 것이 못 됩니다.

할 수 없이 써야 할 경우

조용함과 담담함을 으뜸으로 여기고

승리하더라도 이를 미화하지 않습니다.

이를 미화한다는 것은 살인을 즐거워하는 것입니다.

살인을 즐거워하는 사람은

결코 세상에서 큰 뜻을 펼 수 없습니다.

길한 일이 있을 때는 왼쪽을 높이고,

흉한 일이 있을 때는 오른쪽을 높입니다.

둘째로 높은 장군은 왼쪽에 위치하고,

제일 높은 장군은 오른쪽에 위치합니다.

이는 상례喪禮로 처리하는 까닭입니다.

많은 사람을 살상하였으면 이를 애도하는 것,

전쟁에서 승리하더라도 이를 상례로 처리해야 합니다.

중복도 많고 설명조의 말이 많아 이 장 전체 혹은 적어도 이 장의 여러 군데에 후세의 주석이 끼어든 것으로 보는 주석가가 많다. 어쨌

---

31. 夫佳兵者不祥之器, 物*或惡之, 故有道者不處, 君子居則貴左, 用兵則貴右.

　　兵者不祥之器, 非君子之器, 不得己而用之, 恬淡*爲上. 勝而不美, 而美之者,

　　是樂殺人. 夫樂殺人者, 則不可得志於天下矣. 吉事尙左, 凶事尙右. 偏將軍居左,

　　上將軍居右. 言以喪禮處之. 殺人之衆, 以哀悲泣*之, 戰勝以喪禮處之.

* 物 - 여기서는 '사람들' 의 뜻으로 쓰임.

* 恬淡(염담) - 욕심이 없이 조용하고 담담함.

* 泣(읍) - 왕필본과 하상공본에는 '泣(울다)' 으로 되어 있지만 '涖(이, 리)' 를 잘못 표기한 것이라고 보는 사람도 있다. '涖' 는 '임하다' , '처리하다' 의 뜻.

든 앞 장과 함께 전쟁의 비극을 강조하고 '무기여 안녕'을 고하라는 평화주의 원칙에 입각한 권고의 말이라는 것만은 분명하다. 하상공은 이 장을 '언무偃武'의 장이라고 했는데, '언무'는 '무기를 내려놓는다'는 뜻이다.

왜 무기를 내려놓아야 한다는 것인가? 무기는 상서롭지 못한 물건, 불길한 물건, 쉬운 말로 재수없는 물건이기 때문이다. 도의 사람이 가까이 하고 좋아할 것이 아니라고 한다. 따라서 '부득이'한 경우를 제외하고는 이를 멀리해야 한다. 부득이하여 쓰는 경우 조용하고 담담한 심정으로 자제하면서 쓸 뿐이지, '신예 무기'라 뽐내거나 신나할 일이 못 된다는 것이다.

방어전에서 무기를 써서 승리하더라도, 결코 이 승리를 미화하거나 찬양해서는 안 된다고 한다. 승리를 미화하는 것은 살인을 즐긴다는 뜻이요, 살인을 즐기는 자가 어떻게 세상의 지도자가 될 수 있겠는가 한다. 무기를 내려놓고 평화롭게 살기를 재삼 권고하는 것이다.

유엔에서 채택한 히브리 성서 이사야의 말 "그가 열방 사이에 판단하시며 많은 백성을 판결하시리니 무리가 그 칼을 쳐서 보습을 만들고 그 창을 쳐서 낫을 만들 것이며 이 나라와 저 나라가 다시는 칼을 들고 서로 치지 아니하며 다시는 전쟁을 연습지 아니하리라."(사2:4) 한 것이 생각난다.

본문에서 '왼쪽', '오른쪽' 하는 것은 무슨 뜻인가? 옛날 중국에서는 왼쪽을 양陽적인 것 곧 남성적인 것으로서 하늘, 동쪽, 생명 등

152

을 관장하는 자리로 생각하고, 오른쪽을 음陰적인 것 곧 여성적인 것으로서 땅, 서쪽, 죽음 등을 관장하는 자리라고 생각하였다. 따라서 보통 때는 생명을 관장하는 자리인 왼쪽이 귀하게 여겨지지만, 전시에는 죽음이 판을 치므로 죽음을 관장하는 자리인 오른쪽이 귀하게 여겨진다는 뜻이라고 한다. 전쟁터에서도 이 원리에 입각해서 죽음과 관계되는 오른쪽 자리에 가장 높은 장군이 위치하고 왼쪽 자리에는 그 다음가는 장군이 위치한다는 것이다.

방어전에서 승리하고 돌아와서는 어떻게 하는가? 승리했어도 그 승리에 도취될 것이 아니라 아군이든 적군이든 그 싸움에서 죽어간 많은 사람을 애도하는 마음가짐을 가져야 한다고 보았다. 떠들썩한 승리의 잔치가 아니라 엄숙한 상례喪禮, 애절한 진혼제가 있어야 한다는 것이다.

이 글을 쓰고 있는데 마침 텔레비전에 미국 워싱턴에서 걸프전 승전을 축하하기 위한 시가 행진을 보여 주는 뉴스가 방영되었다. 개선 장군을 선두로 한 군인들이 '보무도 당당히' 행진하고, 전차와 미사일 등 신예 무기가 줄을 맞춰 거리를 누비고, 비행기가 하늘을 날고, 풍선과 색종이가 거리를 뒤덮는 축제 분위기다.

한편 남편이나 아들을 잃은 가족들이 눈물을 흘리는 모습도 보여 주었다. 길모퉁이에서 이를 반대하여 데모하는 사람들도 잠깐 화면에 나왔는데, 그중 한 여인은 "적군이긴 하지만 몇 십만 명의 무고한 사람이 살상당했는데 이런 축제 행사가 격에 맞느냐?"고 말했다. 노자님도 아주 외롭지만은 않은 셈인가?

제32장

다듬지 않은 통나무처럼
— 도의 소박성은 지도자의 귀감

'도'는 영원한 실재,
이름 붙일 수 없는 무엇.
다듬지 않은 통나무처럼 비록 보잘것없어 보이지만,
이를 다스릴 자 세상에 없습니다.
임금이나 제후가 이를 지킬 줄 알면,
모든 것이 저절로 순복할 것이요,
하늘과 땅이 서로 합하여 감로를 내릴 것이요,
명령하지 않아도 백성이 스스로 고르게 될 것입니다.

[다듬지 않은 통나무가] 마름질을 당하면
이름이 생깁니다.
이름이 생기면 멈출 줄도 알아야 합니다.
멈출 줄을 알면 위태롭지는 않습니다.

154

이를테면, 세상이 도道로 돌아감은
마치 개천과 계곡의 물이
강이나 바다로 흘러듦과 같습니다.

이름 붙일 수도 없는 도, 가공하지 않은 통나무처럼 소박한 도, 이름
도 없고 보잘것없어 보이지만 천하에 누구도 이를 신하 부리듯 함
부로 부릴 수 없고 오히려 모두가 거기에 순복하는 것처럼, 이 도를
귀히 여기고 이를 지킬 줄 아는 사람도 겉으로는 이름도 없고 보잘
것없어 보이지만 세상에서 누구도 그를 함부로 할 수 없고 오히려
모두가 그에게 모여든다고 한다.

　특히 나라를 다스리는 위정자나 사회를 이끄는 지도자야말로 도
와 같이 사는 '수도'의 삶을 살고, 나아가 도가 모든 것으로 하여금
내적 잠재력을 구김살없이 펼 수 있도록 놓아 두듯 이들도 사람으

---

32. 道常無名, 樸, 雖小, 天下莫能臣*也. 侯王若能守之, 萬物將自賓, 天地相合以
　　降甘露, 民莫之令而自均. 始制有名. 名亦旣有, 夫亦將知止, 知止可以不殆.
　　譬道之在天下, 猶川谷之於江海.

＊臣(신) · 여기서는 타동사로서 '신하를 삼다', '다스리다'의 뜻.

로 하여금 그 속에 본질적으로 가지고 있는 가능성을 최대한 발현하도록 도와 주기만 하는 무위無爲의 치리治理 방식을 택해야 한다는 것이다.

그러면 모든 것이 저절로 순복할 것이라고 한다. 그뿐 아니라 하늘과 땅도 상합하여 단비를 내릴 것이요, 백성도 누가 이래라 저래라 하지 않아도 스스로 질서와 안녕을 유지하게 될 것이라고 한다.(이 문장을 "백성이 요구하지 않아도 감로가 모두에게 고루 내릴 것"이라 해석할 수도 있다.) 소돔성에 의인 열 사람만 있어도 멸망당하지 않을 수 있었다는 히브리 성서의 이야기처럼 도를 따르는 지도자, 세종 대왕 같은 지도자 몇 명만 있어도 하늘과 땅이 화합하여 감로가 더욱 많이 내렸을 것 아닌가.

그러나 이름도 없던 통나무가 쪼개져 마름질制을 당하면 여러 기물이 생겨나고(제28장) 거기에 각각 이름이 붙듯, 단순하던 원초적 미분의 세계에서 의식적인 분별의 세계로 바뀌면 여러 사회 제도制가 생겨나고 거기에 여러 기구의 명칭이 따른다. 앞에서도 여러 번 지적한 것과 마찬가지로 도가에서는 기물이든 제도든 이런 현상 세계의 사물을 완전히 부정하지는 않고 우리의 일상 생활을 위한 도구로 쓰일 수 있고, 또 어느 면에서는 불가피하기까지 하다는 사실을 인정하고 있다. 그러나 이런 분별의 세계, 대립의 세계, 의식意識의 세계, 상대적인 세계, 제도로 얽힌 세계는 궁극적으로 도에서부터 떨어져 나간 '소외' 상태이므로 이상적인 상태가 아니라는 것, 거기에는 언제나 인위적인 조작이나 부자연스러움이 있고 이로 인한 갈등과 투쟁과 분쟁이 있게 마련이므로 이런 현상 세계의 본질과 한계를 꿰뚫어보고 이런 대립의 세계에 계속 안주하거나 몰입하는 일을 '멈출 줄 알아야' 함을 강조하고 있다. 멈출 줄을 알면 위험을 면할 수 있다고 한다.

그러나 이상적으로 말하면, 멈출 뿐만 아니라 궁극적으로 다시 주객 이분을 넘어서는 초이분超二分의 세계로 되돌아가는 일이 중요하다. 그래서 도와 하나되는 경지에서 살아가는 것이 최선의 삶이라는 것이다.

마지막 비유는 다른 해석이 가능하다. 그러나 "개천이나 계곡의 물이 저절로 강이나 바다로 흘러들 듯 세상의 모든 것이 도를 향해 되돌아온다. 이처럼 지도자가 도와 하나가 되면 세상 모든 사람이 누가 명령하지 않아도 자발적으로 그 지도자를 향해 모여든다."는 뜻으로 해석하는 것이 보통이다. 강이나 바다로 흘러 들어가는 개천이나 계곡의 물처럼 도도 세상에 흘러들어 만물을 이롭게 한다. 이처럼 도의 사람도 사람들에게 나아가 그들을 돕는다는 뜻으로 풀이할 수도 있다. 문맥으로 보아 전자의 해석이 좋을 듯하고, 주석가들이 대개 그렇게 해석하고 있다.

"범을 쫓지 말고 깃을 가꾸라."는 속담처럼 위정자나 사회의 지도자가 사람의 인심을 얻기 위해서 눈에 보이는 실적주의나 얄팍한 인기 전술 같은 잔꾀나 술수를 쓸 것이 아니라, 대우주의 기본 질서인 도와 함께하면 인심은 저절로 모이게 마련이라는 것이다. 2,500년 이상이 지난 오늘날에도 적용되는 진리일까?

제33장

자기를 아는 것이 밝음

─ 참 자아의 발견

남을 아는 것이 지혜智라면,

자기를 아는 것은 밝음明입니다.

남을 이김이 힘 있음有力이라면,

자기를 이김은 정말로 강함强입니다.

족하기를 아는 것이 부함富입니다.

강행하는 것이 뜻있음有志입니다.

제자리를 잃지 않음이 영원久입니다.

죽으나 멸망하지 않는 것이 수壽를 누리는 것입니다.

---

33. 知人者智, 自知者明. 勝人者有力, 自勝者强.

　　知足者富, 强行者有志, 不失其所者久, 死而不亡*者壽.

* 不亡(불망) - '망하지 않는다'는 뜻도 되고 '잃어버리지 않는다'는 뜻도 된다.

자성自省, 내성內省, 극기克己, 자족自足, 견지역행堅持力行 등의 필요성을 강조하고 있다.

사람을 아는 것이 '지智'라고 했는데, 이때의 '지智'는 '지략智略'이나 '지모智謀' 같은 말에서 보듯이 훌륭한 지혜가 아니고 '꾀' 같은 것이다. 딴 사람을 아는 것은 일상 생활에서 성공하는 데 필요한 일일 것이다. 그뿐만 아니라 '인간'이 무엇인가를 알아보려는 심리학, 인류학, 역사학, 철학, 종교학 같은 학문을 통해 인간의 본성이나 문화적, 역사적 맥락 등을 아는 일도 좋을 것이다. 그러나 이렇게 상대방이나 인간 전체의 외적, 객관적 사실만 아는 얇은 피상적인 '지智'에 불과하므로 불충분하다는 것이다. 더욱 중요한 것은 자신을 아는 것이다. 소크라테스(Socrates)의 말을 빌리면 "너 자신을 알라."는 것이다. 이렇게 스스로를 아는 것이 '명明'이라고 했는데 '명明'은 사물의 깊은 이치를 깨닫는 깨우침으로서 '관觀'보다 한 단계 더 깊은 체험적 인식 능력이다.

남을 이기려면 힘이 있어야 한다. 자기를 이기려면 '정말로 강함'이 있어야 한다. 여기서 '강함'이라고 했을 때 '강强'이라는 글자를 썼는데, 이는 『도덕경』전체를 통해 볼 때(제30장, 제42장, 제55장, 제76장) 무력, 폭력을 뜻하는 말로서 배격해야 할 것으로 되어 있다. 그런데 여기서는 자기를 쳐 이김이 바로 그 '강强'이라는 것이다. '강强'에는 두 종류가 있다는 뜻이다. 하나는 덮어놓고 힘을 쓰려는 것이고, 다른 하나는 부드러움을 통해 얻을 수 있는 내면적 강함이다. 예를 들어 남에게 한 대 얻어맞았을 때 당장 맞아죽는 일이 있더라도 일어나 대들고 싸우는 것을 보통 '용기' 있는 일이라 한다. 사실 이런 '용기'는 정말 비겁한 사람이 아닌 이상 누구나 가지고 있는 강함이다. 그러나 화가 나더라도 참고(사실 엄격히 말하면, 도에 따라 사물을 보는 사람은 화나는 일이 없을 것이다) 팔팔한 기백을 죽인 채, 차분한 태도로 상대방을 대함으로 상대방이 꼼짝 못하도록 한다면 이것이야말로 진짜 강함이다. 보통 사람이 할 수 없는 일이다. 싸움닭을 훈련시켜서 가만히 있어도 다른 닭이 꼼짝 못하게 한다는 이야기와 비슷하다.(제68장 해설 참조) "노하기를 더디하는 자는 용사보다 낫고 자기의 마음을 다스리는 자는 성을 빼앗는 자보다 나으니라."(잠언16:32)는 히브리 성서의 말이 생각난다.

자족하기를 아는 것이 부함이라는 것은 설명이 필요없을 정도로 자명한 일이다. 그리스도교 성서에서 바울도 "어떠한 형편에서든지 내가 자족하기를 배웠노니, 내가 비천에 처할 줄도 알고 풍부에 처할 줄도 알아 모든 일에 배부르며 배고픔과 풍부와 궁핍에도 일체의 비결을 배웠노라."(빌립보서4:11~12)고 했다. 요즘 우리 대부분이 스스로 가난하다고 느끼는 것은 끼니를 걱정하는 절대 가난 때문이 아니라 '상대적 빈곤'으로서 무엇이나 남처럼 가지려 하는 마음 때문에 생겨난다. 흔히 말하듯 '필요(need)'보다도 '욕심(greed)'에서 생기는 가난이다. 이럴 때 분수를 알고 자족할 줄을 알면 빈곤감이 없어지고 자기에게 있는 것만으로도 부자처럼 느끼며 살 수 있다. 앞에서 인용한 에이브러햄 매슬로의 말대로 'D-cognition'에서 'B-cognition'으로 넘어감이다.

여기서 "강행함이 뜻있음"이라고 할 때 '강행'이 좋다는 것인지 나쁘다는 것인지 분명하지 않다. 이 말 앞뒤로 '족하기를 앎', '자기 자리를 잃지 않음', '죽어도 멸망하지 않음' 등 모두 좋은 뜻의 말이 있기 때문에 이것도 좋은 것으로 해석하는 것이 순리인지 모르겠다. 그렇다면 유가나 법가에서 주장하듯, 남보다 뛰어나려고 불철주야 노력해서 자기의 뜻志을 편다는 뜻일까? 그렇지는 않을 것이다. 도와 하나되기 위해 근면 역행勤勉力行하고, 그러다 보면 도와 하나되겠다던 본래의 뜻이 이루어짐을 뜻한다고 푸는 것이 좋을 것이다.

우리의 본래 자리는 도의 자리, 이 자리를 잃지 않고 지킴이 영원이라는 것이다. 그러면 죽어도 멸망하지 않는데 이것이 바로 장수라는 것이다. 여기서 '영원久'이니 '장수壽'니 하는 말은 몸은 죽지만 영혼은 살아남는다는 서양의 영혼 불멸론을 이야기하는 것도 아니고, 개체로서의 우리 몸이 영원히 보존될 수 있다는 것을 믿는 중국 고래의 양생술이나 신선술의 입장을 말하는 것도 아니다. 삶과 죽음의 상대적 이원성을 초월하여 도와 하나됨으로 도에 따라 생성 변화하고, 도에 따라 생성 변화함으로써 도와 함께 영원히 사는 것이다. "사나 죽으나 우리가 도의 것이로다."

제34장
큰 도가 이쪽저쪽 어디에나
─도의 '작음' 과 '큼'

큰 도가 이쪽저쪽 어디에나 넘쳐 있음이여.

온갖 것 이에 의지하고 살아가더라도 이를 마다하지 않고,
일을 이루고도 자기 이름을 드러내려 하지 않습니다.
온갖 것 옷입히고 먹이나 그 주인 노릇 하려 하지 않습니다.

언제나 욕심이 없으니 이름하여 '작음' 이라 하겠습니다.
온갖 것 다 모여드나 주인 노릇 하려 하지 않으니
이름하여 '큼' 이라 하겠습니다.

그러므로 성인은 스스로 위대하다고 하지 않습니다.
그러기에 위대한 일을 이룰 수 있는 것입니다.

도는 홍수 때 물이 범람하여 사방에 퍼져 있듯 없는 데가 없고 미치지 않는 곳이 없이 어디에나 편만한 우주의 근본 원리다. 소위 무소부재無所不在다. 이런 도는 묵묵히 온갖 존재의 근원으로 모든 존재를 현존하게 하고 생성 화육生成化育을 가능하게 하는 힘을 가지고 있는 위대한 그 무엇이지만 그렇다고 자기를 드러내거나 이것들을 지배하거나 하려 하지 않는다는 것이다. 도의 이런 형이상학적, 존재론적 이해는 언제나 윤리적이고 실천적인 것과 연결된다.

도의 상징인 어머니를 보라. 자식을 낳아 기르면서 자식이 깨어 있을 때나 잠잘 때나 놀 때나 아플 때나 언제나 옆에서 그림자처럼, 이슬처럼 사랑으로 덮어 주고 적셔 주는 어머니. 자식이 아무리 성가시게 하더라도 마다하지 않는다. 그렇다고 자식에게 무엇을 바라지도 않으며 평생 자식을 붙들고 놓아 주지 않은 채 좌지우지하려하지도 않는다. 참된 어머니는 자식을 소유하려 하거나 잘 길러 그덕에 자기 위신을 높이거나 가문의 이름을 빛내려 하지도 않는다. 이렇게 헌신적으로 자기를 비우며 자식만 위해 존재하는 어머니.

---

34. 大道氾兮*, 其可左右. 萬物恃之而生而不辭. 功成不名有, 衣養萬物而不爲主.

常無欲, 可名於小, 萬物歸焉而不爲主, 可名爲大. 以其終不自爲大, 故能成其大.

* 氾兮(범혜) - 흘러 넘치는 모양. 범람.

자기 스스로를 위해서는 아무런 욕심도 없고 아무것도 가진 것이 없으니, 이런 비어 있는 상태를 묘사해야 한다면 '작음'이라고 할 수밖에 없다. 그러나 다른 한편으로 어머니는 모든 자식의 모태요, 자식의 필요를 채워 주는 끊임없는 공급원이요, 또 자식을 모두 함께 감싸안는 한없이 넓은 품이다. 그래서 이런 상태를 묘사한다면 '크다'고 할 수밖에 없다.

도의 또 다른 상징인 물을 보라. 온갖 물고기가 그 속에서 노닐지만 이를 마다하지 않는다. 물고기를 향해 물에서 사니 물값을 내라거나 임대료를 내라고 큰소리치지도 않는다. 물고기가 물의 고마움을 의식하지 않는다 하더라도 야속하게 생각하지 않는다. 이처럼 모든 것을 이롭게만 할 뿐 자기의 영광이니 이름이니 공로니 하는 것은 전혀 고려하지 않는 무욕의 상태이기에 이를 일러 '작음'이라 한다. 그러나 모든 물고기가 그 안에서 살며 생명을 유지하고 있을 정도로 모든 것을 감싸고 있으므로 이를 일러 '큼'이라 하지 않을 수 없다.

도가 이러니까 도를 따르는 사람, 특히 도의 원리에 따라 사람을 이끄는 지도자는 이런 식의 삶을 살아가야 한다는 것이다. 남에게 이로움을 줄 뿐 공로를 주장하거나 이름을 내려고 해서는 안 된다는 것이다.

무슨 일을 하고 그것으로 남의 인정을 받으려는 것은 인간이 가지고 있는 본능적인 욕망이다. 수재민을 위해 얼마를 기부하면 그 사실이 신문에 나든지 하여 남이 알아주어야 기부한 보람을 느낀다. 교회에 헌금할 때도 목사가 하나하나 이름을 불러 가며 기도해 줘야 아까운 금전을 헛되게 쓴 것이 아니구나 하고 생각한다. 신문에도 나지 않고, 이름이 불리지도 않으면 자기가 나팔이라도 불어 이를 알려야 직성이 풀린다. 더욱 가관인 것은 자기의 업적을 확대하거나 조작까지 해 가며 선전하고, 그것으로 사람들에게 '위대한 누구'를 주문 외우듯이 외우도록 강요한다는 것이다. 모두 '제 이름을 드러내려는' 일이다.

개인뿐만 아니라 단체나 기관도 불우 이웃이나 고아들에게 무엇을 갖다 줄 때 트럭에다 그 단체나 기관의 이름을 크게 써 붙이거나, 나누어 주는 사람들의 어깨에 그 이름을 써 두르고 하기 일쑤이다. 사랑의 쌀을 나누어 주는 장면이 신문에 나오는데 큰 글씨로 "사랑의 쌀 나누어주기 식"이라는 현수막을 세우고 그 앞에서 사진을 찍는다. 부자 나라가 가난한 나라에 원조해 줄 때도 마찬가지다. 거의 모든 경우 이름을 내려 할 뿐만 아니라 그것으로 원조받는 나라를 좌지우지하려고까지 한다. 말하자면 '끈이 달린(string attached)' 기부이다.

물론 딴 사람이 훌륭한 일을 했을 때 그 일을 인정하고 고맙게 여겨야 한다. 『논어』에도 "남이 나를 알아주지 않을까 염려하지 말고, 내가 남을 알아주지 않는 일이 있나 염려하라."고 했다. 무슨 일을 할 때 남이 알아줄 것을 바라지도 말고, 처음부터 그런 것을 의식마저 하지 않고 하는 마음가짐이 필요하다. 이렇게 할 때 진정으로 '큰 것을 이룰 수가 있다'는 것이다.

제35장
도에 대한 말은 담박하여 별맛이
－진리의 단순성

위대한 형상을 굳게 잡으십시오.
세상이 모두 그대에게 모여들 것입니다.
그대에게 모여들어 해받음이 없을 것입니다.
오직 안온함과 평온함과 평화만이 깃들 것입니다.

음악이나 별미로는 지나는 사람 잠시 머물게 할 수 있으나
도에 대한 말은 담박淡泊하여 별맛이 없습니다.

[도는] 보아도 보이지 않고,
들어도 들리지 않지만,
써도 다함이 없습니다.

"위대한 형상大象"이라는 것은 제14장에 나오는 "아무것도 없음의 형상無物之象"이나 제41장에 나오는 "큰 모양에는 형체가 없다大象無形"는 말 등에서 보듯이 '도道'를 뜻한다. 우리가 볼 수 있는 도의 상징적인 측면, 현상적인 측면을 두고 붙인 이름이다.

지도자가 위대한 상징의 참뜻을 터득하고 그 원리에 따라 다스리면 모든 사람이 그에게로 모일 것이다. 모두 모여들어 그 지도 밑에 살게 되면 해받는 일이 없게 된다. 모두가 그의 지도 아래에서 쉼과 평안함과 만족을 얻게 된다.(이 구절을 "도를 굳게 잡고 세상에 나가면 어디를 가더라도 해받음이 없고, 오직 안온함과 평안함과 평화만을 누릴 수 있다."로 풀이할 수도 있다.)

훌륭한 지도자의 중요성을 다시 한 번 강조하고 있다. '도에 굳게 선 지도자'가 있어야 한다는 것이다. 자기 한 몸이나 가문의 영화만을 추구하여 온갖 권모 술수를 다 쓰는 정치꾼이 아니라 바른 길을 따라 사람들에게 봉사하려는 마음을 가진 참된 지도자가 있으면 그 나라, 그 사회, 그 집단, 그 단체는 서로 헐뜯거나 치고받고 하는 일이 없이 모두 질서와 조화를 가지고 아름답게 어울려 사는 삶을 구

---

35. 執大象, 天下往, 往而不害, 安平太. 樂與餌*, 過客止, 道之出口, 淡乎其無味,

   視之不足見, 聽之不足聞, 用之不足旣.

* 樂與餌(악여이) - 음악과 맛좋은 음식.

가할 수 있다는 이야기다.

　그러나 도를 굳게 잡는 일은 쉬운 일이 아니다. 즐거운 음악이나 맛있는 음식이 있으면 지나가다가도 잠시 발길을 멈추고 머물게 되지만, 도에 대한 말을 하는데 귀기울이는 사람은 별로 없다. 일상적 상식의 세계에 사는 우리 대부분은 영화나 스포츠나 음악회나 파티, 가라오케 같은 것, 기껏해야 돈버는 방법, 카네기 처세술, 출세하는 법 같은 것에나 관심을 쏟을 뿐 '도' 니 '진리' 니 하는 것을 놓고 따지는 것은 맨숭맨숭하고 싱거워서 별 볼일 없는 일로 생각할 뿐이다. 본래 도에 대한 말은 '심심하고 맛없기' 때문이다. 맛이 없을 뿐만 아니라 눈길을 끌 만큼 보기에 좋은 것도 아니고 귀를 즐겁게 할 만큼 듣기에 좋은 것도 아니다. 도란 본래 "보아도 보이지 않고 들어도 들리지 않는다."고 하지 않았던가? 한마디로 도란 현상 세계에 집착한 우리에게는 아무짝에도 쓸 데가 없는 무엇이다.

　소위 "진리는 단순하고 평범하다" 는 뜻이다. 진리는 현란한 말장난이나 매끄러운 수사의 나열이 아니다. 불교의 어느 선사가 "선禪이 무엇인가?" 하는 질문에 "배고프면 먹고 졸리면 자는 것" 이라고 대답했다. 유교 경전 『중용中庸』에서의 '용庸' 도 먹는 것, 자는 것 등과 같이 '평범한 것' 이라는 뜻이다. 진리는 이처럼 단순하고 평범한 것 속에 있다. 단순하고 평범한 것 깊숙한 곳에 있는 진리의 참뜻이 상식적인 세계 이상의 것에 눈에 뜨이지 않은 사람의 피상적 관찰에는 별 볼일 없는 무엇으로만 보일 뿐이다. 따라서 우리 대부분의 사람에게 도는 여전히 아무짝에도 쓸모없는 무엇으로 남아 있게 마련이다.

　그러나 도가 정말로 별 볼일 없는 것이거나 아무짝에도 쓸모없는 무엇에 불과할까? 한 번 도에 대한 확신을 가지고 이를 굳게 잡고 그 원리에 따라 살아 보라고 한다. 그러다가 일단 상식적인 세계관의 한계를 넘어서서 도의 참뜻을 들여다보게 되면 지금껏 단순하고 평범하여 무미건조하고 보잘것없는 것으로만 보이던 도, 거기에 대한 말이 어쩐 일인지 갑자기 더할 수 없이 맛있고 아름다운 것으로 여겨져 히브리 성서의 시편 기자처럼 "주의 말씀이 어찌 그리 단지요. 내 입에 꿀보다 더하나이다."(시편109:103) 하는 찬탄의 부르짖음을 발하지 않을 수 없게 된다는 것이다.

　이렇게 되면 지금껏 아무짝에도 쓸모없는 것처럼 보이던 도가 정말 쓸 데가 무궁 무진함을 발견하게 된다. "써도 써도 다함이 없다." 이렇게 다함이 없는 도의 효용성이란 '음악이나 음식' 정도가 아니다. 도는 여태까지 체득해 보지 못했던 삶의 깊이와 의미를 가져다주기 때문이다. 좀더 구체적인 효용성, 어쩌면 가장 큰 효용성의 하나가 바로 지도자가 그것으로 사람을 이끌면 사람이 안위를 얻고, 화목과 협동과 평화가 깃든 삶을 누리게 된다는 것이다.

　오늘 같은 세상에서 이런 지도자를 기대하는 것은 그야말로 나무에 올라가 고기를 낚으려는 연목구어緣木求魚에 지나지 않는 일인가?

제36장
오므리려면 일단 펴야
－변증법적 변화 과정

오므리려면 일단 펴야 합니다.

약하게 하려면 일단 강하게 해야 합니다.

폐하게 하려면 일단 흥하게 해야 합니다.

빼앗으려면 일단 줘야 합니다.

이것을 일러 '미묘한 밝음微明' 이라 합니다.

부드럽고 약한 것이 굳세고 강한 것을 이깁니다.

물고기가 연못에서 나와서는 안 됨같이

나라의 날카로운 무기도 사람들에게 보여서는 안 됩니다.

이 장을 법가들은 이웃 나라나 정적政敵을 치는 데 필요한 정략적 음모陰謀를 이야기하는 것으로 해석했다. 법가의 대표자 한비자韓非子의 글을 보면 이런 이야기가 있다.

위나라의 이웃 나라가 위나라 왕에게 위나라 땅의 일부를 내어놓으라고 무리하게 요구했다. 위나라 왕은 물론 이를 거절할 생각이었다. 그러나 위나라의 재상은 위나라 왕에게 일단 땅을 떼어 주라고 권했다. 이유인즉 그렇게 땅을 떼어 주면 적국은 자고해져서 이웃 나라를 얕잡아 볼 것이고, 이웃 나라끼리는 적국의 위협에 대비해서 경계심을 갖고 서로 연합하게 된다는 것이다. 이렇게 되면 적국은 방어에 허술하게 되고 이웃은 더욱 강하게 되어 결국 적국은 망하게 된다는 것이다. 망하게 하려면 일단 흥하게 하고, 빼앗으려면 일단 줘야 한다는 원리가 바로 이를 두고 하는 말이라고 했다.

사실 "망하게 하려면 일단 양보해야 하고 취하기 위해서는 일단

---

36. 將欲歙*之, 必固*張之. 將欲弱之, 必固强之. 將欲廢之, 必固興之. 將欲奪之, 必固與之.

　　是謂微明. 柔弱勝剛强. 魚不可脫於淵, 國之利器不可以示人.

* 歙(흡) - 오므리다.

* 固 - 여기서는 부사로 '일단', '우선' 이라는 뜻이다.

줘야 한다."는 말은 『주서周書』라는 책에 있는데, 이 책이 정치적 음모를 가르치는 책이고 또 이 문장이 또 다른 음모의 책인 『전국책戰國策』에 인용되어 있기 때문에 이런 해석이 나올 수도 있다고 한다. 또 실제적으로 이런 일이 가능할 수 있다. 최근 걸프 전쟁에 관한 여러 설說 중에는, 이라크가 망한 것은 이라크를 일부러 군사 강국이 되도록 부추기고 그 힘으로 쿠웨이트를 침공하도록 하여 결국은 그 때문에 자멸하도록 하려는 교묘한 국제 음모에 이라크가 멋도 모르고 말려들었기 때문이라는 설도 포함되어 있는 모양이다.

이라크뿐 아니라 지금 미국이 그 부강함 때문에 내부적으로 붕괴해 가고 있고 멀지 않아 망하리라고 진단하는 사람도 있다. 미국 예일 대학에서 역사학을 가르치는 폴 케네디(Paul Kennedy) 교수는 88년에 나온 그의 베스트셀러 『강대국의 흥망』이라는 책을 통해 역사적으로 로마 제국, 대영 제국, 소비에트 제국 등의 초강대국이 그러했듯 '미국 제국'도 그 강대함을 지탱하기 위한 군비 부담에 따른 과중한 출혈로 인해 어차피 몰락하지 않을 수 없을 것이라고 했다. 최근 한 인터뷰에서 그는 걸프전 이후 미국인 사이에 팽배한 낙관주의적 자신감에도 불구하고 그의 진단에는 하등의 변화가 없다고 술회하였다. 미국이 부강하게 되어 망하는 데는 어떤 음모의 손이 움직이고 있다고 보아야 할까? 아무래도 이런 국가의 흥망을 반드시 음모와 연결시켜 생각할 필요는 없을 것 같다.

따라서 『도덕경』 전체를 두고 볼 때 이 장에 나오는 문장이 본질적으로 이런 정치적 권모 술수를 가르치는 말이라고만 볼 필요는 없다. 오히려 이런 말이 일부 정치적 야심을 품고 있던 사람에 의해 아전 인수격으로 오용된 것으로 보는 게 더 정확한 견해일 것이다.

결국 여기서도 역시 만사에 흥망 성쇠나 생주 이멸生住異滅의 변천과 순환이 있음을 이야기하고 있는 것이라고 보면 무난할 것이다. 국가의 흥망 성쇠뿐 아니라 인생살이 전반에 걸쳐 오르막이 있으면 내리막이 있고, 내리막이 있으면 또 오르막이 있다는 사실을 말하는 것이다. 달도 차면 기울고, 기울면 차고……. 이런 주기적 변화에 그때마다 안달복달하면서 쓸데없이 에너지를 허비하지 말라는 것, 그런 데서 초연하여 세상을 멀리 보는 법을 터득하라는 것을 가르치는 말이라 볼 수 있다. 제9장 해설에서 지적했듯이 만사가 주기적으로 반복하면서 돌아간다고 보는 것이 『도덕경』의 기본 입장이다. 이렇게 변증법적 변화 과정을 꿰뚫어보는 것이 '미명' 즉 '은근한 명찰'이라는 것이다.

부드럽고 약한 것이 굳고 강한 것을 이긴다는 것은 『도덕경』 전체를 통해 일관되게 흐르는 기본 가르침 가운데 하나이다. 궁극적으로 무력이나 무기를 써서는 세상을 이길 수 없다. 도의 자연적인 흐름에 반하는 일이기 때문이다. 무기를 쓰지도 말 뿐 아니라 내다보이지도 말라는 것이다. '날카로운 무기'는 깊은 데 감추어 두었다가 꼭 필요한 방어전에서나 내어 쓸 뿐(제31장), 그것을 드러내 놓고 자랑하는 것은 패망을 자초하는 일이라는 것이다. 물고기가 물 밖으로 나오면 안 되는 것처럼 무기도 밖으로 나오게 해서는 안 된다고 못박고 있다.

제37장
하지 않으나 안 된 것이 없다
─무위無爲의 역동성

도는 언제든지 [억지로] 일을 하지 않습니다.
그러나 안 된 것이 없습니다.
임금이나 제후가 이를 지키면,
온갖 것 저절로 달라집니다.
저절로 달라지는데도
무슨 일을 하려는 욕심이 생기면,
이름없는 통나무로 이를 누릅니다.
이름없는 통나무는 욕심을 없애줍니다.
욕심이 없으면 고요가 찾아들고
온누리에 저절로 평화가 깃들 것입니다.

무위의 원리를 다시 강조하고 있다. 도는 결코 억지로 하는 행위를 하지 않는다는 것이다. 그렇다고 세상에 안 된 일이 하나도 없다. 사실 억지로 하는 행위가 없음에도 '불구하고'가 아니라, 그런 억지로 하는 행위가 없기 '때문에' 세상에 안 되는 일이 없다고 풀이하는 것이 더 정확한 해석일지도 모른다. 아무튼 무위가 가능할 때 불위不爲가 없어진다는 뜻이다.

인간, 특히 지도자도 이런 도의 원리를 받들어 무위를 실천하면 만사가 저절로 잘 되어가리라고 한다. 앞에서도 지적한 것처럼 '무위'란 아무것도 하지 않고 빈둥거리는 '무위 도식'이 아니다. 의식적이고 이기적이고 부자연스럽고 과장되고 지나치고 쓸데없고 허세를 부리고 계산적이고 위선적이고 가식적인 모든 행위를 '하지 않음'이다. 이렇게 억지로 하는 행위가 없고 속 깊은 데서 저절로 우러나는 자발적이고 희생적인 행동, 이것이 바로 '무위無爲의 위爲', '함이 없는 함'이다. 이런 '함이 없는 함'이야말로 위대한 행동

---

37. 道常無爲而無不爲, 侯王若能守之, 萬物將自化. 化而欲作, 吾將鎭*之以無名之樸.

無名之樸, 夫亦將不欲, 不欲以靜, 天下將自定.

* 鎭(진) - 누르다. 진압하다.

으로서 자연스럽게 진정으로 위대한 일을 해낸다는 것이다. 지도자가 이런 경지에 이를 때 '만물이 저절로 변한다.'

잘 알려진 성 프란시스(St.Francis)의 기도에 "주여, 저를 당신의 평화의 도구로 삼아 주시옵소서." 하는 구절이 있다. 자기는 결코 건방지고 주제넘게 뭔가 스스로 해보겠다는 행위자(agent)가 아니라 스스로는 아무것도 하지 않고 그저 쓰이기만 할 뿐인 도구(instrument)에 불과하다는 것이다. 성 프란체스코에게 이처럼 자기는 '아무것도 하지 않는다' 는 겸허한 마음가짐이 있었을 때 그를 통해 그처럼 역사적으로 위대한 일이 이루어질 수 있었던 것이다.

예수님의 경우도 "아들이 아버지의 하시는 일을 보지 않고는 아무것도 스스로 할 수 없나니."(요한복음5:19)라고 했다. 이것이 반드시 '무위' 의 원리를 이야기하고 있다고 말할 수 있을지는 모르겠지만 예수님도 아버지가 하시는 일을 따를 뿐 자기 스스로 뭔가 해내겠다고 덤비지 않았다는 것을 보여 주는 말임은 틀림없다. "아무것도 스스로 할 수 없었던" 예수님이 "아무것도 스스로 할 수 없음" 때문에 그야말로 얼마나 큰 일을 해낼 수 있었던가?

산통은 우리가 스스로 뭔가 억지로 일을 꾸며 그럴 듯한 공적을 쌓고 남보란 듯 살아 보겠다고 설치는 일이다. 이런 의식적이고 이기적인 동기가 마음 한 구석에 조금이라도 있는 한 비록 "내게 있는 모든 것으로 구제하고 또 내 몸을 불사르게 내어 줄지라도" 이런 일이 보두 허사가 되거나 냄새나는 일이 되고 만다는 것이다. 결국 '자기' 라는 것이 없어지므로, 자기가 하는 모든 일이 자기가 하는 일이라는 의식이 없어져야 한다.

그러나 인간인 이상 우리는 이렇게 완전히 자유스러운 경지에서만 노닐 수가 없다. 이른바 '유혹'이 언제나 따른다. 뭔가 그럴 듯한 일을 해보고 싶은 것이다. 모든 것을 '그냥 놓아 둔다는 것(letting go)'이 어딘가 불안하게 느껴진다. '저절로 됨'에 대한 확신이 흔들리는 것이다. 그래서 뭔가 스스로 달려들어 개입하고 조절하려는 욕망이 생긴다. 자기 확대, 자기 과시욕이 발동하는 것이다. 이른바 '자아 확대 작전(Atman-project)'이 시작되는 것이다.

이럴 때 '다듬지 않은 통나무樸'로 이런 욕망을 누르라고 한다. 다듬지 않은 통나무란 물론 도의 상징이다. 도를 보라. 억지로 일을 하려 하는가. 억지로 자기를 과시하려 하는가. 무슨 일을 하고 목에 힘주려 하는가. 남을 좌지우지하려 하는가. 이름도 없고 빛도 없다고 슬퍼하는가. 이런 일과 상관이 없는 도의 존재 방식, 도의 행동 방식을 본받아 우리의 욕심을 누르라는 것이다. '도를 본받아'가 필요하다는 뜻인가.

이렇게 해서 욕심이 없어지면 고요함靜과 평화가 깃들게 된다고 한다. 부처님도 '네 가지 거룩한 진리四聖諦'를 가르치면서 우리의 고통은 '집착' 때문이라고 하였다. 집착을 끊은 상태 곧 '욕심의 불길이 꺼진' 상태, 이때 가능하게 되는 시원하고 고요하고 평화로운 자유의 경지가 바로 '니르바나(열반)'라는 것이다. 어느 종교나 나 중심의 생각, 거기서 나오는 덤벙거림을 청산하는 것이 개인이나 사회의 평화를 위해 불가결함을 강조하는 데는 다를 바가 없다.

제38장
훌륭한 덕의 사람은
— 덕을 논함

훌륭한 덕德의 사람은 자기의 덕을 의식하지 않습니다.
그러기에 정말로 덕이 있는 사람입니다.
훌륭하지 못한 덕의 사람은 자기의 덕을 의식합니다.
그러기에 정말로 덕이 없는 사람입니다.

훌륭한 덕의 사람은 억지로 일을 하지 않습니다.
억지로 일을 할 까닭이 없습니다.
훌륭하지 못한 덕의 사람은 억지로 일을 합니다.
억지로 일을 할 까닭이 많습니다.
훌륭한 인仁의 사람은 억지로 일은 합니다.
그러나 억지로 일을 할 까닭은 없습니다.
훌륭한 의義의 사람은 억지로 일을 합니다.
억지로 일을 할 까닭이 많습니다.
훌륭한 예禮의 사람은 억지로 일을 합니다.

그러나 아무도 응하지 않기에, 소매를 걷고 남에게 강요합니다.

도가 없어지면 덕이 나타나고, 덕이 없어지면 인이 나타나고,
인이 없어지면 의가 나타나고, 의가 없어지면 예가 나타납니다.
예는 충성과 신의의 얄팍한 껍질, 혼란의 시작입니다.
앞을 내다보는 것은 도의 꽃, 어리석음의 시작입니다.

그러므로 성숙한 사람大丈夫은 두꺼운 데 머무르고,
얄팍한 데 거하지 않습니다.
열매에 머무르고, 꽃에 거하지 않습니다.
후자는 버리고 전자를 택합니다.

---

38. 上德不德, 是以有德, 下德不失德, 是以無德. 上德無爲而無以爲, 下德爲之而有
以爲.

上仁爲之而無以爲, 上義爲之而有以爲, 上禮爲之而莫之應, 則攘臂*而扔之*.

故失道而後德, 失德而後仁, 失仁而後義, 失義而後禮. 夫禮者忠信之薄, 而亂之首,

前識者, 道之華, 而愚之始. 是以大丈夫處其厚, 不居其薄, 處其實, 不居其華,

故去彼取此.

* 攘臂(양비) - 소매를 걷음.
* 扔之(잉지) - 남에게 무엇을 강요하거나 강제함.

제1장부터 제37장까지를 '상편 도경道經'이라 하고 제38장부터 제81장까지를 '하편 덕경德經'이라 하는 것이 전통적인 분류 방법이다. 대부분의 고대 사본이 이 순서를 따르고 있고 현대어 번역도 이를 채택하고 있는데, 1973년 중국 마왕퇴馬王堆에서 발견된 사본에는 상편 하편의 순서가 바뀌어 나와 있고, 빅터 메이어(Victor Mair) 교수 등 몇몇 학자들의 최근 영역본은 이 뒤집어진 순서를 따르고 있다. 이렇게 두 편으로 나누어져 있다고 하여 '도경'은 모두 도에 대해서만 이야기하고 '덕경'은 모두 덕에 대해서만 이야기하고 있는 것은 물론 아니다. 구태여 구분하자면 전체적으로 '도경'은 도의 존재론적인 면을, '덕경'은 도의 기능적인 면을 좀더 많이 다루고 있다고 볼 수 있다.

이 장에서는 덕德을 놓고 볼 때, 두 가지 사람 곧 '훌륭한 덕上德'의 사람과 '훌륭하지 못한 덕下德'의 사람으로 나눌 수 있음을 이야기하고 있다. 훌륭한 덕의 사람이란 자기의 덕을 의식하지 않는 사람이다. 자기가 하는 훌륭한 일이 덕인 줄도 모르고, 덕이 쌓이는지 없어지는지 전혀 신경쓰지 않고 그저 자연스럽고 구김없이 행동하는 사람이다. 그러기에 정말로 덕이 있는 사람이다. 훌륭하지 못한 덕의 사람이란 자기가 가진 조그만 덕을 의식하는 사람으로서, 그것이 뭐나 되는 것처럼 거기에 매달리고 그것을 더 쌓겠다고 안간힘을 쓰고 쌓는 대로 확대 선전하는 사람이다. 그러기에 실상 덕이 없는 사람이다.

　훌륭한 덕의 사람은 억지로 일을 하지 않는다. 도에 입각하여 살아 가므로 자기 행동마저도 의식하지 않는다. 그래서 그 행동이 거침없고 힘차다. 구태여 억지로 일을 꾸며야 할 이유도 필요도 없다.(이 구절의 원문 '無以爲' 를 "일을 할 까닭이 없다" 로 보는 해석과, '無不爲' 로 읽어 "안 되는 일이 없다" 로 보는 해석이 있다.) 훌륭하지 못한 덕의 사람은 억지로 일을 꾸미고 잔뜩 벌여 놓는다. 자기의 행동을 의식하고 뭔가 해놓아야 될 것처럼 조바심이다. 언제나 할 일이 많다. 그러나 멀리 보면 하나도 되는 일이 없다. 한마디로 상덕上德의 사람은 무위無爲의 사람이요, 하덕下德의 사람은 유위有爲의 사람이다.

　이렇게 유위의 범주에 속하는 사람으로서 인의 사람, 의의 사람, 예의 사람을 들고, 특히 예의 사람을 신랄하게 공박하고 있다. 여기서 말하는 예는 진정으로 속에서 우러나오는 내용은 없이 겉치레로 남보기에만 그럴 듯하게 꾸미는 형식으로서의 예를 말한다. 사실 이런 피상적이고 천박한 뜻으로서의 예가 강조되는 사회는 생명력이 없는 사회이다. 사회의 통념이나 관습에 얽매이지 않고 스스로 삶의 깊은 의미를 찾아 이를 추구하는 '참삶(how to live)' 의 문제는 뒷전으로 물러나고, 오로지 사회에서 떠받드는 고루한 윤리 체계를 비판 없이 받아들여 겉으로 나타나는 행위만 매끈하게 꾸미려는 '처신(how to behave)' 의 문제가 주관심사가 되어 버린 사회이다. 이런 사회에서는 개인의 윤리적 창조성이나 자발성은 없고 어떻게든지 남의 눈치나 살살 봐 가며 남 하는 대로만 따라가려는 일률적 획

일성만이 판치게 된다. 『도덕경』은 이런 약삭빠르고 얄팍한 예의 껍질을 깨어 버리라고 권고한다. 이런 식의 예는 모든 '혼란의 시작' 이라고 한다. 피상적인 것에 신경쓸 것이 아니라 더욱 근본적인 것에 관심을 가져야 한다는 뜻이다.

제39장
예부터 '하나' 를 얻은 것들이

―하나의 힘

예부터 '하나' 를 얻은 것들이 있습니다.

하늘은 하나를 얻어 맑고,

땅은 하나를 얻어 편안하고,

신은 하나를 얻어 영묘하고,

골짜기는 하나를 얻어 가득하고,

온갖 것 하나를 얻어 자라나고,

왕과 제후는 하나를 얻어 세상의 어른이 되고

이 모두가 다 하나의 덕입니다.

하늘은 그것을 맑게 하는 것 없으면 갈라질 것이고,

땅은 그것을 편안하게 하는 것 없으면 흔들릴 것이고,

신은 그것을 영묘하게 하는 것 없으면 시들 것이고,

골짜기는 그것을 가득하게 하는 것 없으면 마를 것이고,

온갖 것 그것을 자라게 하는 것 없으면 없어져 버릴 것이고,

왕과 제후는 그들을 어른되게 하는 것 없으면 넘어질 것입니다.

그러므로 귀한 것은 천한 것을 근본으로 하고,
높은 것은 낮은 것을 바탕으로 합니다.
이런 까닭으로 왕과 제후는 스스로를 '고아 같은 사람', '짝잃
    은 사람', '보잘것없는 사람'이라 부릅니다.
이것이 바로 천한 것을 근본으로 삼는 것 아니겠습니까?

지극히 영예로운 것은 영예로움이 아닙니다.
구슬처럼 영롱한 소리를 내려 하지 말고,
돌처럼 담담한 소리를 내십시오.

---

39. 昔之得一者, 天得一以淸, 地得一以寧, 神得一以靈, 谷得一以盈, 萬物得一以生,
    侯王得一以爲天下貞. 其致之一也, 天無以淸, 將恐裂, 地無以寧, 將恐廢, 神無以
    靈, 將恐歇, 谷無以盈, 將恐竭, 萬物無以生, 將恐滅, 侯王無以貴高, 將恐蹶.
    故貴以賤爲本, 高以下爲基. 是以侯王自謂孤, 寡, 不穀, 此非以賤爲本邪, 非乎.
    故致數輿無輿. 不欲琭琭*如玉, 珞珞*如石.

* 琭琭(녹록)·구슬처럼 아름다운 모양.
* 珞珞(낙락)·돌처럼 덤덤한 모양.

'하나'라는 말이 『도덕경』에 다섯 번 나온다.(제10장, 제14장, 제22장, 제39장, 제42장) 여기서 '하나'란 모든 존재의 근원으로서의 도, 모든 존재를 꼴지우는 힘으로서의 도를 말한다. 물론 엄격히 따지면 '하나'와 '도'가 완전한 동의어는 아니다. 제42장의 "도가 '하나'를 낳고"라는 말에서 보듯이 '하나'는 도에서 나온 것이다. 이런 뜻에서 하상공의 주석에서 이르듯이 '하나'는 '도의 아들'이라 할 수 있다.

그러나 '하나'가 도와 별개의 것은 아니다. '하나'도 도임은 틀림없으나 좀 전문적인 용어로 하면 그것은 비존재(non-being)로서의 도에 대응하는 존재(being)의 측면으로서의 도, 비존재와 존재가 맞닿는 경계의 자리로서의 도라 할 수 있을 것이다. 신유학의 용어를 빌리면 여기의 '하나'란 무극無極에 대응하는 태극太極에 해당된다고 볼 수 있다. 『태극도설』에서 "태극은 원래 무극"이라 한 것과 마찬가지로 『도덕경』에서 말하는 '하나'도 태초부터 비존재로서의 도와 함께 있었다. 단 현존하는 모든 것이 이 '하나'를 통해 이루어졌고, 그런 뜻에서 "이루어진 것이 하나도 그로 말미암지 않고는 이루어진 것이 없다."고 할 수 있다.

하늘이 맑은 것도, 땅이 평정한 것도, 신이 신령한 것도, 골짜기가 가득한 것도, 여러 가지 사물이 생성 변화하는 것도, 심지어 지도자가 훌륭하게 되는 것도 모두 이 '하나' 덕택이라는 것이다. 이 근본적인 바탕인 '하나'에 뿌리박고 있지 않으면 하늘도 그 맑은 빛을 잃고 갈라질 것이요, 땅도 흔들릴 것이요, 그 밖의 모든 것이 이상적인 상태를 유지하지 못하고 말게 될 것이라는 이야기다.

이런 존재론적 논의의 궁극 목적은 존재론적 체계를 수립하는 데만 있는 것이 아니고, 이를 구체적인 삶에 적용하려는 데 있다. 어떻게 하라는 것인가? 하늘과 땅을 비롯한 모든 것이 '하나'를 바탕으로 한 삶을 살 때 제 구실을 다하듯 인간, 특히 지도자도 '하나'를 근본 원리로 삼고 살아야 가장 인간적인 삶, 지도자다운 삶을 살 수 있다는 것이다.

'하나'를 근본으로 하는 삶은 무엇인가? '하나'는 모든 것을 꼴 지어 주지만 스스로 어떤 꼴을 취해서 자기를 드러내려 하지 않는다. 수적으로도 그것은 모든 숫자의 시작이며 바탕이지만 동시에 모든 숫자 중 가장 작은 숫자이다. 이런 뜻에서 '하나'는 자기 낮춤의 최고 상징이다. 인간도, 특히 지도자도 이처럼 자기를 낮추고 겸손해야 한다고 한다. 예를 들어 임금이 자기를 '과인寡人'이라는 이름으로 스스로를 낮추어 부르듯 자신을 가리킬 때도 그것이 겸손의 표현이어야 한다. 그러나 그것이 진심에서 우러나오는 표현이라야 한다는 것은 말할 나위도 없는 일이다. '하나'를 닮아 이런 겸허한 자세를 갖출 때 '하나'를 바탕으로 한 하늘과 땅이 본연의 의연한 모습을 유지하는 것처럼, 인간도 인간으로서의 의연한 모습을 회복하게 된다는 것이다. (마지막 몇 구절은 해석이 분분한데, 결국 구태여 자기를 과시하거나 영예를 추구하려 하지 말 것을 다시 한 번 권고하는 뜻으로 보면 무방할 것이다.)

 '하나' 를 이야기하고 있으니까 '흔' 사상이 생각난다. '한국인은' '하나' 혹은 '흔' 의 나라 사람이요, 몇 천년 한국인의 마음을 움직인 것은 '흔' 사상이다. '하나', '많음', '큼' 등의 뜻을 총체적이고 유기적으로 포괄하는 '흔' 의 개념을 중심으로 짜여진 '흔' 사상은 이처럼 여러 뜻을 품은 깊고 넓은 사상이지만, 한마디로 '하나'에 뿌리박은 삶을 통해 진정으로 사람답게 살자고 하는 생각이라고도 볼 수 있다. '흔' 의 마음을 회복할 수 없을까?

제40장
되돌아감이 도의 움직임
— 순환 원리의 보편성

되돌아감이 도의 움직임입니다.
약함이 도의 쓰임새입니다.

온 세상 모든 것 '있음有'에서 생겨나고,
있음은 '없음無'에서 생겨났습니다.

'되돌아감'의 원리를 가장 간명하게 선언하고 있는 장이다. 反, 還, 復, 復歸 등의 말로 표현되는 이 원리는 제14장, 제16장, 제25장, 제 28장, 제30장, 제52장, 제65장 등에도 논급되어 있고, 개념적으로는

---

40. 反者道之動. 弱者道之用. 天下萬物生於有, 有生於無.

『도덕경』 전체를 통해 일관되게 흐르고 있는 사상이다.

제38장에서 모든 것이 도에서 나왔음을 이야기하고 제39장에서 모든 것이 도에 돌아가서 도에 뿌리박을 때 그 본연의 모습을 찾게 된다고 하고 있는데, 제40장에서는 도 자체도 '돌아감'의 원리에 의해 작용한다는 것을 공포하고 있는 셈이다.

도는 어디로 돌아가는가? 도는 모든 것이 돌아가는 근원이지만, 그것은 동시에 스스로 모든 것을 찾아가기도 한다. 모든 것을 찾아 감으로 모든 것을 존재하게 하고 나아가 그 존재들로 하여금 각자의 특성을 가진 개체로 존재하게 해준다. 이런 뜻에서 도의 근본적인 특성을 창조성(creativity)이라 할 수 있다.

아무튼 여기서도 절대무絶對無(absolute non-being)로서의 도에서 이 것과 본질적으로는 같으나 이것과 여러 존재 사이에서 여러 존재가 존재하게 하는 하나의 통로로서의 '유有(Being itself)'가 나오고, 이 '유'에서 세상에 존재하는 모든 존재(beings)가 생겨났다고 하는 『도덕경』 특유의 존재론과 우주론을 다시 이야기하고 있다. 그런데 절대무에서 세상 만물이 생겨났다고 하는 것은 절대무가 세상 만물을 찾아갔다는 뜻이기도 하다.

그리스도교 성서에서는 하느님이 세상을 말씀으로 지었다고 가르친다. "그 말씀은 곧 하나님"으로서 "태초에 하나님과 함께 계셨고, 만물이 그로 말미암아 지은 바 되었으니 지은 것이 하나도 그가 없이는 된 것이 없느니라."(요한복음1:1~2)고 하였다. 그리고 이 하느님이 세상을 찾아왔다고 가르친다. 하느님이 세상을 찾아올 때 그냥 올 수가 없어서 특별히 사람의 모양으로 왔다고 한다. 이것이 이른바 '수육受肉' 혹은 '화육化肉'의 가르침이다. 이것이 『도덕경』에서 말하는 도가 '있음'이나 '하나'를 통해 모든 존재로 현상화, 구체화된다는 생각과 반드시 모든 면에서 같은 것은 아니겠지만 서로 비교해서 곰곰이 살펴보면 재미있는 것을 발견하게 될 것이다.

절대무로서의 도가 만물을 찾아가 만물을 생성 화육하고 그 속에서 생명력, 창조력으로 작용하지만 이런 일방 통행만이 전부인가? 그렇지 않다고 한다. 『도덕경』에 의하면 도는 한쪽으로만 계속 가버리지는 않는다. 한쪽 방향으로 가다가 극점에 달하면 다시 그 반대 방향으로 되돌아간다. 이 경우 만물과 더불어 다시 그 본래의 자리로 돌아간다는 뜻이다. 이런 복선적인 전체 과정에서 도에서 만물로 나아가는 과정을 'evolution'이라 한다면, 만물이 다시 도를 향하여 돌아가는 과정은 'involution'이라 할 수 있을 것이다. 각각 '전개展開'와 '회선回旋'이라 옮길 수 있을까? 이를 다시 'wayward(떨어져 감)'의 움직임과 'Way-ward(도를 향함)'의 움직임이라 표현해도 좋을 것 같다. 이 두 가지 큰 주기적 움직임 속에서 여러 모양의 주기적 움직임이 각각 자기 나름대로의 작은 원, 큰 원을 그리면서 돌아가고 있다.

도가 이렇게 만물에 찾아가 만물 속에서 작용할 때, 그리고 다시 만물과 더불어 그 원초의 자리로 돌아갈 때 그것은 부드럽고 은근한 모습으로 움직인다. 벼이삭이 자라는 것을 보라. 싹이 나고 잎이 나고 이삭이 패고 열매가 영글고 다시 누렇게 시들고……. 사계절이 바뀌는 것을 보라. 봄이 오고, 여름이 오고, 가을이 오고, 겨울이 오고, 그러다가 다시 봄이 오고……. 이런 일련의 과정이 청천 벽력처럼 갑작스럽고 요란하게 이루어지는 것이 아니다. 얼른 봐서는 알지도 못하게, 그러나 하루하루가 다르게 쉬임없이 이루어진다. 이처럼 도의 작용은 있는지 없는지도 모를 정도로 보이지 않고 뒤에서 은은하게 일하는 '약함'을 그 특성으로 삼고 있다.

그러나 이 약한 듯한 움직임, 이 은은한 작용에서 벗어날 수 있는 장사가 세상에 어디 있겠는가? 어느 누구도 벼이삭을 빨리 자라게 목을 비틀 수도 없고, 가는 봄 오는 겨울을 붙잡을 수도 막을 수도 없다. 결국 우리가 할 일은 이와 같이 약한 듯 은은하고 은근하게 돌아가는 도의 리듬에 맞추어 함께 돌며 의연하고 늠름하게 살아가는 것이다. 이것이 진정으로 자유로움을 만끽하는 삶이리라.

제41장

웃음거리가 되지 않으면 도라고 할 수가

— 진리의 역설성

뛰어난 사람은 도에 대해 들으면 힘써 행하려 하고,

어중간한 사람은 도에 대해 들으면 이런가 저런가 망설이고,

못난 사람은 도에 대해 들으면 크게 웃습니다.

웃음거리가 되지 않으면 도라고 할 수가 없습니다.

그러므로 예부터 내려오는 말에 이르기를

"밝은 도는 어두운 것같이 보이고,

앞으로 나아가는 도는 뒤로 물러가는 것같이 보이고,

평탄한 도는 울퉁불퉁한 것같이 보이고,

제일 가는 덕은 골짜기같이 보이고,

희디흰 것은 더러운 것같이 보이고,

넓은 덕은 모자라는 것같이 보이고,

굳은 덕은 보잘것없는 것같이 보이고,

참된 실재는 변하는 것같이 보이고,

큰 모퉁이에는 모퉁이가 없고,

큰 그릇은 더디 이루어지고,

큰 소리는 거의 들리지 않고,

큰 모양에는 형체가 없다."고 했습니다.

도는 숨어 있어서 이름도 없는 것,

그러나 도만이 온갖 것을 훌륭히 가꾸고 완성시켜 줍니다.

덴마크의 철학자 키에르케고르(Kierkegaard)는 "진리는 역설 (paradox)"이라고 했다. 진리는 상반되는 듯한 두 명제를 동시에 포

---

41. 上士聞道, 勤而行之, 中士聞道, 若存若亡, 下士聞道, 大笑之, 不笑, 不足以爲道.

故建言有之; 明道若昧, 進道若退, 夷道若纇*. 上德若谷, 大白若辱, 廣德若不足,

建德若偸*, 質眞若渝*, 大方無隅, 大器晩成, 大音希聲, 大象無形.

道隱無名, 夫唯道善貸且成.

* 纇(뢰) - 울퉁불퉁함.

* 偸(투) - 보잘것없고 구차스러움.

* 渝(투) - 잘 변함.

괄하기 때문이다. 예를 들면 절대적인 실재에 대한 진리는 그것이 절대적이기 위해서 가장 작은 것보다 더 작고, 동시에 가장 큰 것보다 더 커야 한다는 역설일 수밖에 없다.

요즘 물리학에서 빛이 파동(wave)이냐 입자(particle)냐 하는 문제를 놓고 파동이나 입자 중에 한 가지를 골라잡을 것이 아니라 파동이기도 하고 입자이기도 한 'wavicle' 정도로 생각하는 사람이 많다.

신학에서도 신이 인격적이냐 비인격적이냐 하는 문제에 대해 종래처럼 인격적이거나 비인격적이라는 양자 택일의 입장을 취하지 않고, 보는 각도에 따라, 인격적인 면도 있고 비인격적 내지 초인격적인 면도 있다고 보는 신학자가 점점 많아지고 있다.

궁극적으로는 '반대의 일치' 혹은 '양극의 조화'가 성립된다는 것을 앞에서도 여러 번 지적한 바 있지만, 일상적 상식인으로서 이렇게 한 가지 사물이 정반대되는 두 특성을 동시에 가질 수 있다는 사실을 어떻게 받아들일 수 있다는 말인가? 상식적인 이분법의 단선적 사고방식에 지배받고 사는 우리로서는 도저히 이해할 수 없을 뿐만 아니라 오히려 그야말로 가소롭다고 생각할 수밖에 없다. 그래서 그런 소리를 들으면 크게 웃을 수밖에 없다. 그런 이상스런 것이 어디 있는지 있으면 좀 보여 달라고 한다. 구체적이고 실증적인 증거를 대라는 것이다. 그럴 수도 없는 이야기를 가지고서는 그야말로 웃기지 말라고 한다. 어리석은 자는 심중에 하느님이 없다고 한다는 성서의 말(시편53:1)을 연상시킨다.

그러나 이런 사람에게 이렇게 웃음거리가 되지 않는 것은 도가 아니라고 했다. 기가 막히게 정확한 통찰이다. 웃음거리가 되지 않는다는 것은 역설적이 아니라는 뜻이고, 역설적이 아닌 것은 궁극 진리가 아니다. 궁극 진리는 언제나 일상적 의식을 근저로 한 상식을 초월하는 것이기 때문이다.

그러나 이렇게 언뜻 모순인 것처럼 보이는 진리 앞에 설 경우 상식적인 생각에서 한 단계라도 올라선 사람은 거기에 대해 상식적이고 획일적으로 사고하는 사람처럼 일언지하에 말도 안 되는 소리라고 비웃지 않는다. 그것이 정말 그럴까 안 그럴까 반신반의하는 '방법론적 회의' 쯤의 입장을 취한다. 그러나 여기서 또 한 단계 더 올라서서 사물을 변증법적, 역설적 차원에서 볼 수 있는 사람이라면 진리 자체에 아무런 거부 반응을 일으키지 않는다. 그것을 나름대로 받아들여 열심히 따르고 궁행하는 태도를 취할 뿐이다.

이어서 노자님은 예부터 내려오는 유명한 말을 빌려 도의 역설적이고 변증법적인 여러 특성을 나열하고 있다. 밝으면서 어둡고, 진퇴가 동시에 이루어지는 것 같고, 희기도 하고 검기도 하고, 확고한 듯하면서도 불안정한 것 같고, 크나큰 형상이면서도 형체가 없고…….

도는 이런 역설적인 특성에도 '불구하고' 위대한 것이 아니라, 이런 역설적 특성 '때문에' 위대한 것이다. 위대하기 때문에 역설적이다. 이런 역설적 특성에 열린 마음으로 귀기울이느냐 아니면 무조건 조소하고 거절하느냐에 따라 사람의 됨됨이가 저울질되는 셈이다.

도는 '숨어 있고', 또 '이름도 없는 것'이다. 구체적이고 상식적인 증명의 대상이 아니라는 것이다. 그러나 그것만이 모든 것의 존재 근원이요, 모든 것의 생존 원리로서 모든 것을 완성시키는 것이라는 말로 결론을 맺고 있다. 귀 있는 자는 들으라. 눈 있는 자는 보라.

제42장
도가 '하나' 를 낳고
— 도가적 코스몰로지(cosmology)

도가 '하나' 를 낳고,
'하나' 가 '둘' 을 낳고,
'둘' 이 '셋' 을 낳고,
'셋' 이 만물을 낳습니다.
만물은 '음' 을 등에 업고,
'양' 을 가슴에 안았습니다.
'기' 가 서로 합하여 조화를 이룹니다.

사람들은 '고아 같은 사람', '짝잃은 사람',
'보잘것없는 사람' 되기를 싫어하지만
이것은 임금이나 공작이 자기를 가리키는 이름입니다.
그러므로 잃음으로 얻기도 하고,
얻음으로 잃는 일도 있습니다.

사람들이 가르치는 것 나도 가르칩니다.

강포한 자 제명에 죽지 못한다고 합니다.

나도 이것을 나의 가르침의 으뜸으로 삼으려 합니다.

여기서도 제39장, 제40장과 마찬가지로 우주와 그 안에 존재하는 만물이 어떻게 생성되었는가 논하는 우주 창생론(cosmogony)부터 시작한다. 절대적인 무, 절대적인 비존재로서의 도에서 모든 존재의 시초요 근원인 '하나'가 나왔다. 이 '하나'에서 '음陰'과 '양陽'이 나왔다. 음과 양은 음기와 양기로서 서로 조화를 이루면 제3의 힘이 된다. 따라서 음양에서 음기, 양기, 둘이 조화를 이룬 기 이렇게 셋이 나오는 셈이다. 음기와 양기와 둘이 합한 조화, 이런 삼각

---

42. 道生一, 一生二, 二生三, 三生萬物. 萬物負陰而抱陽, 沖氣*以爲和.

　　人之所惡, 唯孤寡不穀, 而王公以爲稱. 故物或損之而益, 或益之而損.

　　人之所教, 我亦教之. 强梁者不得其死. 吾將以爲教父*.

* 沖氣(충기) ― 조화롭고 깊은 기운. 음양 이기(二氣)가 합해서 이룬 제3의 기 (氣). 마왕퇴 갑본(甲本)에는 '중기(中氣)'로 나옴.

* 教父(교부) ― 가르침의 으뜸.

관계에서 만물이 생겨난다. 그런 뜻에서 도에서 하나가, 하나에서 둘이, 둘에서 셋이, 셋에서 만물이 나왔다는 것이다.

이를 다른 말로 표현하면 주객 미분의 무극 상태, 미발未發 상태에서 태극 상태가 나오고 이런 원초적인 상태에서 양극으로의 분화 현상이 생겨났는데 이 양극의 조화로운 상관 관계에서 만물이 생겨나게 되었으니 이런 뜻에서 만물은 음을 등에 지고 양을 가슴에 안았다고 할 수 있다는 이야기다.

이런 추상적이고 아리송한 우주 창생론적 논의가 왜 중요한가? 이런 논의는 그 자체의 중요성도 문제이지만 그것이 인간의 삶과 직결되기 때문이라는 것을 시사하고 있다. 어떻게 연결된다는 것인가?

음기와 양기가 어울려 조화를 이룬다고 했는데, 가만히 따져보면 서로 '조화'를 이룬다는 것은 각자 자기 주장만을 내세우거나 상대방에게 자기의 뜻을 강요하지 않는다는 뜻이다. 조화는 어디까지나 자기를 낮추고 상대방을 높이는 마음, 자기 혼자서는 아무 일도 성사시킬 수 없다는 의식이 있을 때만 가능하다. 따라서 조화는 자기의 모자람을 인정하고 겸손함을 전제로 하는 나무에서 열리는 열매이다.

양기의 대표격인 하늘과 음기의 대표격인 땅이 서로 기를 합해 조화를 이루므로 산천 초목과 세상 만물이 생겨나는데, 하늘이 저 혼자 잘났다고 하거나 땅이 저 혼자 제일이라고 한다면 이 둘이 어울려 만물을 창조한다는 것은 불가능해지고 만다. 둘은 서로 겸허한 자세로 상대방을 받아들인다.

이렇게 음양이 조화하여 만물을 이루어 내듯 인간도, 특히 지도자는, 서로 조화를 이루어 아름다운 사회를 창조하도록 하라는 뜻이다. 물론 지도자가 조화를 이룬다고 하는 것은 자기를 낮추고 상대방을 존경하는 자세가 있어야 함을 뜻한다.

참된 지도자가 자신을 낮추어 '고인', '과인', '불곡'이나 하는 것도 이런 겸손을 밑바탕으로 하기 때문이다. 겸손을 원리로 삼는 지도자는 자기를 그렇게 낮추었음에도 불구하고 진정한 지도자로 사회와 국가에 크게 이바지한다. 그런데 자기의 야망이나 욕심에 사로잡혀 자기의 뜻을 남에게 강요하는 독재적인 지도자가 많이 있다. 이럴 때 국가나 사회에서 조화가 깨어지게 마련이라는 것은 불을 보듯 밝은 일이다. 그리고 대부분의 경우 자기의 뜻을 남에게 강요하려던 사람은 오히려 자기의 뜻을 제대로 펴지 못하고 만다. 따라서 자기를 높이면 낮아지고 낮추면 높아진다든가, 얻으려면 잃게 되고 잃으면 얻게 된다는 역설의 진리가 실증되는 셈이다.

끝으로 노자님은 세상에서 흔히 쓰는 말로 해서 "강포한 자 제명에 죽지 못한다"는 사실, 좀 적극적인 표현을 빌리면 자기를 낮추어 겸손함으로 서로 조화스런 관계를 이루도록 해야 한다는 사실, 강함을 버리고 부드러움을 취해야 한다는 사실을 자기 가르침의 으뜸으로 삼는다고 공언하고 있다.

제43장
그지없이 부드러운 것이
－부드러움이 머금고 있는 힘

세상에서 그지없이 부드러운 것이
세상에서 더할 수 없이 단단한 것을 이깁니다.
'없음無有' 만이 틈이 없는 곳에도 들어갈 수 있습니다.

그러기에 나는 '함이 없음無爲' 의 유익을 압니다.
말없는 가르침, '함이 없음' 의 유익에 미칠 만한 것이
세상에 드뭅니다.

───────────────

43. 天下之至柔, 馳騁*天下之至堅, 無有入無間. 吾是以知無爲之有益.

　　不言之敎, 無爲之益, 天下希及之.

*馳騁(치빙) - 제12장에 나온 것처럼 본래 '말달린다' 는 뜻이지만, 여기서는
　타동사로 무엇을 '따라잡다' , '이기다' 의 뜻.

"세상에서 그지없이 부드러운 것"이란 물론 물이다. 제78장에서는 구체적으로 "세상에서 물보다 더 부드럽고 여린 것은 없다."고 못 박고 있다. 물은 도무지 뻣뻣하게 자기를 내세우거나 자기 주장을 고집하지 않는다. 길쭉한 그릇에 들어가면 길쭉해지고, 동그란 그릇에 들어가면 동그래지고……. 그뿐인가. 추우면 굳고, 더우면 풀어지고, 뜨거우면 날아가고……. 이렇게 도무지 자기를 내세우거나 자기 주장을 고집하지 않는 것을 일러 물이 가진 고유의 고집이라면 고집이라 할 수 있을지 모르겠다. 아무튼 이런 물보다 더 순해빠지고 더 물러빠진 것이 세상에 어디 있겠는가?

그런데 이렇게 순해빠지고 물러빠진 물, 부드럽기 그지없는 물이 세상에서 가장 딱딱한 것, 바위나 쇠붙이 같은 것을 이긴다는 것이다. 설악산 비룡폭포 밑이나 미국의 그랜드캐니언 깊은 계곡까지 가 보지 않더라도 우리 주위에서 물이 바위를 이겨 낸 자국을 얼마든지 볼 수 있다. 개울가에 수없이 깔린 동그란 조약돌을 보라. 물이 한 일 아닌가? 물은 일부러 설치거나 억지로 일을 꾸미거나 폭력 같은 것을 쓰지 않고 묵묵히 자기 자신의 고유한 존재 방식대로 부드럽고 자연스럽게 살아갈 뿐인데도 그것은 바위나 쇠붙이처럼 단단한 것이라도 녹이고 썩히고 닳게 하고 부수고 침투하고 분해시킨다.

'아힘사(ahimsa)'라는 말이 생각난다. 간디를 통해 유명해진 이 말의 본뜻은 '아무에게도 해를 주지 않음(no-injury)'이다. 불교에서는 '무살생無殺生'이라고 했다. 정치적인 용어로는 '비폭력', '무저항'이라고 한다. 대부분의 인도 종교에서는 궁극적으로 아힘사의 원리가 세상에 편만하게 될 때 폭력이라든가 전쟁이라든가 하는 강퍅한 일을 물리쳐 이길 수 있다고 믿는다. 알베르트 슈바이처(Schweitzer) 박사가 '생명 경외(veneratio vitae)'의 윤리적 원칙이 현대가 당면한 문명의 위기에 대처하기 위한 궁극 해결책이라고 본 것도, 미국의 인권 운동 지도자 마르틴 루터 킹 목사가 비폭력의 원리를 통해 미국의 인권 문제를 해결하려 한 것도, 얼마 전 노벨 평화상을 수상한 미얀마(버마)의 아웅산 수치 여사가 간디식으로 '비폭력 접근 방식'을 통해 그 나라의 민주화 및 인권 운동을 이끌고 있는 것도 모두 부드러우면서도 힘있는 행동이 강하고 폭압적인 것을 이긴다는 신념에서 나온 것이다.

역사적으로 생각해 보아도 부드러움이 강함을 이긴다는 것이 사실임을 알 수 있다. 부드럽고 순해빠지고 물러빠진 백성이 무지막지하고 포악한 정권 밑에서 꼼짝도 못하고 당하는 것만 같지만 역사적으로 이런 백성을 이긴 정권이 어디에 있는가? 힘없는 민초民草의 힘(people's power)이 결국은 철권을 휘두르는 강권 정치의 힘을 이기고 만다.

"달걀로 바위를 치는 것"은 어리석은 짓이라고 한다. 그러나 계속적인 물방울이 바위를 뚫는다는 신념이 있다면 달걀로 바위를 치는 것이 반드시 어리석은 일만은 아니다. 합쳐진 달걀의 힘은 꿈쩍

하지 않을 것 같은 바위도 결국은 움직여 놓고 말 것이기 때문이다.

'없음無有'만이 틈이 없는 곳에 들어간다는 것은 무슨 뜻일까? 없음이란 자기 고유의 형체가 없는 것이다. 칼이 얇으면 얇을수록 베는 물건 속으로 잘 들어가듯이 자기 고유의 형체를 줄이면 줄일수록 좁은 틈 사이로 그만큼 더 잘 들어갈 수 있다. 물이나 공기처럼 자기 자신의 고정된 형체가 거의 없는 것은 유리나 고무 같은 것을 제외하고 거의 어디나 스며들 수 있다. 이해를 돕기 위하여 자기 고유의 형체가 없는 것으로 에너지를 상정해 보자. 에너지는 모든 것에 다 포함되어 있지 않은가? 형체 없는 것 가운데서 절대적으로 형체가 없는 것은 물론 도이다. 그러기에 도가 스며들지 않은 곳은 없다.

인간사도 마찬가지. 자기 주장, 자기 줏대만을 고집하는 사람은 섞일 수가 없다. 자기를 진정으로 비운 사람만이 거침이 없는 '무애無碍'의 경지에서 어느 누구와도 진정한 의미의 교류가 가능하게 된다는 뜻이 아닐까.

노자님은 이런 사실을 볼 때, 자기 주장을 내세우면서 억지로 뭔가 이루어 내겠다고 뻣뻣하게 나가거나 강제로 세상을 어떻게 해보겠다는 것은 모두 부질없는 일이요, 물처럼 묵묵히 설치거나 조급함 없이 순리로 모든 것을 이루어 내는 것, '함이 없는 함', '무위의 위'가 더욱 확실하고 유익한 방법임을 다시 한 번 확신하게 된다고 하였다.

무위無爲의 행동, 무언無言의 가르침과 비교될 만한 것이 세상에 별로 없으니 이런 원칙을 받들고 세상을 살아가라는 이야기다.

제44장
명성과 내 몸, 어느 것이 더 귀한가?
－우선 순위의 확인

명성과 내 몸, 어느 것이 더 귀합니까?

내 몸과 재산, 어느 것이 더 중합니까?

얻음과 잃음, 어느 것이 더 큰 관심거리입니까?

그러므로 [무엇이나] 지나치게 좋아하면 그만큼 낭비가 크고,

너무 많이 쌓아 두면 그만큼 크게 잃게 됩니다.

만족할 줄 아는 사람은 부끄러움을 당하지 않고,

[적당할 때] 그칠 줄 아는 사람은 위태로움을 당하지 않습니다.

그리하여 영원한 삶을 살게 되는 것입니다.

---

44. 名與身孰親. 身與貨孰多*. 得與亡孰病. 是故甚愛必大費, 多藏必厚亡.

　　知足不辱, 知止不殆, 可以長久.

　* 孰多(숙다) - 여기서 '多' 는 '많다' 가 아니라 '귀중하다' 는 뜻.

사람은 누구나 명성과 재물을 얻기 위하여 열심히 노력한다. 명성과 재물을 얻으면 그것을 일러 일반적으로 '성공'이라고 한다. 성공을 위해 모두 물불을 가리지 않는다.

극단적인 이야기이겠지만 우리의 입시 준비생을 생각해 보라. 한창 자연스럽게 뛰어놀며 심신을 강건하게 할 때인데도 잠도 제대로 못 자고 운동도 잊어버린 채 오로지 책과 씨름하면서 '입신 출세'를 위하여 준비하느라 몸을 망가뜨리고 있지 않은가? 숭고한 학문적 정열과 진리에 대한 목마름 때문에 밤낮을 가리지 않고 연구에 몰두하는 사람도 있겠지만 대부분의 경우 후에 명성과 부를 누리며 한평생을 '남보란 듯' 살아 보겠다는 마음에서 현재를 희생하며 땀을 흘리는 것이 사실 아닐까.

유교 전통이 강한 한국에서는 "군자는 죽어서 이름을 내지 못할까 걱정한다.君子疾沒世而名不稱焉"(『논어』15:19)는 공자님의 말씀에 따라 이름내기를 가장 중요한 일로 생각해 왔다. 물론 여기서 이름내기를 걱정한다는 것은 이름내는 것 자체에 신경을 곤두세운다는 뜻이기보다는 자기의 덕망이 모자라 결국 타의 모범도 되지 못하고 무의미하게 죽고 마는 일이 없도록 힘써 수도修道에 전념한다는 뜻이겠지만, 우리 주위에서는 그저 유명해지는 것 그 자체가 마치 생의 목적인 것처럼 살아가는 사람이 얼마나 많은가.

『도덕경』에서는 이런 천박하게 이해된 유가적 태도를 못마땅하게 생각한다. 우리 몸이 명성이나 재산보다 더욱 귀하고 중하니 몸을 해치면서까지 명성이나 재산을 위해 애태우고 감투와 돈을 찾아 신기루 좇듯 하며 달려가는 그런 부질없는 짓은 하지 말라고 권고하고 있다.

고리타분한 이야기 같지만 명예나 재산을 너무 좋아하여 그런 것에 집착하고 있으면 언젠가는 낭패를 당한다는 경고이다. 명예를 좋아하여 명예를 얻는 데 전전긍긍하면 그런 가식적인 행동 때문에 오히려 명예와는 상관이 없이 치사한 사람으로 전락되기 십상이다. 재산도 그 동안 한 푼 두 푼 쓰지 않고 계에 들어 목돈으로 모아 둔 것을 계주가 몽땅 가지고 도망가는 수도 있다. 『장자』에도 어느 사람이 귀중한 물건을 도둑맞지 않으려고 꽁꽁 싸고 묶고 하였는데 사실 그렇게 한 것은 오히려 도둑이 들고 가기에 더 좋도록 도와 준 것에 지나지 않는 행동이었다는 이야기가 나온다.

사실 명성이나 재물에 집착하다가 이렇게 언젠가 한 번 크게 낭패를 당하는 것도 문제이지만, 그보다도 밤낮으로 자기가 하는 행동 하나하나가 자기의 체면을 세워 주는가 손상을 끼치는가 혹은 자기의 인간 관계 하나하나가 자기의 경제적 목적에 이익이 되느냐 손해가 되느냐만 따지다가 해가 뜨고 해가 지는 삶을 살아가느라 고달프기 그지없는 생활을 해야 하는 것이 더 큰 문제이다.

투자로 집을 사거나 증권을 사 본 사람은 알 것이다. 이런 경우 신문을 펴도 경제면부터 들여다보게 된다. 경기 변동이나 증권 지수의 오르내림에 신경이 곤두서고 심하면 그에 따라 혈압까지 오르내리게 된다.

　물론 얼마간 재미를 볼 수도 있지만 너무 오래 계속하다가는 십중팔구 크게 손해를 보게 마련이다. 내가 아는 어떤 사람은 계속 복권을 사다가 운이 좋아 십만 달러짜리 복권에 당첨되었다. 돈을 그냥 가만두고 놀릴 수 없다고 하여 자기가 그 동안 저축했던 십만 달러를 합치고 은행에서 팔십만 달러를 융자받아 백만 달러짜리 땅을 샀다. 부동산 붐으로 호황을 이루던 그 도시의 경기가 갑자기 침체하기 시작하는 바람에 땅값이 오를 희망은 전무한데 은행 이자만 계속 물어야 할 형편이라 얼마 버티다가 결국 손들고 말았다. 공돈으로 들어온 십만 달러가 결국은 자기 돈 십만 달러까지 물고 나가 버린 셈이 되었다. 그야말로 자족하기를 배워야 하고 적당할 때 그칠 줄 알아야 했다. 물론 우리는 그 사람만을 나무라거나 비웃을 수가 없다. 우리 모두가 '복부인' 기질을 가지고 있기 때문이다. 정말 언제가 적당할 때요, 어느 정도가 만족해야 하는 상한선인가 알기란 결코 말처럼 쉬운 일이 아니다. 신학자 니버(Reinhold Niebuhr)의 기도가 생각난다.

　하느님, 제가 바꿀 수 없는 것은 그대로 받아들일 수 있는 의연함을 주시옵고,
　바꿀 수 있는 것은 바꿀 수 있는 용기를 주시옵고,
　그리고 이 두 가지를 구별할 수 있는 지혜를 주시옵소서.

제45장
완전히 이루어진 것은 모자란 듯
－고졸古拙의 멋

완전히 이루어진 것은 모자란 듯합니다.
그러나 그 쓰임에는 다함이 없습니다.
완전히 가득 찬 것은 빈 듯합니다.
그러나 그 쓰임에는 끝이 없습니다.

완전히 곧은 것은 굽은 듯합니다.
완전한 솜씨는 서툴게古拙 보입니다.
완전한 웅변은 눌변으로 보입니다.

조급함은 추위를 이기고,
고요함은 더움을 이깁니다.
맑고 고요함, 이것이 세상의 표준입니다.

여기서 완전히 이루어진 것, 완전히 가득 찬 것, 완전히 곧은 것, 완전한 솜씨, 완전한 웅변 등은 물론 '도', 그리고 '도의 사람'의 경지를 두고 하는 말이다. 이렇게 일상적이고 상식적인 차원을 넘어선도, 그리고 그에 따라 사는 사람은 어쩐지 뭔가 조금은 모자란 듯하고, 뭔가 조금은 빈 듯하고, 뭔가 반듯하지 못한 것 같고, 뭔가 어설프고 서툴게 보이고, 뭔가 말도 제대로 못하고 우물쭈물하는 것같이 보인다는 것이다. 왜 그럴까?

도는, 그리고 도의 사람은 완전히 자연스럽기 때문이다. 화려하게 꾸미고, 반지르르하게 다듬고, 매끈하게 가꾸고, 곧바르게 깎는 등 인위적이고 가공적인 모든 것과 상관이 없기에 보통 사람의 상식으로 보면 뭔가 시원치 않은 것같이 보이게 마련이라는 것이다.

'고졸古拙'이라는 말이 있다. 고풍이 돌고 뭔가 서툰 듯한 것, 그러면서도 내면에서 풍기는 어떤 멋 같은 것을 지니고 있음을 이른다. 도자기 파는 데를 가 보라. 기계에서 찍혀 나온 듯 흠잡을 데가

---

45. 大成若缺, 其用不弊. 大盈若沖, 其用不窮. 大直若屈, 大巧若拙, 大辯若訥*.

躁*勝寒, 靜勝熱. 清靜爲天下正.

* 訥(눌) - 말이 서툰 것. 눌변(訥辯).

* 躁(조) - 조급함.

210

없이 반듯반듯하고 기하학적으로 완벽한 구도를 가진 그릇이 멋있고 비쌀 것 같은데 그것은 상식적이고 천박한 미의식에 의한 판단일 뿐이다. 조금이라도 도자기의 진가를 감식할 수 있는 눈이 있는 사람이라면 이렇든 반듯반듯하고 반지르르한 것이 아니라 뭔가 균형도 완전히 잡히지 않은 것 같고, 어딘가 거칠고 투박한 것 같으면서도 구수하고 은근하고 정답고 살아 숨쉬는 듯한 것, 금방 눈길을 끌 정도로 뛰어난 것은 아니지만 어쩐지 마음이 끌리고 편안하게 느껴지는 것에 손이 갈 것이다. 거기에는 이른바 '고졸'의 미가 있기 때문이다. 잘 알려진 바와 같이 질박하고 따뜻한 조선의 찻잔은 고졸미의 대표이다.

도자기만이 아니라 조각도, 그림도 마찬가지로 어딘가 좀 모자란 듯하고 수줍은 듯한 데가 있어야 내면에서 번져 나오는 신비스러움과 아름다움을 느끼게 해준다. 한국의 불상이나 민화가 이런 비밀을 머금고 있기에 친근감과 동질감을 가지고 우리에게 육박하는 힘을 발휘하는 것이라고 하지 않는가?

이북 사람은 말을 청산유수로 잘한다. 통일이니 뭐니 하는 문제만 나오면 조금도 주저함이 없이 척척 자기의 의견을 개진하는데, 하는 말이 한결같이 판에 박은 듯 똑같다. 이북 사람뿐 아니라 기독교 신자 가운데 특히 열성적인 교파 신도를 만나도 자기가 세상의 모든 진리는 독점하고 있는 양 무슨 질문이 나와도 척척 박사처럼 잘도 받아넘긴다. 정치가도 폭포처럼 힘차게 정견을 술술 토한다. 이런 식으로 미리 다듬어지고 학습된 말재주에 능하다고 정말 달변이라 할 수 있을까?

함석헌 선생님께 무슨 질문이든 던지면 첫마디가 "글쎄요." 하는 것이었다. 문자 그대로 동과 서, 고와 금의 거의 모든 사상에 통달하다시피 한 그분이 어찌 이북 사람이나 열성파 기독교 신자보다 말을 잘 못하셨을까? 그분은 미리 짜여진 각본 같은 대답이나 일차 방정식처럼 직선적인 대답을 준비하고 다니지 않으셨다. 진정으로 속에서 우러나는 소견을 그때그때 듣는 사람의 사정에 알맞게 말씀하시려니 청산유수처럼 될 수가 없고 자연히 주저하는 듯, 더듬는 듯한 감을 줄 수밖에 없었던 것이 아닐까? 미리 꾸미고 다듬은 말이 아니라 진정에서 우러나오는 말, 지극히 자연적인 마음 상태에서 나오는 말, 도에 입각한 말은 이렇게 눌변처럼 보인다. 그러나 이보다 더 웅변적으로 듣는 사람의 심금을 움직이는 것이 어디 있겠는가?

마지막 세 문장은 해석상 말썽이 많은 문장이다. 하상공은 "조급함이 승하면 추위가 오고 고요함이 승하면 더위가 온다."고 새겨 봄여름의 왕성함이 지나면 추운 겨울이 오고 겨울의 고요함이 지나면 다시 따뜻한 계절이 온다는 뜻으로 보았다. 그러나 대부분의 주석가는 "날뛰면서 부산을 떨면 열이 나서 추위를 이겨 내지만 이렇게 열이 나고 더워진 것은 고요함靜으로 이길 수 있다는 것, 따라서 맑고 고요함이 최고이며 세상의 표준이여야 함"을 가르치는 것으로 푼다. 'Still Point', 여기가 모든 힘의 근원이라는 뜻인가?

제46장
족할 줄 모르는 것
－부지족不知足의 위험

세상이 도를 따르면,
달리는 말이 그 거름으로 땅을 비옥하게 합니다.
세상이 도를 저버리면,
전쟁에 끌려간 말이 성 밖에서 새끼를 치게 됩니다.

화禍로 말하면 족할 줄 모르는 것不知足보다 더 큰 것이 없고,
허물로 치면 갖고자 하는 욕심보다 더 큰 것이 없습니다.
그러므로 족할 줄 아는 데서 얻는 만족감만이
영원한 만족감입니다.

천하에 도가 편만하면 전쟁이 없는 세상이 되므로 말이 전쟁에 쓰이는 대신 모두 농사짓는 데 쓰여 그 거름이 땅을 기름지게 한다. 그러나 천하에 도가 무시되면 전쟁이 그칠 날이 없으므로 말이 모두 군마軍馬로 끌려가 마을 밖 전장에서 서식하게 된다. 심지어 새끼 밴 암말까지 끌려가 성 밖에서 새끼를 낳는 지경에 이르게 된다는 것이다.

이렇게 비참한 전쟁의 근본 원인이 무엇인가? 『도덕경』은 그것이 우리 속에 자리잡고 있는 '만족할 줄 모르는 마음'이라고 본다. 족할 줄을 모르고 계속 뭔가를 더 얻겠다는 욕심에서 벗어날 수가 없다. 위정자가 현재에 만족할 줄을 모르고 계속 자기 세력을 더욱 강화하려거나 영토를 확장하려고 하면 이로 인해 전쟁이 터지게 마련

---

46. 天下有道, 却走馬[*]以糞[*]. 天下無道, 戎馬[*]生於郊. 禍莫大於不知足, 咎[*]莫大於欲得. 故知足之足, 常足矣.

* 走馬(주마) - 전쟁에 쓰이는 잘 달리는 말. 주로 수말.

* 糞(분) - 여기서는 동사로 '거름을 주어 땅을 비옥하게 하다', '경작하다'의 뜻.

* 戎馬(융마) - 군마, 주로 암말.

* 咎(구) - 허물, 과실(過失).

214

이다. 그러니 이렇게 전쟁을 불러일으키는 원인으로서의 부지족不知足보다 더 큰 화근이 어디 있고, 이렇게 뭔가를 더 가지겠다는 욕심보다 더 큰 허물이 어디 있겠느냐는 뜻이다.

이 장은 제32장, 제44장과 함께 족할 줄 아는 마음이 중요함을 강조하고 있다. 특히 이 장에서는 족할 줄 아는 마음이 개인적인 안녕의 차원을 넘어서 전쟁과 평화라는 사회적 국가적 문제와도 직결되는 것으로 보고 있다.

맹자孟子님도 이와 비슷한 생각을 가지고 있었다. 맹자님이 양梁나라의 혜왕惠王을 찾아갔다. 왕은 맹자님을 보고 "이렇게 불원 천리하고 찾아오셨으니 역시 우리 나라에 무슨 이익利을 주시려는 것이겠지요."라고 했다. 이에 맹자님은 "왕께서는 어찌하여 하필이면 이익에 대하여 말씀하십니까? 인의仁義가 중요하지 않습니까? 왕께서 어떻게 하면 내 나라를 이롭게 할까 하시면, 사대부는 어떻게 하면 내 집을 이롭게 할까 하고 선비나 서인은 어떻게 하면 내 한 몸을 이롭게 할까 하여 아래 위가 서로 사사로운 이익만 추구하게 되니 나라가 위태로워집니다. 만승의 나라에서 그 임금을 죽이는 자는 반드시 천승의 집안이고, 천승의 나라에서 그 임금을 죽이는 자는 반드시 백승의 집안입니다. 만승 중에서 천승을 가지고 있고, 천승 중에서 백승을 가지고 있으면 결코 적다고 할 수 없건만, 의를 뒤로 하고 이익을 앞세우면, 마저 뺏지 않고는 만족할 수가 없습니다." (『맹자』梁惠王章句上 一)라고 했다. 더욱 가지겠다는 욕심, 만족할 줄 모르는 마음이 싸움의 원인임을 지적한 것이다.

한 가지 주목할 것은 다른 여러 종교에서와 마찬가지로 『도덕경』에서도 욕망을 타기할 것으로 여기고 있지만 그렇다고 욕망 자체를 완전히 부정하지는 않는 것 같다는 사실이다. 물론 이상적으로 하면 완전한 무욕의 경지에 이르는 것이 목표이겠지만 우선은 한도를 모르고 치닫는 욕구, 가지면 가질수록 더 갖고 싶어지는 욕심을 경계하고 어느 정도에서 그만둘 줄 아는 '지지知止'의 마음, 지족知足의 마음을 갖는 것이 중요하다고 가르치고 있다. 사실 욕망이란 만족할 줄 모르는 데서 생기는 하나의 증상이므로 증상만을 붙들고 늘어질 것이 아니라 이런 증상을 제거하는 근본적인 처방으로서 만족할 줄 아는 마음을 품으라는 것이다. 이렇게 되면 욕망은 저절로 없어지는 것이 아닌가?

그러면 만족할 줄 아는 마음은 어떻게 생길 수 있는가? 이런 가치관의 변화가 어떻게 가능한가? 여기서 암시하는 것은 "도를 따를 때" 족할 줄 아는 마음이 가능하다는 것이다. 에이브러햄 매슬로의 말대로 하면 'peak experience'를 가짐으로 계속 뭔가 모자란 듯하여 채우려고만 하는 태도인 'D-cognition'이 있음 그대로에 만족하고 기쁨을 맛보는 태도인 'B-cognition'으로 바뀔 때 가능하고, 성서적으로 말하면 시편 기자가 "여호와는 나의 목자시니 내가 부족함이 없으리로다."(시편23:1) 하고 노래한 것처럼 더 높은 가치를 목자로, 안내자로 삼고 따를 때 이루어진다.('D'는 '결함'을 뜻하는 deficiency, 'B'는 '있음'을 뜻하는 being의 머리글자임)

요즘처럼 끝없는 이익 추구가 모든 가치를 우선하고 있는 듯한 세상에서 이런 일이 정말 가능할까? 다시 맹자님의 말이 생각난다. "닭이 울 때부터 일어나 하루 종일 선善을 추구하는 사람은 순 임금 계통의 사람이요, 닭이 울면서 일어나 하루 종일 이익만을 추구하는 사람은 [유명한 도둑이었던] 도척盜蹠의 무리다."(『맹자』 盡心章句 上 二十五)라고 했다. 물론 경제 활동 자체는 우리 생활에서 불가결한 일이지만 사랑이니 정의니 봉사니 오순도순함이니 정다움이니 하는 것은 저리 가라 하고 눈만 뜨면 하루 종일 나와 내가 속한 집단의 경제적 이익 추구만을 최고 가치로 하는 마음은 온전한 마음일 수가 없다. 이런 마음이 지배적인 사회는 어쩔 수 없이 살벌한 투쟁이 지배하는 사회일 수밖에 없다는 것은 예나 지금이나 다를 바가 없으리라.

제47장
문밖에 나가지 않고도 천하를 알고
— 내면적 성찰

문밖에 나가지 않고도 천하를 다 알고,
창으로 내다보지 않고도 하늘의 도를 볼 수 있습니다.
멀리 나가면 나갈수록 그만큼 덜 알게 됩니다.

그러므로 성인은 돌아다니지 않고도 알고,
보지 않고도 훤하고,
억지로 하는 일 없이도 모든 것을 이룹니다.

문밖에 나가거나 창 밖으로 내다보지 않으면서도 땅에서 이루어지
는 모든 일과 하늘에서 돌아가는 온갖 이치를 훤히 알 수 있다니 어
찌 된 일인가? 요술쟁이나 점쟁이같이 눈 감고도 세상사를 다 알 수

있는 신통력을 갖추었다는 뜻인가? 혹은 알아보지도 않고 앉아서 혼자 다 아는 것처럼 큰소리를 치는 허풍쟁이 같은 배짱이 있다는 말인가?

만약 이 말이 요술이나 점을 통해 땅과 하늘의 모든 이치를 꿰뚫어보라는 뜻이거나 알아볼 것도 없이 덮어놓고 다 아는 것처럼 큰소리를 치면서 살라는 뜻이라면, 일부 주석가의 말처럼 이것은 아주 '반과학적' 태도와 정신을 고취하는 말로 여길 수 있을 것이다. 과학적 정신이란 될 수 있는 대로 많은 것을 관찰하고 될 수 있는 대로 많은 정보를 축적해서 거기서 일종의 보편적 법칙 같은 것을 찾아내려는 것이기 때문이다.

그러나 여기 이 말은 이런 상식 차원을 두고 하는 것이 아니다. 상식 차원에서라면 알아볼 것 다 알아보고 캐낼 것 있으면 다 캐내 봐야 할 것이다. 여기 이 말이 이런 과학적 탐구 정신 자체를 배격하는 것이라고 해석할 필요는 없다.

---

47. 不出戶, 知天下. 不闚*牖*, 見天道. 其出彌*遠, 其知彌少.

　　是以聖人不行而知, 不見而名*, 不爲而成.

* 闚(규) - 엿보다. 내다보다.

* 牖(유) - 들창문. (제11장에 나옴)

* 彌(미) - 하면 할수록 더하다.

* 不見而名(불견이명) - 여기서의 '名'은 '明'과 같이 '훤히 알다' 라는 뜻.

요는 진리가 외부 세계에 있는 것처럼 생각하고 외부 현상에 대한 정보만 찾는 데 온갖 신경을 다 쓰면서 돌아다니기만 하지는 말라는 것이다. 이렇게 외부적인 것에만 관심을 쏟아 버리면 사물의 밑바탕인 참된 근원을 간과하고 말게 된다는 사실을 일깨우고 있는 것이다. 그러니 진리가 '여기 있다 저기 있다' 생각하면서 표면적 현상 세계를 찾아 쏘다니는 부질없는 일을 하지 말고 조용히 앉아서 우리 내면에서 발견되는 진리의 뿌리를 붙잡도록 노력해야 된다는 것이다.

불교의 중관中觀(Mādhyamika) 철학에서는 두 종류의 진리를 말하고 있다. 하나는 '속제俗諦(saṁvṛti satya)'로서 상식적 차원의 진리고, 다른 하나는 '진제眞諦(paramārtha satya)'로서 절대적 차원의 진리다. 영어로는 각각 'conventional truth'와 'absolute truth'로 번역한다. 물론 우리가 궁극적으로 관심을 가져야 할 대상으로서의 진리는 절대 진리라고 가르친다. 이 절대 진리를 꿰뚫어보는 능력을 'prajñā 般若智'라고 하는데 이 반야지를 가지면 세상의 '사물을 있는 그대로(things as they really are)' 보게 된다는 것이다. 이렇게 반야지로 본 세계가 곧 실상實相의 세계, 여실如實(tathatā)의 세계라는 것이다.

『도덕경』에서 말하는 것도 이와 완전히 같지는 않겠지만 대략 비슷한 이야기라 보아도 무방할 것이다. 일단 우주의 근본 법칙인 도를 꿰뚫어보는 능력만 갖추면 그 도에 따라 움직이는 세상 만물이 어떠함은 그대로 알 수 있을 터이니, 부산하게 밖으로 쏘다니지 말고 우선 도를 찾는 데 전념하라는 뜻이다. 하이데거의 말을 빌리면 '한 발 물러섬(step back)'이다.

이 말을 좀 다른 각도에서 보면 무엇보다도 인간의 내면 세계에 관심을 집중하는 내관법(introspection)을 강조하는 말로 받아들일 수도 있다. 사실 중국 선종禪宗에서도 진리는 몸 밖에 있는 것이 아니고 마음에 있으므로 마음에서 구하라고 하였고, 선종의 영향을 받은 신유학 중에서 특히 육상산陸象山과 왕양명王陽明으로 대표되는 심心학파에서도 "우주는 곧 나의 마음이요 나의 마음이 곧 우주"임은 물론 "마음이 곧 이理"이므로 먼저 마음을 알도록 하고 마음만 알면 자연히 우주의 이치를 다 알 수 있다고 하였는데, 이들은 노자님의 말을 이런 식으로 받아들인 셈이다.

이것을 좀 현대 말로 고치면 소우주(microcosm)를 이해하므로 대우주(macrocosm)를 알 수 있다는 생각과도 통한다. 17세기 유럽에서는 과학적 사고의 중요성을 너무 강조한 나머지 내면 세계를 등한시하는 경향이 있었는데, 이에 대항하여 내면 세계로 우리의 관심을 집중해야 한다고 하는 사상가가 나오게 되었다. 대표적인 이가 파스칼, 몽테뉴, 존 던, 칸트 같은 사람이다. 어떤 사람은 이런 경향성을 일컬어 '광장 공포증(agoraphobia)'이라고도 했다.

최근에도 에리히 프롬(Erich Fromm) 같은 사람은 우주선 발사 등으로 우주 공간에만 쏟는 우리의 관심을 '내부 공간(inner space)'에 기울이고, '우주 공간을 탐색하는 우주인'이 아니라 '내부 공간을 탐구하는 우주인(inner space astronaut)'이 더욱 중요함을 역설하고 있다. 노자님도 여기서 '내향과학內向科學(inner science)'을 강조하고 있는 셈인가?

제48장

도의 길은 하루하루 없애 가는 것

－일손日損의 길, 부정의 길(via negativa)

학문의 길은 하루하루 쌓아 가는 것.

도의 길은 하루하루 없애 가는 것.

없애고 또 없애

함이 없는 지경無爲에 이르십시오.

함이 없는 지경에 이르면

되지 않는 일이 없습니다.

세상을 다스리는 것은

억지 일 꾸미지 않을 때만 가능합니다.

아직도 억지 일을 꾸미면

세상을 다스리기엔 족하지 못합니다.

이 장은 앞장에서와 마찬가지로 무엇보다도 우선적으로 도를 체득하는 데 전념할 것을 재삼재사 강조하고 있다.

상식적 의미의 학문이란 매일 새로운 것을 배우고 익혀 '박학 다식博學多識' 한 사람이 되는 것을 목표로 하는 작업이다. 어릴 때는 선생님이 가르쳐 주시는 것을 꼬박꼬박 잘 받아들여 자기 것으로 삼고, 나이가 들면서는 스스로 어떤 사물에 대해서 될 수 있는 대로 많은 이론과 견해를 수집해서 견문을 넓힐 뿐만 아니라 그것을 다시 정리하고 수정하여 자신의 이론을 수립하고, 거기에 대해 딴 사람의 의견을 다시 들어 고칠 것은 고쳐서 새로운 이론을 만들어 내고 하는 '습득習得' 의 과정이 예나 지금이나 일반적으로 행해지는 학업의 형태라 할 수 있다.

그런데 도를 추구하는 길은 이와 반대로 하루하루 없애 가는 작업이라니 그것이 무슨 뜻일까? 제3장 해설에서도 약간 언급한 것처럼 노자님이 우리에게 가르치려는 것은 우리가 가지고 있는 단견, 이분법적 사고방식, 일상적인 의식을 초월해서 '특수한 인식 능력

---

48. 爲學日益, 爲道日損. 損之又損, 以至於無爲, 無爲而無不爲. 取天下*常以無事,

　　及其有事, 不足以取天下.

* 取天下(취천하) - 여기서 '取' 는 '다스린다' 는 뜻.

의 활성화'를 이룩함으로 도를 꿰뚫어보라는 것이다. 장자님이 말하는 '마음굶기기心齋'와 같은 생각이다.

앞에서 여러 번 지적하였지만 궁극 실재에 대해서 우리가 지금 가지고 있는 지식이나 정보나 견해는 모두 근본적으로 잘못된 것이다. 궁극 실재는 우리의 말이나 생각을 초월하기 때문에, 말로 표현되거나 생각을 통해 개념화된 모든 것은 엄격한 의미에서 궁극 실체 그 자체와는 무관하다. 무관할 뿐만 아니라 우리를 오도하는 것이기 때문에 그런 것을 철석같이 믿고 있다가는 믿는 도끼에 발등 찍힌다는 격으로 결코 궁극 실재 자체와 직접 부딪치는 경험을 하지 못하고 마는 불행을 겪을 수밖에 없다.

예를 들어 "하나님은 우리의 아버지시다."라고 한다면, 하느님을 인격적 범주에 국한시키고 또 우리가 인간 관계에서 생각할 수 있는 사랑이라든가 아버지라든가 하는 개념을 갖다 붙인 것이기 때문에 그런 하느님은 모든 범주를 초월하고 인간이 생각할 수 있는 모든 특성보다 더욱 위대한 절대적 궁극 실재로서의 하느님 자체일 수가 없다. 따라서 하느님은 사랑의 아버지라든가 하는 모든 표현은 시적詩的 표현이나 상징으로 받아들일 경우를 제외하면 잘못되어도 한참 잘못된 것으로 보아야 한다. 그러니 도를 추구하는 길이란 이런 식으로 우리 머리에 들어 있는 궁극 실재에 대한 개념이나 생각을 하나하나 없애 나가 완전히 제거하게 되었을 때 이런 매개 개념을 통하지 않고 '직접(im-mediately)' 그에 접하는 일이다.

이렇게 궁극 실재에 대하여 우리가 가지고 있는 선입견을 버리는

224

방법을 채택함으로 궁극 실재를 체득하라는 가르침은 세계 여러 종교가 공통으로 가르치고 있는 것 가운데 하나이다. 힌두교의 우파니샤드라는 경전에서는 브라흐만梵이 "neti-neti" 즉 "이것도 아니고 저것도 아니라."고 가르친다. 어느 한쪽의 속성만을 지닐 수 없으므로 우리가 그것의 속성이라고 믿고 있는 모든 것을 버릴 때 올바른 이해에 도달하게 된다고 한다. 그래서 "브라흐만은 그것을 안다고 생각하는 사람에게는 알려지지 않고, 그것을 알고 있지 못하다고 생각하는 사람에게는 알려진다."고 하는 역설을 성립시키고 있다.

중세의 많은 기독교 신학자가 '부정의 신학(theologia negativa)'이라는 것을 제창했다. 신을 무엇이라 적극적으로 정의하는 대신에 우리가 신에 대해 가지고 있는 생각을 하나하나 부정해 나감으로 보다 올바른 신체험의 경지에 도달하려는 노력이었다. 토마스 아퀴나스 같은 신학자는 "우리가 신에 대해 말할 수 있는 한 가지 사실은 우리가 신에 대해 아무것도 말할 수 없다는 것뿐"이라고 했다.

이런 식으로 하나하나 없애서 우리의 이원론적 의식에서 얻어진 모든 생각, 궁극적으로는 이원론적 의식 자체를 완전히 씻어 낼 때 진정한 의미의 무지無知, 무욕無慾, 무위無爲의 경지에 이르게 되고, 이렇게 된 상태에서 일을 할 때 이루어지지 않는 것이 하나도 없게 되는 것이다. 세상을 다스리는 지도자가 되려면 우선 이런 경지에 도달해야 할 것이고, 이런 경지에 도달해서 세상을 다스린다면 그런 사람이야말로 풀라톤이 말한 것과 같은 '철인왕哲人王(philosopher king)'이 된다는 이야기다.

제49장
성인에겐 고정된 마음이 없다
－이분법적 경직성 극복

성인에겐 고정된 마음이 없습니다.
백성의 마음을 자기 마음으로 삼습니다.

선한 사람에게 나도 선으로 대하지만,
선하지 않은 사람에게도 선으로 대합니다.
그리하여 선이 이루어집니다.
신의 있는 사람에게 나도 신의로 대하지만,
신의 없는 사람에게도 신의로 대합니다.
그리하여 신의가 이루어집니다.

성인은 세상에 임할 때 모든 것을 포용하고,
그의 마음에는 일체의 분별심이 없습니다.
[사람은 모두 이목을 집중하여 분별심을 일으키는데]
성인은 그들을 모두 아이처럼 되게 합니다.

성인에겐 자기의 고정된 마음이 없다. 융통성 없이 무엇을 고집하는 일이 없다. 물이 자연스럽게 이리 저리 흘러가듯, 성인도 사람의 의사를 그대로 따라 흐를 뿐이다. 성인은 선한 사람이나 악한 사람이나 한결같이 선하게 대한다. 선하지 않은 사람을 선하게 대하는 일은 쉽지 않다. 성인은 이런 쉽지 않은 일을 한다는 것이다.

이상의 말을 정치적이나 윤리적인 면으로 해석할 수도 있다. 정치 지도자가 자기의 야심에 따라 미리 짜 놓은 각본이 없이 사람들이 하자는 대로 따라서 한다는 것은 민주주의의 이상이라 할 수 있다. 또 선하지 않은 사람을 선으로 대한다는 것은 윤리적으로 지극한 경지를 의미하는 것이다.

예수님의 산상수훈이 생각난다. "또 네 이웃을 사랑하고 네 원수를 미워하라 하였다는 것을 너희가 들었으나 나는 너희에게 이르노

---

49. 聖人無常心[*], 以百姓心爲心. 善者吾善之, 不善者吾亦善之, 德善. 信者吾信之, 不信者吾亦信之, 德信. 聖人在天下歙歙[*]焉, 爲天下渾其心焉. [百姓皆注其耳目,] 聖人皆孩之.

* 常心(상심) - 고정(固定)된 마음.
* 歙歙(흡흡) - 제36장에 나온 것처럼 '오므리다' 라는 뜻이지만 여기서는 '수렴하다', '포용하다' 의 뜻으로 쓰였다.

니 너희 원수를 사랑하며 너희를 핍박하는 자를 위하여 기도하라. 이같이 한즉 하늘에 계신 너희 아버지의 아들이 되리니 이는 하나님이 그 해를 악인과 선인에게 비춰게 하시며 비를 의로운 자와 불의한 자에게 내리우심이니라. 너희가 너희를 사랑하는 자를 사랑하면 무슨 상이 있으리요. 세리도 이같이 아니하느냐. 또 너희가 너희 형제에게만 문안하면 남보다 더 하는 것이 무엇이냐. 이방인도 이같이 아니하느냐. 그러므로 하늘에 계신 너희 아버지의 온전하심과 같이 너희도 온전하라." (마태복음5:43~48)

그러나 여기 노자님의 이 말에는 정치적이거나 윤리적인 의미 이상이 있다. 성인은 일상적 주객 이분법의 의식을 초월한 상태이기 때문에 우리 범인이 생각하는 척도에 따른 선악의 구별이 없다. 『장자』의 제물론齊物論에서 말하고 있는 것처럼 선악의 분별은 사물을 상식적 대립의 입장에서 판단할 때 생겨나는 구별로서 도의 빛 아래에서 사물을 보면 모든 사물物이나 이론論이 모두 고르게齊 여겨져 선악이 따로 없게 된다는 것이다.

성서에서도 인간이 에덴 동산에 살 때에는 선과 악을 구별하지 못하는 상태였는데 이런 상태가 바로 낙원 상태였다는 것이다. 선과 악을 구별하는 나무의 실과를 먹으므로 선악을 구별하는 이분법적 의식의 세계로 '타락' 하게 되고, 그리하여 자의식을 비롯한 모든 문제가 생기게 되었다고 한다. 이런 자의식을 가지고 살아야 하는 상태가 '원죄' 의 상태라 할 수 있다. 따라서 복낙원은 엄격히 말하면 다시 선악을 구별하지 않는 비이분법적 의식을 회복하는 것이다.

여기서 노자님을 성인이란 이렇게 선악을 초월하는 비이분법적 의식의 소유자이기 때문에 선한 사람도 선하게 대하고 악한 사람도 선하게 대하게 된다는 것을 이야기하는 것이라고 볼 수 있다. 물론 노자님이 이상으로 추구하는 비이분법적 의식(non-dualistic consciousness)은 짐승이나 에덴 동산 이전의 원초적 인간처럼 처음부터 선악을 구별하지 못하는 '주객 미분의 의식 상태(pre-subject/object consciousness)'가 아니라, 일상적 선악의 구분은 알지만 그 차별의 근본을 알기에 거기에 구애되지 않고 자유 자재로 살아가는 것을 가능하게 해주는 '주객 초월의 의식 상태(trans-subject/object consciousness)' 였다고 보아야 할 것이다.

이렇게 선악이나 신·불신을 대립으로 보지 않는 상태에서 살아갈 때 참으로 선을, 참으로 신의를 이루게 된다고 한다. 원문의 '덕선德善'이라는 말은 여러 해석이 가능하나 '德'이 '得'과 같은 뜻일 수 있다는 의미에서 "선을 얻는다" 혹은 "선을 이룬다"로 해석할 수도 있다.

성인의 마음은 '흡흡' 하다고 했는데 막힘이 없이 모든 것을 품을 정도로 포용적이라는 뜻이다. '혼심渾心' 이라는 것도 몇 가지 해석이 있지만 문맥으로 보아 그 마음에 분별심이 없도록 한다고 번역하는 것이 좋을 것이다. "百姓皆注其耳目焉"고 하는 문장은 왕필본에는 없고, 하상공본에는 나온다. "백성이 다 그에게 이목을 집중한다."고 번역하는 사람이 많지만, "사람은 이분법적 사고의 근원이 되는 이목을 집중하여 계속 분별하고 구별하는 일을 하지만" 성인은 이를 모두 순진 무구純眞無垢한 아이처럼 만들어 이분법적 사고에서 벗어나게 해준다는 뜻으로 풀이하는 쪽이 좋을 것 같다.

이 장은 전체적으로 이분의 세계, 대립의 세계를 넘어서는 합일의 세계, 통전의 세계에 들어가면 자기의 생각을 고집하는 독선적이고 독단적인 마음이 없어지고 아무것에도 걸리지 않는 무애無礙의 마음을 가질 수 있다고 하는 것을 다시 한 번 강조하는 셈이다.

제50장
그에게는 죽음의 자리가 없기에
− 생사에 초연한 삶

태어남을 삶이라 하고 들어감을 죽음이라 한다면
삶의 길을 택하는 사람이 십분의 삼 정도요,
죽음의 길을 택하는 사람이 십분의 삼 정도요,
태어나서 죽음의 자리로 가는 사람도 십분의 삼 정도입니다.
왜 그러합니까?
모두 삶에 너무 집착하기 때문입니다.

들건대 섭생을 잘하는 사람은
육지에서 외뿔난 들소나 범을 만나지 않고,
전쟁터에서 무기의 상해를 입지 않는다고 합니다.
들소는 그 뿔로 받을 곳이 없고,
범은 그 발톱으로 할퀼 곳이 없고,
무기는 파고들 곳이 없다고 합니다.
왜 그러합니까?

그에게는 죽음의 자리가 없기 때문입니다.

이 장 전반부에 대해서는 주석가 사이에 해석이 구구하다. 대체로 왕필의 해석을 따르는데, 그에 따르면 "生之徒"란 "삶의 길"을 뜻하고 "十有三"이란 "십분의 삼"을 뜻한다고 한다. 그러나 "生之徒", "死之徒", "人之生" 등의 말은 제76장에도 나오는데, 거기에 쓰인 문맥으로 보아 여기서도 사람의 일생을 대체로 삼등분하여 처음은 삶에 대한 관심만으로 사는 삶, 끝은 죽음을 생각하면서 사는 삶, 그 중간은 삶에 대한 관심만으로 사는 삶에서 죽음을 생각하며 사는 삶으로 옮겨 가는 중간 단계의 삶 등으로 나눈다는 이야기가 아닌가 볼 수도 있다.

　구구한 해석에도 불구하고 한 가지 분명한 사실은 이 장에서 가

---

50. 出生入死, 生之徒十有三, 死之徒十有三. 人之生, 動之死地者, 亦十有三.
　　夫何故, 以其生生之厚. 蓋聞, 善攝生者, 陸行不遇兕*虎, 入軍不被甲兵.
　　兕無所投其角, 虎無所措其爪*, 兵無所用其刃. 夫何故, 以其無死地.

* 兕(시) - 외뿔난 들소.
* 措其爪(조기조) - 발톱으로 할퀴다.

르치려는 요점이 우리가 삶과 죽음에 구애받지 않고 초연한 태도를 취하게 될 때 진정으로 자유스런 참삶을 살 수 있게 된다는 것이다. 사실 중국에서는 '도가道家'와 '도교道敎'를 구별한다. 둘 사이의 근본적인 차이란 노장老莊 철학으로 대표되는 도가에서는 생사에 집착함이 없이 자유스러운 참삶(eternal life)을 주된 가르침으로 삼는 반면, 민간 신앙 형태로 일반인 사이에 널리 퍼진 도교에서는 보약, 금단, 부적, 요술, 방중술 등 어떠한 수단을 쓰든지 '장생불로長生不老'하고 될 수만 있으면 신선神仙이 되어 죽지 않는 불멸(immortality)을 이상으로 가르친다는 점이다.

노자님이나 장자님에게 죽음이란 근본적으로 삶과 다를 것이 없다. 장자님은 죽음이란 한 가지 존재 양식에서 다른 존재 양식으로 옮겨 감을 뜻하는 것으로 보고 "사람의 모양으로 태어난 것이 즐거운 일이지만 세상에는 이와 못지않게 다른 수많은 존재 양식이 있을 터인데, 이런 수많은 모양으로 나타나는 것도 기쁜 일이 아니겠느냐."는 식의 말을 했다. 그는 자기 부인이 죽었을 때 장단에 맞춰 춤을 추었다고 한다. 조문차 찾아온 친구가 "자네는 부인이 죽은 것이 그렇게도 기쁜가?" 하면서 놀라워하자 장자님은 물론 자기도 처음에는 슬펐지만 곰곰이 생각해 보니 자기 부인도 대우주의 생성 변화의 흐름에 따라 세상에 태어났다가 이제 '큰 집'에서 쉬게 되었는데, 이를 슬퍼하는 것은 계절의 바뀜을 가지고 슬퍼하는 것처럼 부질없는 일이라고 생각하기에 차라리 춤을 춘다고 했다. 사실 비이분법적 안목으로 볼 때 삶과 죽음은 모두 '하나'에서 만나는 것으로서 별개의 것이 아니라 한 가지 사물의 양면 정도에 불과하다.

물론 그렇다고 죽음을 찬양하거나 권장하는 것은 아니다. 죽음이든 삶이든 어느 하나에 집착하지 않는 것이 중요하다. 이렇게 생사에 관계되는 모든 욕심이나 집착의 줄을 끊고 초연해진 사람만이 육지에 다니든 전쟁터에 나가든 해를 두려워하지 않을 수 있다.

중국 청조 말기 의화단義和團(Boxers)에 속한 도교인 가운데에는 들소나 호랑이나 무기에 해를 입지 않는다는 말을 문자 그대로 믿고 무슨 비방秘方을 쓰면 전쟁터에 나가 총알을 맞아도 죽지 않는다고 만용을 부리다가 그대로 맞아 죽은 이가 많았다고 한다. 진정으로 비방이 있다면 먼저 자기의 소아小我에 죽는 것일 것이다. 이렇게 될 때 진정한 의미의 영생이 가능하다.

불교에서 말하는 것처럼 "죽기 전에 죽은 사람은 죽어도 죽지 않는다."는 것이나 예수님의 가르침인 "누구든지 제 목숨을 구원코자 하면 잃을 것이요. 누구든지 나를 위하여 제 목숨을 잃으면 찾으리라."(마태복음16:25)는 것도 이런 문맥에서 이해할 수 있을 것이다. 우리의 작은 자아, 작은 목숨에서 해방될 때 큰 자아, 큰 목숨과 하나가 되고 이렇게 하나된 상태에서는 해받을 곳이 없다. 이런 상태에서는 '죽음의 자리'가 별도로 존재하지 않기 때문이다.

어느 의미에서 우리의 삶은 살아가는 것이 아니라 주어진 기간을 소비하면서 죽어 가는 것이다. 살아가는 연습도 중요하지만 죽어 가는 연습도 그에 못지않게 중요하다. 주어진 삶을 성실하고 아름답게 살지만 거기에 집착하지 않는 의연함을 가져야 할 것이다.

제51장

덕은 모든 것을 기르고

─그윽한 덕玄德의 작용

도道는 모든 것을 낳고,

덕德은 모든 것을 기르고,

물物은 모든 것을 꼴지우고,

세勢는 모든 것을 완성시킵니다.

그러기에 모든 것은 도를 존중하고,

덕을 귀하게 여기지 않을 수 없습니다.

도를 존중하고 덕을 귀하게 여기는 것은

명령 때문이 아니라 저절로 그렇게 되는 것입니다.

그러므로 도가 모든 것을 낳고,

덕이 모든 것을 기르고, 자라게 하고,

양육하고, 감싸 주고, 실하게 하고, 먹여 주고, 덮어 줍니다.

낳으나 가지려 하지 않고,

이루나 거기에 기대려 하지 않고,

기르나 지배하려 하지 않습니다.
이를 일컬어 그윽한 덕이라 합니다.

도와 덕이 하는 일을 여기서 다시 구체적으로 예거하고 있다. 도는
만물을 낳고 덕은 만물을 기른다고 한다. 도와 덕은 물론 본질적으
로 같지만 도가 본체론적인 면을 가리킨다면, 덕은 도에서 나오는
내재적內在的 '창조력' 이나 그 '작용' 을 가리키는 말이라 할 수 있
다. 이런 의미에서 하상공이 말한 것처럼 덕은 제39장에서 언급한
'하나一' 와 근본적으로 같은 것이라 볼 수 있다. 약간 다른 각도에
서 메이어(Mair) 교수는 힌두파 우파니샤드의 용어를 써서 도는 브
라흐만(Brahman, 梵)에 해당되고, 덕은 아트만(atman, 我)에 해당되는

---

51. 道生之, 德畜之, 物形之, 勢成之. 是以萬物莫不尊道而貴德. 道之尊, 德之貴,
    夫莫之命而常自然. 故道生之, 德畜之, 長之, 育之, 亭*之, 毒*之, 養之, 覆之.
    生而不有, 爲而不恃, 長而不宰, 是謂玄德.

* 亭(정) - 안정하게 해주다. 실하게 해주다.
* 毒(독) - 여기서는 '篤(독)' 과 같은 뜻으로 '두텁게 하다', '성숙하게 하다'
  의 뜻.

236

것으로 보기도 한다.

아무튼 도가 개인이나 개체 안에서 작용할 때 그 힘을 구체적으로 지칭하여 덕이라 한다고 보면 좋을 것이다. 도는 만물의 존재 근원이지만 덕은 그 만물 속에 내재해서 움직이는 역동적 힘이다. 만물이 도에 의해 생겨났지만 만물은 도의 '덕'으로 자라난다. 우리의 존재 근원으로서의 도가 우리 속에서 막힘이 없이 움직일 때 우리는 그 '덕'으로 삶을 건강하고 자유스럽고 풍요하게 살아갈 '힘'을 얻게 되는 것이다.

만물이 생성 변화하는 데는 근본적으로 도와 덕이 있어야 하지만, 그 밖에도 다른 물질이 있어서 하나의 개체가 모양을 갖추게 되고, 자연 환경이나 사회 여건 등의 영향력이 있어서 그 개체가 완성된다고 한다. 이런 외적 여건을 여기서는 '물物'과 '세勢'라는 말로 표현하고 있다. 도, 덕, 물, 세 이 네 요건 중에서 물론 도와 덕은 근본 요인으로서 물질이나 영향력 같은 외부 조건보다 더욱 중요하므로 자연히 더욱 '존귀'하게 여겨진다는 것이다. 세상에 자연 법칙을 어기면서 살아 남을 것이 어디 있겠는가? 존재하는 모든 것은 도와 덕의 원리를 '존중하고 귀히 여기면서' 살아가게 마련이다.

도와 덕이 하는 일, 더욱 정확히 말하면 도가 '덕을 베풀어서' 하는 일은 "낳고 기르고 자라게 하고 덮어 주는" 일이다. '덮어 준다覆'는 것을 '묻어 준다'고 해석하여 도는 만물이 나서 땅에 묻히기까지 생성 괴멸의 모든 과정을 돌봐 주는 일을 한다고 풀이하는 사람도 있다. 만물은 이렇게 묻혀 없어졌다가 다시 태어나서 자라고,

그리하여 다시 묻히고……. 이런 주기를 반복하는데 이를 보살펴주는 것이 도요, 도의 작용인 덕이다.

끝의 네 구절은 제10장에도 나온다. 여기서는 도가, 그리고 덕이 존재하는 모든 것을 낳았으나 그 자체로서는 비존재無이므로 그 속에 이런 존재有를 별도로 소유하는 일이 없다고 하는 존재론적 측면을 강조하는 것이라 볼 수도 있다. 도는 엄격히 말하면 '모든 존재의 근원(ground of all being)' 이지 '존재 중의 하나(a being)' 일 수가 없다. 또 존재하는 모든 것이 도의 '덕' 으로 이루어지지만 도는 그것과 별개의 존재로 그것과 동일한 존재론적 차원에서 그것을 붙잡고 꼼짝못하게 하지 않는다. 존재하는 모든 것이 도의 '덕' 으로 자라지만 도는 별도로 만물 밖에서 만물을 의식적으로 좌지우지하며 지배하려 하지 않는다는 것이다.

이렇게 '신비스럽고 그윽한 덕玄德' 을 강조하고 있는 『도덕경』의 생각은 창조주가 우주 만물을 창조한 뒤 피조물과 별도의 개체로 존재하며 계속하여 우주 만물의 생사 화복을 직접 다스리고 있다고 보는 생각과 상당한 차이가 있다. 창조주와 피조물을 갈라서 생각하면 "창조주는 하늘에 있고 피조물은 땅에 있다."고 한 신학자 카를 바르트(Karl Barth)의 말처럼 창조주와 피조물 사이에 넘나들 수 없는 질적 차이가 있음을 상정할 수밖에 없지만, 『도덕경』에서는 도와 덕이 모든 것과 불가분의 관계를 계속 유지하면서 그것에 대해 기본적으로 '놓아둠(letting-go)' 의 입장을 취한다는 것이다.

제52장
어머니를 알면 자식을 알 수 있다
―근원을 아는 것이 영원을 배우는 것

세상 만사에는 시작이 있는데,

그것은 세상의 어머니입니다.

어머니를 알면,

그 자식을 알 수 있습니다.

그 자식을 알고, 그러고도 그 어머니를 받들면,

몸이 다하는 날까지 위태로울 것이 없습니다.

입을 다무십시오.

문을 꽉 닫으십시오.

평생토록 애쓰는 일이 없을 것입니다.

입을 여십시오.

일을 벌여 놓으십시오.

평생토록 헤어날 길이 없을 것입니다.

작은 것을 보는 것이 밝음明입니다.
부드러움을 받드는 것이 강함强입니다.

빛을 쓰십시오.
그러나 밝음으로 돌아가십시오.
몸을 망치는 일이 없을 것입니다.
이를 일러 '영원을 배워 익힘' 이라 합니다.

앞에서도 여러 번 언급한 것처럼 여기서도 어머니란 물론 존재의 근원으로서의 도를 말한다. 어머니를 알면 그 어머니에게서 난 자식을 알 수 있듯이 도를 체득하여 알게 되면 도에서 나온 현상계의 모든 것을 알 수 있다고 한다. 그 자식을 알게 되었다고 거기에 몰입

---

52. 天下有始, 以爲天下母. 旣得其母, 以知其子, 旣知其子, 復守其母, 沒身不殆.
塞其兌*, 閉其門, 終身不勤. 開其兌, 濟其事, 終身不救. 見小曰明, 守柔曰强.
用其光, 復歸其明, 無遺身殃. 是謂襲常*.

* 兌(태) - 구멍(穴). 사람에게 있는 입, 코, 귀, 눈 등의 감각 기관.
* 襲常(습상) - 영원을 배워 익힘. 영원한 도를 따름.

하여 그 근원인 어머니를 잊어버리는 일이 있어서는 안 되는 것과 마찬가지로, 현상계의 모든 것을 알았다고 하여 현상계에만 집착하고 그 근원이 되는 도를 잊어버려서는 안 된다. 현상계의 모든 것을 통해 그 근원이 되는 도를 다시 받들고 그 원리에 입각해 살면 일생 동안 위태로운 것, 두려운 것 없이 살아갈 수 있다고 한다.

상식적으로 본 세계가 실재의 전부인 것으로 착각하고 피상적인 삶을 살아가는 우리 대부분의 경우 이런 것을 가능하게 해주는 것이 무엇인지, 이런 것을 통괄하는 근원적인 원리가 무엇인지 알려고 생각하지 않고 그대로 안주하거나 그 속에서 조금이라도 더 ‘잘 살아 보자’ 생각하고 부산하게 산다. 한 단계 더 들어가서 물리학이나 화학 같은 자연과학이나 사회학, 인류학, 심리학, 경제학 등 사회과학이나 문학, 철학, 역사 등 인문과학을 연구하는 학자의 경우 이런 상식적인 세계에서 쉽게 발견되지 않는 차원을 들여다보려고 노력한다는 의미에서 일반적 상식인보다는 더 깊이 도를 추구하는 사람이라 할 수 있다. 그러나 그런 학자가 실험 기구나 방법론, 논리적 그물로 잡을 수 있고 관찰할 수 있는 현상계에 나타난 것만을 궁극적인 것으로 여기고 현상계 너머에, 그 밑에, 그 위에, 현상계를 감싸고, 품고, 이끌고 있는 더욱 근원적인 것, 도에 대한 것을 무시하면 그들의 관찰도 결국 피상적일 수밖에 없다는 것이다.

시작을 아는 것, 근원을 아는 것, 도를 터득하는 것, 이를 위해서는 무엇보다도 조용히 욕망으로 가득한 “입을 다물고”, 감각感覺과 지각知覺 같은 이원론적 의식意識의 “문을 닫고”, ‘작은 것’, 내면적인 것을 꿰뚫어볼 수 있는 혜안慧眼을 가져야 한다. 그리고 쓸데없이 부산하게 일을 벌이거나 욕심스럽게 설치는 저돌적인 태도에서 벗어나 '부드러움'을 지킬 줄 아는 차분함이 있어야 한다. 이것이 진정한 의미의 깨달음이요, 힘이기 때문이다. 이런 깨달음이 있을 때 세상에서 어떤 일이 닥치더라도 두려울 것 없이 꿋꿋하고 늠름하게 살아갈 수 있고, 이런 일이 바로 "영원을 배워 익힘襲常"이라는 이야기다.

우리 삶이 이런 경지에 도달할 때 비로소 참된 만족과 평안을 얻게 된다.

필자가 아는 모씨의 경우 사업도 그런대로 잘 되고, 좋은 집을 장만하고, 자식도 잘 자라고 그야말로 남부러울 것 없이 살고 있는데, 그런데도 뭔가 허전하고 모자란 듯한 느낌을 떨쳐 버릴 수가 없다고 했다. 에이브러햄 매슬로의 "요구의 계층 구조(hierarchy of needs)"라든가 칼 융의 "개체화 과정(individuation process)"이라든가 키에르케고르의 "실존의 삼 단계" 등은 우리가 이렇게 내면적인 세계, 도에 접하기 전에는 영원에의 목마름이 충족될 수 없음을 이야기하고 있나 보다. 성 어거스틴의 고백처럼 "주님, 우리의 마음은 당신 안에 안주하기 전에는 안정을 찾을 수 없습니다.(Our heart is restless until it rests in thee.)" 하는 것이 어쩔 수 없이 우리 모두의 고백일 수밖에 없을 것이다.

제53장
이것이 도둑 아니고 무엇?
－곁길 감의 폐해

내게 겨자씨만한 앎이 있다면,
대도大道의 길을 걸으며,
이에서 벗어날까 두려워하리이다.
대도의 길이 그지없이 평탄하나
사람들 곁길만 좋아합니다.

조정은 화려하나
밭에는 잡초가 무성하여,
곳간이 텅 비었습니다.
그런데도 [한쪽에서는] 비단옷 걸쳐입고,
날카로운 칼을 차고,
음식에 물릴 지경이 되고,
재산은 쓰고도 남으니,
이것이 도둑 아니고 무엇입니까?

정말로 도가 아닙니다.

이천 몇 백년 전의 사회상을 묘사한 이 말이 어쩌면 이렇게도 정확하게, 우리의 현실에 잘 부합할 수 있을까? 오늘날 우리 주위를 직접 보고 우리 가운데에 편만한 윤리적, 사회적 부조리를 그대로 고발하고 있는 말이 아닌가 하는 착각에 빠질 정도이다.

우리 주위를 둘러보라. 가진 사람, 힘 있는 사람과 못 가진 사람, 힘없는 사람 사이에 얼마나 큰 틈이 있는가? 한 도시나 국가 안에서

---

53. 使我介然有知, 行於大道, 唯施*是畏. 大道甚夷, 而民好徑*.

   朝甚除, 田甚蕪, 倉甚虛, 服文綵, 帶利劍, 厭飮食,

   財貨有餘, 是爲盜夸*. 非道也哉.

* 施(이) - 대도를 벗어나는 것. 사로(斜路).

* 徑(경) - 바르지 않은 길. 곁길, 옆길.

* 盜夸(도과) - '훔쳐 자랑한다'고 풀이하는 이도 있으나 어떤 사본에는 盜竽(도우)로 되어 있으므로 竽가 고대 합주 음악의 주도 악기라는 뜻에 따라 '도둑의 괴수', '도둑의 우두머리'라 풀이할 수도 있다. '盜'와 '道'의 발음을 가지고 대조시킨 듯하다.

는 물론이지만 지구촌 전체를 놓고 보아도 한쪽 나라에서는 잉여 농산물을 처리할 데가 없는데 아프리카 몇몇 나라에서는 뼈만 남은 아이가 먹을 것이 없어서 계속 죽어 가거나 폐인이 되어 가고 있지 않은가?

우리에게 조금만이라도 '앎知'이 있다면 이런 부조리를 보고 못 본 체하지는 않을 것이라고 한다. 『도덕경』 전체를 통해 '지知'를 달갑게 생각하지 않는데 여기서만은 이것이 필요하다고 했다. 여기 서 '앎'이란 이기심이나 자기 중심주의 같은 부정적이고 동물적인 심성에서 조금이라도 벗어나 한 발 뒤로 물러서서 삶의 내면을 관 조할 수 있는 능력, 지혜, 명찰, 명지, 양심, 특수한 인식 능력 같은 것을 가리킨다고 보아야 할 것이다. 이런 '앎'이 겨자씨만큼이라도 있다면 지금같이 야수처럼 물고 뜯으며 살아가는 이런 어처구니없 는 현실은 없을 것이라고 한다. 자기 한 몸의 이익이나 쾌락을 구하 는 데만 전력을 다하는 대신, 도의 길을 생각하고 거기서 벗어나는 일이 없는가 걱정하게 된다는 것이다. 말하자면 우리의 '궁극 관 심'이 흥청망청 내가 누릴 수 있는 물리적, 경제적 풍요로움의 추구 가 아니라, 진리와 사랑과 정의 같은 대도大道의 길을 걸으면서 거 기에서 벗어나는 일이 없도록 힘쓰는 일이 되리라는 것이다.

그러나 우리 대부분의 범속한 인간은 이런 숭고하고 아름다운 것 에 관심을 갖기보다는 '남보란 듯이 사는 것'이 궁극 관심으로 되 어 있다. 한쪽에서는 먹을 것이 없어 죽는 사람이 수두룩한데도 내 가 번 돈 내가 쓰는데 무슨 상관이냐는 식이다. 가만히 따져 보면 내가 번 돈이니 내 마음대로 쓴다는 것이 과연 타당한 말인가? 오늘처럼 얽히고 설킨 세상에서 정말 나 혼자의 능력만으로 부하게 된 것인가? 대대로 내려오던 선산의 땅값이 치솟는 바람에 벼락부자가 된 것이 내가 남보다 더 노력해서 얻은 결과인가? 은행에서 돈을 빌려 부동산에 투자한 덕택으로 하루아침에 돈방석에 올라앉게 된 것이 내 재주 덕인가? 엄격하게 따지면 한쪽의 부란 다른 쪽의 희생을 전제로 가능한 경우가 대부분이다. 이런 엄연한 사실을 외면하고 내가 번 돈이니까 내 마음대로 쓸 권리가 있다고 주장하면서 '남보란 듯' 흥청거리는 것이 온당한 일일까?

도둑이 따로 없다. 노자님에 의하면 한쪽에서는 굶어죽는데 우리가 이를 못 본 체 내 돈 내가 쓴다고 하며 흥청거리면 그것이 바로 도둑이라는 것이다. 아니 어쩌면 이럴 경우 우리는 도둑보다 더 못할지도 모른다. 도둑은 자기가 한 일을 잘못으로 알고 부끄러워할 수도 있지만 이렇게 내 재산 내가 쓰는데 무슨 상관이냐고 하는 사람은 부끄러워할 줄도 모르고 오히려 자랑스럽게 생각한다. 우리 모두 부끄러워할 줄 알아야겠다.

요즘 북미 사회에서는 물건이 팔리지 않아 불경기라고 야단인데 주된 원인이 소비자가 돈을 덜 쓰게 되었기 때문이라고 한다. 돈을 덜 쓰게 된 이유가 이렇게 한쪽에서 굶어죽어 가는데 우리만 풍요를 구가하면서 부족한 것 없이 살아도 되는가 하는 데 대한 반성이 점증하기 때문이라고 분석하는 사람도 있다. 사실이라면 반가운 소리다. 사실이든 아니든 이제부터라도 우리는 도가 없는 사회에서 혼자 부하게 사는 것이 부끄러운 일임을 인정하고 좀더 이웃을, 사회를, 전세계를 하나의 유기체적 단위로 생각하며 남의 아픔에 동참하면서 더불어 사는 삶을 이루는 데 더욱 관심을 모아야 할 것 같다.

제54장
대대로 제사를 그치지 않는다
― 바른 길 감의 보람

[도에] 굳건히 선 사람은 뽑히지 않고,
[도를] 확실히 품은 사람은 떨어져 나가지 않습니다.
그 자손은 대대로 제사를 그치지 않을 것입니다.

[도를] 자신에게 실천하면 그 덕이 참될 것이고,
가정에서 실천하면 그 덕이 넉넉하게 될 것이고,
마을에서 실천하면 그 덕이 자라날 것이고,
나라에서 실천하면 그 덕이 풍성해질 것이고,
세상에서 실천하면 그 덕이 두루 퍼질 것입니다.

그러므로 자신으로 자신을 보고,
가정으로 가정을 보고,
마을로 마을을 보고,
나라로 나라를 보고,

세상으로 세상을 보십시오.

내가 세상이 이러함을 어떻게 알 수 있겠습니까?
이를 통해서입니다.

도에 굳게 서고 도를 품은 사람은 도에서 떨어져 나가거나 이탈하는 일이 없을 것이라고 한다. 그뿐 아니라 그 자손도 제사를 그치지 않고 계속할 수 있을 거라고 한다. 이 말은 누구에게나 해당되지만, 고대 사회에서는 어느 왕조가 망하면 그 후손은 제사를 지내고 싶어도 지내지 못하도록 되어 있었다는 사실을 감안하면 도에 굳게 서서 도를 품으므로 자손이 제사를 그치는 일이 없도록 하라는 것은 특히 나라를 다스리는 사람을 위한 충고였다고 볼 수 있다. "도

---

54. 善建者不拔, 善抱者不脫. 子孫以祭祀不輟*. 修之於身, 其德乃眞, 修之於家, 其
德乃餘,
修之於鄕, 其德乃長, 修之於國, 其德乃豊, 修之於天下, 其德乃普. 故以身觀身,
以家觀家, 以鄕觀鄕, 以國觀國, 以天下觀天下. 吾何以知天下然哉, 以此.

* 輟(철) - 그치다.

를 따르라. 그리하면 그 다스림이 오래가리라."는 뜻이다.

자신이 도를 닦고 실천할 뿐 아니라 그것이 확대되어 누구나 닦고 실천하도록 도와야 한다는 것을 이야기하고 있다. 물론 자신이 먼저 도를 닦고 실천하고, 그러고 나서 가정에서도, 고을에서도, 나라에서도, 세상 어디에서도 닦고 실천하게 되면 어디서나 덕이 넘치고 퍼져서 온 세상에 편만할 것이라고 한다. 여기서 '덕德'이라고 하는 것은, 여러 차례 지적한 바와 같이 유교식으로 어떤 윤리적 덕목을 뜻하는 것이라기보다는 도에 입각하고 도를 터득했을 때 얻어지는 신선하고 활기찬 생명력, 도의 활성화에서 나오는 약동적인 힘을 뜻하는 것이라고 보는 것이 좋다. 인위적이고 표면적이고 가식적인 행동이나 언사가 지배하는 사회가 아니라 도에 따라 자연스럽게 살아가는 사람이 발하는 이런 생동적 힘으로 편만한 세상이 그대로 도가적 이상향이라는 것이다.

"자신으로 자신을 보고以身觀身" 이하의 문장은 해석이 분분하다. 왕필 식으로 해석하면 "자신이 도를 지니고 있는가 하는 것은 자신의 마음 상태를 보고 알 수 있다."고 할 수 있고, 하상공에 의하면 "도를 닦는 사람을 통해 도를 닦지 않는 사람을 알아볼 수 있다."고 해석한다는 것이다. 자신을 볼 때 도를 실천하는가 않는가를 기준으로 하여 관찰하라는 말로 읽을 수도 있고, 도를 실천하므로 스스로가 드러나 보일 수 있다고 해석하기도 하고, 개인은 개인으로만 취급해야 한다는 말로 풀이하는 사람도 있다.

아무튼 개인과 가정과 지역 사회와 국가와 세계가 도를 수행할 때 순박하고 건강하고 활기찬 삶을 누릴 수 있고, 이러한 상태가 결국 우리가 개인이나 가정이나 사회나 국가나 세계를 볼 때 추구해야 하는 궁극 이상이 되어야 한다는 것을 일깨우는 말이라 보아도 별로 틀리지 않을 것이다. 나 자신이나 가정이나 사회나 국가가 훌륭한가 별볼일 없는가 하는 것은 연수입이나 GNP나 수출고의 높낮이에 달린 것이기보다는 거기에 도가 실천되느냐 그러지 못하느냐 하는 기준에 달린 것으로 보아야 한다는 것이다. 물론 연수입이 높다고 도가 실천되지 말라는 법도 없고, 도가 실천된다고 연수입이 반드시 낮아야 한다는 것도 아니다. 오히려 한비자韓非子의 말대로 도를 닦고 실천하여 덕이 충만한 사회는 더욱 번영하는 사회로 발돋움하는 경향이 크다고 보아야 할 것이다.

"내가 세상이 이러함을 어떻게 알 수 있겠습니까?" 하는 문장은 약간 변형된 형태로 제21장과 제57장에도 나온다. "이를 통해서"라고 할 때 '이'란 무엇을 가리킬까? 주석가의 일반적인 견해는 자신과 가정과 사회와 국가 및 세계에서 도를 닦고 실천하는 일이라고 본다. 이런 실천적 체험을 통한 직관에 의해 '세상이 그러함'을, 곧 도를 닦고 실천함이 나라를 다스리는 일 등 모든 일의 근본임을 알게 됐다는 것이다.

제55장

덕을 두터이 지닌 사람은

─ 갓난아이 같은 삶

덕을 두터이 지닌 사람은 갓난아이와 같습니다.
독 있는 벌레나 뱀이 쏘지도 못하고,
사나운 짐승이 덤벼들지도 못하고,
무서운 날짐승이 후려치지도 못합니다.

그 뼈도 약하고,
그 힘줄도 부드러우나
그 잡는 힘은 단단합니다.
아직 남녀의 교합을 알지 못하나
음경도 일어서고, 정기도 지극합니다.
하루 종일 울어도 목이 쉬지 않습니다.
이것이 완전한 조화입니다.

조화를 아는 것이 영원입니다.

영원을 아는 것이 밝음입니다.

수명을 더하려 하는 것은 불길한 일이요,

마음으로 기를 부리려 하는 것은 강포입니다.

무엇이나 기운이 지나치면 쇠하게 마련,

도가 아닌 까닭입니다.

도가 아닌 것은 얼마 가지 않아 끝장이 납니다.

이것은 앞장에서 말한 덕德이 어떤 것인가를 구체적으로 설명하고
있다. 도를 닦아 덕을 지닌 사람은 '갓난아이赤子'와 같다고 하고

---

55. 含德之厚, 比於赤子. 蜂蠆虺蛇*不螫*, 猛獸不據, 攫鳥不搏. 骨弱筋柔而握固,
　　未知牝牡*之合而全作, 精之至也. 終日號而不嗄*, 和之至也. 知和曰常, 知常
　　曰明.
　　益生曰祥, 心使氣曰强. 物壯則老, 是謂不道. 不道早已.

* 蜂蠆虺蛇(봉채훼사) - 독벌과 독사.
* 螫(석) - 벌레가 쏘는 것.
* 牝牡(빈모) - 암수, 여자와 남자.
* 嗄(사) - 목이 쉬다.

갓난아이의 특성을 열거하고 있다. 『도덕경』에서는 갓난아이를 도를 닦아 덕을 기른 사람의 상상으로 이상화하고 있다.(제10장, 제20장, 제28장, 제49장 참조)

갓난아이 상태란 어떤가? 갓난아이는 아직 인위적이고 이분법적인 의식을 갖기 전의 상태를 말한다. 아직 자의식自意識이 없기 때문에 나와 바깥 세상을 구별하지 않는다. 주관과 객관이, 주체와 객체가 분리되지 않은 주객 미분의 상태이다. 따라서 자연과 완전한 일치를 이루고 있다. "하루 종일 울어도 목쉬지 않는 것"은 그것이 갓난아이가 뭔가 알고서 일부러 하는 의도적이고 인위적인 행동이 아니라 자연 자체가 스스로 하는 자연 자체의 자연스럽고 자발적인 일이기 때문이다. 물론 어른일지라도 도에 따라 살아가므로 자연과 합일된 조화스런 삶을 사는 사람은 자연히 갓난아이처럼 부드럽고 나긋나긋할 수밖에 없다. 인위적이고 부자연스런 모든 행동에서 해방된 삶을 살아가는 것이다. 이런 자유스런 삶을 제50장에서와 마찬가지로 독충이나 뱀, 사나운 짐승이나 날짐승으로부터도 보호받는 삶으로 묘사하고 있다.

여기서 한 가지 명심해야 하는 것은, 제49장 풀이에서도 약간 언급했듯이 어린아이의 '주객 미분(pre-subject/object)'의 상태와 도를 터득한 어른의 '주객 초월(trans-subject/object)'의 상태는 '주객 이분(subject/object dualism)'의 상태가 아니라는 점에서는 같지만 양자가 완전히 다르다는 사실이다. 이 점이 『도덕경』에서는 분명하게 밝혀져 있지 않다. 『도덕경』뿐 아니라 "어린아이와 같이 되지 아니하면

254

결단코 천국에 들어가지 못하리라."(마태복음18:3)는 예수님의 말이나, 어린아이의 마음을 찬양한 『맹자』(離婁章句下 十二)나 『장자』(제22장 知北遊)의 말에서도 이 점이 분명하게 나타나 있지 않은 것이 사실인데, 어린아이의 '어린아이같음(childlikeness)'과 '유치함(childishness)'의 차이점은 분명히 알고 있어야 하겠다.(『도마복음』 제22절에서는 이를 비교적 분명히 하고 있다. 오강남, 『또 다른 예수』(예담, 2009) 123~132쪽 참조)

아무튼 이렇게 자연과 합일되어 조화스럽게 살아가는 무위의 법을 체득한 사람은 영원을 향유하는 사람이고, 이를 아는 사람이 바로 사물의 궁극 이치를 깨달은 명찰과 지혜의 사람이라 한다.

이를 깨닫지 못하고, 억지로 수명을 연장시켜 보려 하는 등 자연과 일치하지 않는 행위는 불길한 일일 뿐이라는 것이다. '祥(상)'은 현대어에서는 '吉祥(길상)' 처럼 좋은 일을 뜻하지만 고어에서는 불길의 징조라는 뜻으로 쓰였다. 더구나 그 당시 유행하던 것처럼 무의식적으로 흐르는 기氣를 인위적인 방법으로 마음대로 부려서 뭔가 초자연적인 결과를 이끌어내 보려는 것은 강포한 일이라고 한다.

이렇게 억지를 쓰는 일은 갓난아이의 생활 태도와는 반대로 완전히 도에 어긋나기 때문에 곧 끝장이 나고 마는 법이라는 것이다. 도에 어긋나는 모든 행위는 결국 역효과만 초래하므로 달력의 나이와 상관없이 언제나 어린아이처럼 자연과 합일되어 구름 떠가듯, 물 흐르듯 살아가는 삶에서 궁극적인 삶의 스타일을 찾도록 권고하고 있다.

제56장
아는 사람은 말하지 않고
― 언어의 한계

아는 사람은 말하지 않고,
말하는 사람은 알지 못합니다.

입을 다물고, 문을 꽉 닫습니다.
날카로운 것을 무디게 하고,
얽힌 것을 풀어 주고,
빛을 부드럽게 하고,
티끌과 하나가 됩니다.
이것이 '신비스런 하나됨玄同' 입니다.

그러므로 [도를 터득한 사람은]
가까이할 수도 없고,
멀리할 수도 없습니다.
이롭게 할 수도 없고,

해롭게 할 수도 없습니다.
귀하게 할 수도 없고,
천하게 할 수도 없습니다.
그러기에 세상이 이를 귀히 여깁니다.

첫 줄에 나오는 "知者不言, 言者不知."라는 말은 『도덕경』 중에서 가장 잘 알려지고 많이 인용되는 구절 가운데 하나이다. 도의 깊이, 그 신비스러움에 대하여 조금이라도 아는 사람은 함부로 도가 이렇다 저렇다 말할 수가 없다. 도는 말로 표현할 수 없는 무엇이라는 것을 절감하기 때문이다. 제1장 첫머리에서 언급한 것처럼 "도라고 말할 수 있는 것은 영원한 도가 아니기" 때문이다. 이런 엄연한 사

---

56. 知者不言, 言者不知. 塞其兌*, 閉其門, 挫其銳*, 解其紛, 和其光, 同其塵, 是謂玄同.
    故不可得而親, 不可得而疏, 不可得而利, 不可得而害, 不可得而貴, 不可得而賤.
    故爲天下貴.

* 塞其兌(색기태) 등-제52장에 나옴.
* 挫其銳(좌기예) 등-제4장에 나옴.

실도 모르고, 도가 이러니 저러니 하고 모든 것을 아는 것처럼 떠드는 사람은 떠드는 그 자체로 도에 대해 완전히 무지하다는 것을 웅변적으로 말하는 셈이다.

이런 생각은 『도덕경』에서만 발견되는 것이 아니라 사실 거의 모든 종교 전통에서 공통적으로 발견되는 사상이다. 힌두 경전인 『Kena Upanishad』를 보면 궁극 실재로서의 브라흐만은 "아는 사람에게는 알려지지 않고, 알지 못하는 사람에게는 알려지는 것.(It is not known by those who know it; It is known by those who do not know it.)"(II, 3)이라고 했다.

6세기경에 씌어진 것으로 생각되는 위僞 디오니시우스(Pseudo-Dionysius)의 『신비 신학(Mystical Theology)』이라는 문헌에도 "사랑하는 디모데야, 나의 간절한 기도는 네가 감각과 지각의 작용을, 그리고 감각적이고 지각적인 모든 것을, 그리고 존재나 비존재의 세계에 있는 모든 것을 뒤로 하고 오로지 알지 않음(unknowing)을 통해 가능한 한 모든 존재와 지식을 초월하는 그분과의 합일을 향해 올라가기를 바라는 것이다."라는 말이 있다. 터르스테겐(Tersteegen)이라는 사람도 "이해된 신은 신이 아니다.(A God comprehended is no God ; Ein begreiffener Gott ist kein Gott.)"라고 하였다. 약간 문맥은 다르지만 사도 바울(바오로)도 "만일 누구든지 무엇을 아는 줄로 생각하면 아직도 마땅히 알 것을 알지 못하는 것이요."(고린도전서8:2)라 했다.

불교의 용수(Nāgārjuna)가 세운 중관론(Mādyamika)의 공空(śūyatā) 사상도 한마디로 요약하면 사물의 궁극 실상은 인간의 표현이나 논리의 대상이 될 수 없다는 것, 따라서 그것은 인간의 지적知的 견해(dr̥ṣṭi)를 넘어서서 직관적 지혜(prajñāpāramitā)를 통해서만 체험할 수 있는 경지임을 말하고 있는 셈이다.

도와 같은 궁극 실재는 일상적인 사고, 소위 이분법적 의식 구조(dualistic consciousness)를 초월할 때 체험할 수 있는 무엇이다. 이런 의미에서 그것은 '무지의 구름(clouds of unknowing)' 저편에서 발견될 수 있는 무엇이라 할 수 있다. 이런 사실을 알고 있는 사람은 자연히 도에 대하여 "입을 다물고, 문을 꽉 닫을" 수밖에 없다. 사실 이런 침묵이야말로 도에 대한 바른 이해를 가장 웅변적으로 말하는 일이다.

이런 사람은 제4장에서 말한 것처럼 '날카로움', '뒤엉킴', '번쩍거림' 등과 같이 한쪽으로 치우치는 대립 행위를 하지 않고, 오로지 "티끌과 하나가 되는" 조화와 균형과 일치의 삶을 유지하게 된다. "신비스런 하나됨玄同"에 대한 해석이 구구하지만 결국 도와 하나 되고, 그리하여 도 안에서 만물과 하나되는 천지인 합일의 경지를 이야기한다고 보면 그다지 틀리지 않을 것이다. "신비스런 하나됨"은 도가道家 사상을 비롯하여 세계 신비주의 종교 전통에서 중요한 자리를 차지하고 있다.

이렇게 도와 하나가 되고 만물과 하나가 된 사람은 가까이할 수도 멀리할 수도 없고, 이롭게 할 수도 해롭게 할 수도 없고, 귀하게 할 수도 천하게 할 수도 없다. 왜 그런가? 사람이 가까이하려 한다고 해서 일부러 더 가까워지는 것도 아니고, 사람이 멀리하려 한다고 해서 멀어지는 것도 아니다. 사람이 가까이하려 한다거나 멀리 하려 한다거나, 해롭게 하려 한다거나 이롭게 하려 한다거나, 귀하게 여긴다거나 천하게 여긴다고 해서 그런 데 구애되거나 영향을 받지 않는다. 친소, 이해, 귀천, 영욕 따위의 구분에 관계하지 않고 그저 의젓하고 떳떳하고 늠름하게 살아갈 뿐이다. 그러기에 진정으로 세상에서 추앙받는 사람이 된다.

제57장
백성이 저절로 통나무가 되다
― 억지로 함이 없는 정치

나라를 다스릴 때는 올바름이 필요합니다.

전쟁에 임할 때는 임기 응변이 있어야 합니다.

그러나 세상을 얻기 위해서는 '함이 없음無事'을 실천하십시오.

이렇게 해야 할 까닭을 내가 어떻게 알리까?

다음과 같은 사실 때문입니다.

세상에 금하고 가리는 것이 많을수록

사람이 더욱 가난해지고,

사람 사이에 날카로운 무기가 많을수록

나라가 더욱 혼미해지고,

사람 사이에 잔꾀가 많을수록

괴상한 물건이 더욱 많아지고,

법이나 명령이 요란할수록

도둑이 더욱 많아집니다.

그러므로 성인이 말씀하셨습니다.

"내가 억지로 일을 하지 않으므로 백성이 저절로 바뀌고,

내가 고요를 좋아하므로 백성이 저절로 바르게 되고,

내가 일을 꾸미지 않으므로 백성이 저절로 부하게 되고,

내가 욕심을 내지 않으므로 백성이 저절로 통나무가 되도다."

나라를 다스리는 데는 올바름이 있어야 한다. 전쟁에 임할 때는 그
때그때 형편에 맞게 기발한 전술을 사용해야 한다. 그러나 천하는
이런 식으로 해서 얻을 수 있는 것이 아니다. 천하를 얻는 것같이 큰
일은 오로지 억지로 하거나 함부로 함이 없는 무사無事, 무위無爲를
실천할 때 가능하다는 것이다.

---

57. 以正治國, 以奇用兵, 以無事取天下. 吾何以知其然哉. 以此. 天下多忌諱*, 而民
彌貧,

民多利器, 國家滋昏, 人多技巧, 奇物滋起, 法令滋*彰, 盜賊多有. 故聖人云,

我無爲而民自化, 我好靜而民自正, 我無事而民自富, 我無欲而民自樸.

* 忌諱(기휘) - 금하고 가리는 것.

* 滋(자) - 그럴수록 더.

여러 차례 계속 강조되고 있듯이 여기서도 무위의 다스림, 놓아 둠의 다스림, 간여하거나 강요하지 않는 다스림이 가장 훌륭한 다 스림임을 다시 한 번 되풀이하고 있다. 자연적인 인간은 근본적으 로 자연에 순응해서 자연스럽게 살아가도록 되어 있는데, 공연히 뭔가 잘 되게 해본다고 금하고 가리는 등 윤리 규정을 만든다, 세력 확장을 위해서 영토를 넓힌다, 경제적인 이득을 위해서 전쟁을 하 고, 이를 위해서 무기를 개발한다, 이런저런 새 아이디어를 창출해 서 뭔가 사회를 위해서 공헌한다, 기술을 개발하여 신기한 물건을 자꾸 만들어 낸다, 질서와 안정을 위해서 이런 저런 법령을 계속해 서 제정한다 하는 등등은 결국 한편으로는 사람을 너무 주눅들게 하고, 다른 한편으로는 너무 큰 야심을 품게 하므로 그들을 더욱 가 난하게 하고, 더욱 혼미하게 하고, 더욱 괴상한 일을 꾸미게 하고, 더욱 부정 부패가 창궐하도록 하는 등 부정적인 결과를 가져올 수 있다는 것이다. 사람을 가만두지 못하고 못살게 구는 독재 정권 밑 에서의 형편을 생각하면 공감하지 않을 수 없는 점이 많다.

성인의 말씀처럼 다스리는 위치에 있는 사람들만 그저 억지로 하 는 일이 없으면 모두가 저절로 교화되고, 그들만 부산을 떨지 않고 고요하게 있으면 모두가 저절로 바른 삶을 살게 되고, 그들만 쓸데 없이 일을 벌이지 않으면 모두가 저절로 부하게 되고, 그들만 욕심 을 없애면 모두가 반질반질하게 닳아 빠지지 않고 순박하고 질검한 통나무가 된다고 한다. 인위적이고 가식적이고 허세 위주의 공로 제일주의적인 다스림이나 규정이나 제도나 문화 등을 거부하고, 거저 가만두기만 하면 사람들은 그 본연의 선함과 내적 힘에 따라 그대로 잘 되어가게 마련이라는 인간과 세계에 대한 도가적 낙관주의의 견해를 다시 한 번 보여 주고 있다.

거듭 이야기하지만 『도덕경』에서 말하는 무지, 무욕, 무위, 무사 등을 우리 모두가 반드시 완전한 원시 상태로 복귀해야 함을 뜻하는 것으로만 받아들일 필요가 있을까? 법령이나 제도나 체계 등을 처음부터 부정하거나 무조건 정죄하고 그런 것과 무관하게 살아가야만 한다는 것인가? 이것이 현실적으로 가능할까? 물론 도둑이 득실거리는 사회에서 도둑을 벌하는 엄격한 법령만 짜임새 있게 만든다고 문제가 해결되는 것은 아니다. 도둑질이 성행하는 근본 원인을 제거해야 할 것이다. 그러나 그렇다고 당장 도둑을 금하는 법령 자체를 완전히 없애 버려야만 하는 것일까?

그보다는 이런 외부적인 해결책의 한계를 꿰뚫어보고 결국 인류의 궁극 문제는 이런 정치적, 경제적, 사회적, 제도적, 법률적, 심리적, 문화적 환경 개선만으로는 안 된다는 것을 인정하라는 뜻으로 받아들이는 것이 좋을 것 같다. 아무튼 정치 경제 사회적 여건의 개선을 통해 유토피아(Utopia)를 건설해 보겠다는 꿈이나 심리적 건강과 안녕을 통해 '유사이키아(Eupsychia, 마음의 이상향)'를 실현해 보려는 이상은 결국 궁극적인 문제 해결의 열쇠가 될 수 없다는 것만은 확실하다. 이런 것을 넘어서서 도와 하나되는 자연스런 삶에 근본 해결책이 있다는 뜻이다.

제58장
화라고 생각되는 데서 복이 나오고
─새옹지마塞翁之馬

정치가 맹맹하면 백성이 순박해지고,
정치가 똑똑하면 백성이 못되게 됩니다.

화禍라고 생각되는 데서 복福이 나오고
복이라고 생각되는 데 화가 숨어 있습니다.
누가 그 끝을 알 수 있겠습니까?

언제나 옳은 것은 없습니다.
올바름이 변하여 이상스런 것이 되고,
선한 것이 변하여 사악한 것이 됩니다.
사람이 미혹되어도 실로 한참입니다.

그러므로 성인은 모가 있으나 다치게 하지는 않고,
예리하나 잘라 내지는 않고,

곧으나 너무 뻗지는 않고,

빛나나 눈부시게 하지는 않습니다.

이 장도 앞에 이어 "가만두는 정치"에 대해서 이야기하고 있다. 앞
장에서 말한 "함이 없음"을 통해 하는 정치를 여기서는 "맹맹한 정
치"라는 말로 바꾸었다. 맹맹한 정치를 하면 사람이 모두 순박하고
독실해지게 마련인데, 정치를 '똑똑히' 해보겠다고 설치는 사람 때
문에 사회가 빡빡해지고 못되게 된다는 이야기다.

'悶悶', '察察'이라는 말은 제20장에서 노자님 스스로를 표현하
면서 "세상 사람 모두 똑똑한데 나 홀로 맹맹합니다.(俗人察察, 我獨
悶悶.)"라고 한 데서 나온 말이다. 맹맹하다는 것은 어수룩한 것, 맹

---

58. 其政悶悶, 其民淳淳. 其政察察, 其民缺缺. 禍兮福之所倚, 福兮禍之所伏.

　　孰知其極. 其無正, 正復爲奇, 善復爲妖. 人之迷, 其日固久.

　　是以聖人方而不割, 廉而不劌*, 直而不肆*, 光而不耀*.

* 劌(귀) - 다치게 하다. 잘라내다.

* 肆(사) - 지나치게 뻗어 나가다.

* 耀(요) - 눈부시다.

물처럼 밋밋하고 별맛이 없는 것이고, 똑똑하다는 것은 눈을 부라리고 잘 살펴 무엇이나 효율적으로 빈틈없이 하는 것이다. 보통 생각으로는 정치란 이렇게 똑똑하게 제도와 기구와 조직과 행정 체계 등을 통해 물샐틈없이 다스려 나가는 것이라 여겨지겠지만, 그럴수록 사람이 가지고 있던 본래적인 순수성이 사라져 서로 더 잘 되고 더 높이 오르겠다고 경쟁하고 시기질투하고 치고박고 하는 사회로 치닫게 될 뿐이라는 것이다. 정치라는 것이 있는지 없는지, 다스리는 자가 있는지 없는지 할 정도로 맹맹하고 밋밋한 "정치 아닌 정치"가 있을 때 사람의 본래적인 성품이 손상되지 않고, 또 손상되었으면 되살아나 건실하고 건강한 사회를 이룩하게 되므로 이런 정치야말로 실로 잘 되는 정치라는 것을 거듭 강조하고 있다.

"화라고 생각되는 데서 복이 나오고, 복이라고 생각되는 데 화가 숨어 있다."는 말은 이 장의 문맥에서 해석하면, 맹맹하고 밋밋하고 어리숙한 정치를 화근禍根으로 여기겠지만 사실 거기에서 복이 나오므로 그것은 복의 근원이요, 한편으로 똑똑하고 빈틈없는 정치를 복이라고 생각하겠지만 사실 거기에 온갖 병폐가 숨어 있기 때문에 그것이야말로 화근이라는 뜻으로 풀이할 수 있다. 불행이라고 생각되는 데서 다행이 나오고 다행이라고 생각되는 데 불행의 씨앗이 숨어 있다는 것이다.

이 말은 이 문맥에서 떠나서도 많이 알려지고 인용되는 글귀다. 『회남자淮南子』 18장에 나오는 새옹지마塞翁之馬 이야기가 이를 실증하는 것으로 함께 거론된다. 변방에 사는 한 노인이 말을 한 마리

가지고 있었다. 하루는 그 말이 국경선을 넘어 딴 나라로 건너가 버렸다. 동네 사람이 모두 그 불행을 동정했다. 그런데 얼마 있다가 그 말이 좋은 말을 데리고 다시 돌아왔다. 동네 사람이 모두 그 다행스러움을 축하했다. 또 얼마 있다가 그 아들이 들어온 말을 타다가 떨어져 다리가 부러졌다. 동네 사람이 다시 그 불행을 동정했다. 그런데 얼마 있다가 전쟁이 나서 동네 청년이 모두 징집되었는데 그 아들은 부러진 다리 때문에 징집에서 면제되었다. 동네 사람이 다시 그 다행스러움을 축하했다. 이런 식으로 행은 불행을 가져오고 불행은 행을 가져오는 행과 불행의 교차됨, 청실 홍실이 꼬여감, 전문 용어로 변증법적 진행이 인생사人生事라는 이야기다.

따라서 어느 한 가지 상태를 절대화해서는 안 된다는 것이다. "언제나 옳은 것이라고는 없기" 때문이다. 올바르다고 여겨지던 것도 변하여 이상스러운 것으로 보일 수 있고, 선하다고 생각되는 것도 변하여 사악한 것으로 드러날 수 있다. 능률적인 정치가 선하다고 여겨지지만 그것이 사실은 사악한 것이 될 수 있다. 이런 역설의 진리를 모르고 화복, 정곡, 선악, 미추 등 이분법적 사고방식으로 미혹된 상태, 상식적이고 표면적 지식을 근거로 하여 판단한 "이것이냐 저것이냐"를 절대화하는 미혹의 상태가 얼마나 오래 지속되고 있는가? 이런 상태에 있는 사람은 그야말로 뭘 몰라도 한참 모르고 있는 사람이다.

그러므로 이런 미혹의 희생자가 아닌 성인의 경우 스스로는 방정方正하게 살아가고 예리하고 곧고 빛나지만, 이를 절대적인 표준으로 하여 그렇지 못하다고 생각되는 사람을 정죄하고 상하게 하고 눈멀게 하여 배제하는 일이 없다. 양극의 일치를 체득하고 있기 때문이다.

제59장
검약하는 일보다 좋은 것은 없다
― 아낌의 정치

사람을 지도하고 하늘을 섬기는 일에
검약하는 일보다 좋은 것은 없습니다.
검약하는 일은 일찌감치 [도를] 따르는 일입니다.

일찌감치 도를 따른다는 것은 덕을 많이 쌓는 일입니다.
덕을 많이 쌓으면 이겨 내지 못할 것이 없습니다.
이겨 내지 못할 것이 없으면 그 능력의 끝을 알 수 없습니다.
그 능력의 끝을 알 수 없을 정도가 되면 나라를 맡을 만합니다.

나라의 어머니를 모시면, 영원할 것입니다.
이것이 바로 깊은 뿌리深根, 튼튼한 바탕固柢으로서
영원한 삶長生, 오래봄久視의 길입니다.

제57장에서 '함이 없음'의 정치를 이야기하고 제58장에서 '맹맹함'의 정치를 말한 데 이어, 이 장에서는 '아낌'의 정치를 논한다. 사람을 지도하고 하늘을 섬기려는 사람은 무엇보다 모든 일에 근검절약해야 한다는 것이다. 국고를 낭비해서도 안 되고, 인력을 낭비해서도 안 되고, 자기 몸이나 정력을 낭비해서도 안 된다. 이제 모든 것이 자기 소관이 되었으니 흥청망청 써도 되겠다는 생각이 아니라, 지도자일수록 모든 것을 아끼고 절대적으로 필요할 때에만 써야겠다는 마음가짐을 가져야 한다는 것이다.

아낌, 검약을 나타내는 한자는 인색吝嗇이라는 말의 색嗇인데 이 글자는 이삭을 주워 통에 담는 모양을 나타내고 있다. 농부가 한 톨의 곡식이라도 낭비하지 않으려고 알뜰하게 모아들이려 애쓰는 것처럼 무엇이나 이렇게 모으고 절약해야 한다는 뜻이다. 색嗇은 또

---

59. 治人事天, 莫若嗇. 夫唯嗇, 是以早服, 早服*謂之重積德.

重積德則無不克, 無不克則莫知其極, 莫知其極, 可以有國.

有國之母, 可以長久, 是謂深根固柢*, 長生久視之道.

* 무복(조복) - '일찍이 따르다', '일찌감치 복종하다'의 뜻에서 '일찌감치 준비하다'는 말로 새길 수도 있다.

* 柢(저) - '根'보다 굵은 뿌리 혹은 기초.

색稽과 통하는 것으로 보고 그대로 농사짓는 일을 뜻한다고 볼 수도 있다. 첫 문장을 이런 식으로 풀이해서 "사람을 지도하고 하늘을 섬기는 일에 농민보다 더 훌륭한 사람은 없다."고 번역하는 사람도 있다. 아무튼 사치와 낭비는 금물. 순박한 농민처럼 알뜰살뜰 삶을 이어 가는 것이 지도자가 취해야 할 기본적 삶의 방식이 되어야 한다는 것이리라.

검약한다는 것은 결국 뭐든지 '함부로 하지 않음', '고요함', '일을 벌이지 않음', '마음을 비움' 등과 궤를 같이하는 일이다. 그런 뜻에서 그것은 그대로 '도를 따르는 행동'이다. 도에 따라, 순리에 따라, 재력이나 국력이나 인력 등 외적인 것뿐 아니라 쓸데없는 행동, 쓸데없는 생각, 쓸데없는 염려, 쓸데없는 짓 등을 멀리함으로 체력, 지력, 정신력, 정력 등도 아끼고 보존하면 안팎으로 덕이, 곧 힘과 생기와 활력이 점점 쌓이게 되고 그렇게 덕이 많이 쌓이면 아무리 울어도 목쉬는 일이 없는 어린아이처럼 거칠 것이 없는 상태가 된다. 이렇게 이겨 내지 못할 것이 없을 정도로 무한한 내적 힘을 갖춘 사람만이 나라의 지도자가 될 자격이 있다는 것이다.

이승만 대통령과 부인 프란체스카 여사가 살아 있을 때 얼마나 검소하고 검약하게 생활했는가를 그들이 쓰던 옷가지며 일용품을 보여 주면서 설명하는 TV 방송 프로그램을 본 일이 있다. 그들도 도를 따른 것인가? 자신들의 체력, 재력, 정신력과 함께 국력, 인력을 아끼고 보존하는 데도 힘썼을까? 그 뒤 다른 대통령은 어떠했을까?

'나라의 어머니'는 제1장에 나오는 "만물의 어머니萬物之母"나

제25장에 나오는 "세상의 어머니天下母"에서 나온 것처럼 나라의 근본이 되는 도를 뜻한다. 나라가 오래가기 위해서는 나라의 기틀이 도에 입각해야 한다는 것은 말할 나위도 없는 사실이다. 도에 입각한다는 것은 바로 뿌리를 깊이 내리고 바탕(혹은 큰 뿌리)을 튼튼하게 하는 일로, 이는 수명이 연장되고 시력이 오래갈 수 있게 해주는 길이기도 하다.(久視는 '오랜 생존', '불사'를 뜻하기도 한다. 후대 도교 신도 가운데엔 이런 상징적 표현을 문자대로 이해해서 영생불사 장생불로를 누리는 신선이 되는 것을 그들의 종교적 이상과 목표로 삼게 되기도 했다.)

도에 입각해서 도를 따르므로 나라와 지도자와 국민이 함께 평화와 안녕을 누리게 된다고 하면, 도대체 도를 따른다는 것은 구체적으로 무엇을 뜻하며 정확하게 무엇을 어떻게 해야 한다는 말인가? 이 장에서는 여기에 대한 대답으로 도를 따르는 그 구체적 첫걸음이 바로 근검 절약 즉 모든 면에서 아끼는 일이고, 이것이 특히 나라를 다스리고 하늘을 섬기는 지도자로서 해야 할 제일의 기본적 실천 사항이라는 사실을 명확하게 가르쳐 주고 있다.

제60장
작은 생선을 조리하는 것과 같다
— 놓아둠의 정치

큰 나라를 다스리는 것은
작은 생선을 조리하는 것과 같습니다.

도로써 세상을 다스리면
귀신도 힘을 쓰지 못하게 됩니다.
귀신이 힘이 없기 때문이 아니라,
힘이 있어도 사람을 해칠 수가 없는 것입니다.
그 힘이 사람을 해칠 수 없다기보다는
성인이 사람을 해치지 않는 것입니다.
양쪽 모두 해치지 않으니
그 덕이 서로에게 돌아갑니다.

앞에서 말해 온 '가만둠의 정치', '함이 없는 정치', '맹맹한 정치', '검약의 정치'를 여기서는 '작은 생선 요리'라는 구체적인 비유를 들어 강조하고 있다. 따라서 이 구절을 앞의 제59장 결론부로 생각하고 그 끝에 있어야 할 것이라고 주장하는 주석가도 있다.

어떻든 "작은 생선을 굽는 것과 같다若烹小鮮"는 구절은 『도덕경』에서 잘 알려진 문구 가운데 하나이다. '팽烹'은 '삶는다', '지진다', '굽는다'는 뜻이다. 토사구팽兔死狗烹이라고 할 때의 '팽烹'이다. 여기서는 주석가 대다수의 의견대로 '굽는다'는 뜻을 택하기로 한다.

작은 생선을 굽는다는 것은 무슨 뜻인가? 작은 생선을 구울 때는 우선 칼로 배를 따서 내장을 뺀다든가 뼈를 추린다든가 하지 않고 통으로 굽는다. 그리고 구울 때도 쓸데없이 젓가락으로 이리저리 들쑤시지 않는다. 한쪽이 다 익기 전에는 이리저리 뒤집어서도 안 된다. 그렇게 하면 작은 생선이 망가져 버리기 때문이다. 잘 익을

---

60. 治大國若烹小鮮. 以道莅*天下, 其鬼不神, 非其鬼不神, 其神不傷人.

非其神不傷人, 聖人亦不傷人. 夫兩不相傷, 故德交歸焉.

* 莅(이/리) · '臨'과 같이 '군림하다', '치리하다'의 뜻. 제31장 주에 나온 리(涖)와도 같다.

때까지 한참 동안 가만히 놓아 두고 지켜보고만 있어야 한다.

특히 큰 나라를 다스릴 때는 이와 같이 가만두는 정치를 해야 한다는 것이다. 말하자면 큰 나라를 다스릴 때는 중앙 정부가 지방의 일을 사사건건 간섭하는 강력한 중앙 집권 통치 체제를 채택할 것이 아니라 각 지방 자치 단체의 자율성을 인정하고 될 수 있는 대로 스스로 되어가도록 놓아 두라는 것이다. 이런 의미에서 미국과 캐나다를 비교해 보면, 연방 정부가 비교적 강력한 통제력을 가지고 있는 미국의 제도보다는 각 주가 거의 절대권을 행사하고 연방 정부는 외교, 군사, 교육 등 몇 가지만 관장하도록 되어 있는 캐나다의 제도가 『도덕경』의 정신에 더 가깝다고 할 수 있겠다. 한국은 어디쯤에 서 있는 것일까? 어느 나라든 정도 차이는 있을지언정 '팽소선 烹小鮮' 의 이상에서 멀어도 한참 먼 상태인 것만은 말할 나위도 없는 사실이다.

여기서 한 가지 주목할 점은 작은 생선을 구울 때 생선을 완전히 내팽개쳐 두는 것이 아니라는 사실이다. 옆에서 조심스럽게 지켜보고 익숙한 솜씨로 그것이 잘 익도록 도와 주어야 한다. 무위의 정치, 불간섭주의의 정치라고 해서 완전히 무관심하고 될 대로 되라고 내버려두는 것이 아니라 오히려 깊은 관심과 보이지 않는 손길로 나라를 이끌어 가는 고단수 정치이다. 그러기에 이런 정치는 아무나 할 수 있는 것이 아니고 도에 입각하여 무위의 원리를 터득한 사람만이 실천할 수 있다.

이렇게 도에 입각하여 무위 자연, 불간섭주의로 세상을 다스리면 귀신도 힘을 쓰지 못한다. 귀신이 힘이 없어서가 아니라 힘이 있어도 그 힘으로 사람을 해치지 못한다는 것이다. 왜 그렇다는 것일까? 성인이 나라를 잘 다스리기 때문에 귀신이 사람을 해치지 못한다고 한다. 성인이 나라를 잘 다스리면 왜 귀신이 사람을 해치지 못하는가? 고대 사람의 생각으로는 세상에 사람을 못살게 하는 것이 두 가지인데 하나는 보이지 않는 세계에서 움직이는 귀신이요, 다른 하나는 보이는 세계를 다스리는 위정자였다. 귀신은 사람이 도에 어긋나는 삶을 살 때만 사람을 해칠 수 있다. 위정자는 그 권세나 도력으로 언제든 사람을 해칠 수 있었다. 그러나 위정자가 진정으로 도에 입각해서 나라를 다스리면 사람도 모두 도에 따라 순리대로 살게 되므로 귀신도 사람을 해칠 수가 없게 되고, 위정자 자신도 이렇게 성인이 된 입장에서 사람에게 해를 줄 리 만무하게 되므로 사람은 양쪽 모두에게 해를 받지 않고 편안하게 살아갈 수 있는 것이다. 이런 상태가 이루어질 때 모두가 어울려 '덕 있는 삶', '활기찬 삶', '평화롭고 조화스런 삶'이 세상에 두루 퍼져 나가게 된다고 했다.

여기서 위정자의 역할이 얼마나 중요한지 알 수 있다. 귀신이 사람을 해치지 못하게 하는 것은 오로지 위정자의 마음먹기에 달렸기 때문이다. 귀신이 마음대로 사람을 못살게 하는 것으로 생각되던 고대에 귀신의 힘보다 도의 힘, 위정자와 사람의 도덕적 위력이 더욱 크다고 하는 생각은 특히 주목해야 할 사항이다.

제61장
큰 나라는 강의 하류
— 대국과 소국의 관계

큰 나라는 강의 하류.
온 세상이 모여드는 곳.
그것은 세상의 여인.
여성은 언제나 그 고요함으로 남성을 이깁니다.
고요히 스스로를 낮춥니다.

그러므로 큰 나라는 작은 나라 아래로 스스로를 낮춤으로
작은 나라를 얻고,
작은 나라는 큰 나라를 향해 내려감으로
큰 나라를 얻습니다.
그러므로 한쪽은 스스로를 아래에 둠으로 남을 얻고
다른 한쪽은 스스로 내려감으로 남을 얻습니다.

큰 나라가 오로지 바랄 것은 사람을 모아 보양하는 것,

작은 나라가 오로지 바랄 것은 들어가 남을 섬기는 것.

큰 나라 작은 나라가 자기들 바라는 바를 얻으려면,

큰 나라가 [먼저] 스스로를 낮추어야 할 것입니다.

국가간의 평화와 협력을 증진하기 위해서 어떻게 하는 것이 좋을까 하는 문제를 다루고 있는 장이다. 특히 큰 나라와 작은 나라가 어떤 관계를 유지하면서 공생 공영의 길을 걸을 수 있을까 하는 문제에 대해 언급하고 있다. 결론적으로 큰 나라든 작은 나라든 타국과의 외교 관계, 국제 관계에서 명심해야 할 가장 근본적인 일은 스스로를 낮추는 겸허한 태도라는 것이다. 그중에서도 특히 큰 나라는 솔선하여 작은 나라 아래에 스스로를 둬야 한다고 하고 있다.

스스로를 낮추는 것은 제8장에서도 언급했듯이 "모두가 싫어하

---

61. 大國者下流, 天下之交*, 天下之牝. 牝常以靜勝牡, 以靜爲下.

故大國以下小國, 則取小國, 小國以下大國, 則取大國. 故或下以取, 或下而取.

大國不過欲兼畜人*, 小國不過欲入事人. 夫兩者各得所欲, 故大者宜爲下.

* 交(교) - 여기서는 '모여듦', '모여드는 곳'의 뜻.

* 兼畜人(겸휵인) - '畜'은 '휵'으로 읽으며 '기르다', '보양하다'의 뜻.

는 곳을 향해 흐를 뿐"인 물의 특성이자 도의 특성이다. 스스로를 낮추는 겸비, 겸손, 겸허를 뜻하는 단어 '아래 하下' 자가 국제 관계를 이야기하는 이 장에 아홉 번이나 나와 있다. 자연스럽게 아래로만 흐르는 물의 원리, 도의 원리를 넓게는 국제 정치에도 그대로 적용해야 한다는 도가 사상의 기본 입장이 나타나 있는 셈이다.

큰 나라는 강의 하류와 같다. 조그만 지류가 모여들어 넓고 깊고 도도한 하류를 형성한다. 하류는 본성적으로 지류 아래에 있어야 한다. 스스로를 아래에 두지 않으면 지류를 포용할 수가 없다. 이것은 마치 여인과 같다. 조용히 스스로를 아래에 둠으로 세상을 그 품에 품을 수가 있다. 제36장을 비롯하여 『도덕경』 전체를 통해 여성적인 성격, 부드럽고 안온하고 차분하고 겸허하고 포용적이고 개방적이고 수납적인 태도가 떠들썩하고 덤벙거리고 저돌적이고 능동적인 남성을 이긴다고 본다. 여기서는 특히 '고요함' 과 '자기 낮춤' 의 자세를 통해 남성을 이길 수 있다는 것을 강조하고 있다.

큰 나라도 이처럼 차분하고 의연한 자세로 스스로를 아래에 둘 때 작은 나라가 스스로 흘러 들어온다는 것이다. 하류가 지류 위에 있으려면 지류보다 더욱 작은 물줄기가 되고 말 뿐이다. 이렇듯 큰 나라도 작은 나라 위에 군림해서 거드름을 피우는 등 자만에 빠져 있으면 작은 나라보다 더욱 작아질 수밖에 없다. "그러므로 큰 나라는 작은 나라 아래로 스스로를 낮춤으로만 작은 나라를 얻을 수" 있다는 것이다. 결국 긴 안목으로 볼 때 차분하면서도 겸허한 자세로 임하는 외교가 허세를 부리고 강압적인 외교보다 딴 나라의 호응과

신임을 얻는 데 더욱 효과적이라는 뜻이다. 유가에서 하류를 천히 여기고 상류를 좋아하는 데 반해(『논어』 17:24, 19:20 참조), 도가에서는 이처럼 하류를 상류보다 좋게 여기는 셈이다.

작은 나라는 어떤가. 강의 지류가 조용히 순리대로 아래를 향해 흘러 내려가야만 하류와 하나가 되듯, 작은 나라도 큰 나라를 향해 스스로를 낮추어야 한다. 그렇게 될 때 큰 나라와 하나되어 큰 나라의 신뢰와 보호를 받을 수 있다.

이 장에서 말하는 큰 나라 작은 나라의 관계가 남녀 교합의 상징을 통해 묘사된 것으로 해석하는 주석가도 있다. 큰 나라는 여인처럼 스스로를 아래에 놓고, 작은 나라는 남자처럼 여인을 향해 스스로를 낮추므로 서로 하나가 되는 것을 비유하고 있다고 보는 것이다. 특히 마지막 구절은 남자와 여자가 합하려면 우선 여인이 먼저 아래에 누워야 하듯 큰 나라와 작은 나라가 자기들의 소원대로 합하려면 여인 격인 큰 나라 쪽이 먼저 자기를 낮추어야 함을 뜻하는 것으로 풀이한다.

이런 국제 관계에 대한 조언은 물론 이천 몇 백년 전 중국의 춘추 전국 시대를 배경으로 한 말이다. 이렇게 큰 나라가 먼저 스스로를 낮추면 모든 나라의 신뢰와 충성을 얻게 된다고 하는 말이 오늘날에도 적용될까? 미국이 이런 노자님의 말을 알고나 있을까? 만에 하나 그대로 적용한다면 과연 어떤 결과가 생길까?

제62장
도는 모두의 아늑한 곳
― 도의 포용성

도는 모두의 아늑한 곳.
선한 사람에게도 보배요,
선하지 않은 사람에게도 은신처입니다.

아름다운 말은 널리 팔리고,
존경스런 행위는 남에게 뭔가를 더해 줄 수 있습니다.
사람 사이의 선하지 않다고 하는 것이라도,
무슨 버릴 것이 있겠습니까?

그러므로 천자天子를 옹립하고 삼공三公을 임명할 때,
네 필 말이 끄는 수레를 앞세우고 아름드리 옥玉을 바치지만,
오히려 무릎을 꿇고 이 도를 바치는 것이 더 좋은 일입니다.

옛사람이 이 도를 귀히 여긴 까닭이 무엇이겠습니까?

282

도로써 구하면 얻고, 죄 있어도 이로써 면할 수 있다고 하지 않
  았습니까?
그러기에 세상이 이를 귀히 여기는 것입니다.

'도'가 '萬物之奧' 라고 할 때의 '奧(오)' 는 집의 서남쪽 후미진 모
퉁이를 말한다. 서남쪽 햇볕이 제일 많이 드는 데 있으니 가장 따뜻
한 곳이다. 그래서 '아늑한 곳' 이라 옮겼다. 말하자면 안온하고 아
늑한 곳이다. 도가 바로 이렇다는 것이다. 만물을 따뜻하고 아늑하
게 감싸 주고 길러 준다는 뜻이다.

  이 장에서 강조하는 것은 이렇게 따뜻하고 아늑하게 감싸 주고

---

62. 道者萬物之奧*, 善人之寶, 不善人之所保. 美言可以市, 尊行可以加人,

  人之不善, 何棄之有. 故立天子, 置三公*, 雖有拱璧*以先駟馬*, 不如坐進此道,

  古之所以貴此道者何. 不曰求以得, 有罪以免邪, 故爲天下貴.

* 奧(오) - '奧地' 라고 할 때의 '오'. 깊은 구석.
* 三公(삼공) - 주(周)나라 때 최고의 벼슬. 태사(太師), 태부(太傅), 태보(太保).
* 拱璧(공벽) - '拱' 은 두 팔로 안는 것. 아름드리. '璧' 은 둥근 옥.
* 駟馬(사마) - 네 필 말이 끄는 수레.

길러 주는 도가 선한 사람에게만 그렇게 하는 것이 결코 아니라는 것이다. 도는 물론 선한 사람에게도 값지고 보배로운 것이지만 선하지 못한 사람에게도 마찬가지로 아늑한 안식처요, 피난처요, 은신처가 된다는 것이다. 도는 말하자면 선한 사람, 선하지 못한 사람이 다 함께 비빌 언덕이다.

도는 또 선한 사람의 선한 언행言行만 받아들이는 것이 아니고, 선하지 못한 사람의 선하지 못한 겉치레 언행마저 인정해 준다고 한다. '아름다운 말美言'이 무슨 뜻이고 '사고 판다市'는 것이 무슨 뜻인가. 두 문장을 어디서 끊어야 하는가 하는 데 대해 주석가 사이에 의견이 분분하다. 그러나 제81장에 "믿음직스러운 말은 아름답지 못하고, 아름다운 말은 믿음직스럽지 못하다.信言不美, 美言不信."는 구절에서 보듯이 '아름다운 말'이란 것은 바람직스러운 말, 최고의 이상이 아니고 그저 그럴 듯하게 미사 여구美辭麗句를 곁들인 번지르르한 말일 뿐이라고 풀어도 좋을 것 같다. '존경스런 행위尊行'라는 것도 마찬가지다. 어떤 주석가는 '尊'을 앞구절에 붙여 "아름다운 말은 존경을 살 수 있다."고 읽고, '行'을 '美行'으로 고쳐 읽어야 한다고 주장하기도 하지만 어떻게 읽든 이 행위라는 것도 최고의 행위가 아닌 것만은 사실이다. 이런 번지르르한 겉치레 말이나 행위라 하더라도 도의 입장에서 보면 뭔가 쓸모가 있다는 것이다.

요는 도가 선한 사람, 선하지 못한 사람을 가리지 않고 한결같이 아늑한 품처럼 감싸 주고 선한 것, 선하지 못한 것을 가리지 않고 한결같이 선한 일에 쓰이도록 포용성으로 대한다는 것이다. 도의 큰 품 속에서 버릴 것, 버림받는 것, 쓸모없는 것이란 하나도 없다는 뜻이다. 도의 세계는 상식적인 세계에서 임의로 정한 선악, 미추 등의 대립적 이분법을 넘어서는 경지다.

도가 이렇다는 것이 실제 생활에 어떤 의미를 지니는가? 무엇보다도 우선 나라를 다스리는 지도자에게 의미 있는 일이라고 한다. 도를 실천함으로 이와 같은 도의 포용성, 관용성을 갖추게 되는 일이야말로 나라를 다스리는 사람이 염두에 두어야 할 최대의 관심사가 되어야 한다는 것이다.

임금이나 대신이 취임할 때면 한 아름 되는 옥을 갖다 바친다, 온갖 치장을 한다, 하면서 휘황 찬란한 의전으로 법석을 떠는 것이 상례지만, 이럴 경우 이런 데 정신을 쏟기보다는 선한 사람이거나 선하지 못한 사람이거나 한결같이 대해 주는 도, 선하다는 것이나 선하지 못하다는 것이나 하나같이 버리지 않고 감싸 주는 도, 이런 도를 닮아 가려는 결의를 갖추도록 하는 예식을 치르는 것이 더욱 바람직하다는 것이다. 말하자면 취임식은 도에 입각하여 정치할 것을 다짐하는 예식이어야 한다는 뜻이다.

도는 이렇게 나라를 다스리는 지도자에게만 중요한 것인가? 옛사람이 도를 귀하게 여긴 이유가 무엇인가? 지도자뿐만 아니라 우리 모두에게 도의 구체적인 효용성이란 무엇인가? 『도덕경』은 여기서 도의 구체적인 효용성으로 두 가지를 지적한다. 첫째 도를 가지고 있으면 구하는 바가 다 이루어진다는 것이요, 둘째 도가 있으면 죄가 있어도 모두 사함을 받는다는 것이다. 일반적으로 구하는 바를 얻기 위해서나 죄사함을 받기 위해서 기도한다, 제사를 지낸다, 희생 제물을 드린다, 굿을 한다 하면서 외부적 행위나 힘에 매달리는데 여기서는 도에 따라 사는 내면 세계의 재정립이 관건關鍵임을 강조하고 있다. 『도덕경』은 이런 의미에서 비신화화非神話化 운동의 기수가 아닌가?

지도자든 누구든 할 것 없이 무엇보다도 도를 귀하게 여겨야 한다는 결론이다.

제63장
어려운 일은 쉬울 때 해야
— 실기失機하지 않는 자세

함이 없는 함無爲을 실천하고,

일함이 없는 일無事을 실행하고,

맛없는 맛無味을 맛보십시오.

큰 것을 작은 것으로 여기고,

많은 것을 적은 것으로 생각하십시오.

원한을 덕으로 갚으십시오.

어려운 일을 하려면 그것이 쉬울 때 해야 하고,

큰 일을 하려면 그것이 작을 때 해야 합니다.

세상에서 제일 어려운 일도 반드시 쉬운 일에서 시작되고,

세상에서 제일 큰 일도 반드시 작은 일에서 시작되기 때문입
니다.

그러므로 성인은 끝에 가서 큰 일을 하지 않습니다.

그래서 큰 일을 이루는 것입니다.

무릇 가볍게 수락하는 사람은 믿음성이 없는 법이고,

너무 쉽다고 생각하는 사람은 반드시 어려운 일을 맞게 마련입
　니다.

그러므로 성인이라도 일을 어려운 것으로 여기는 법입니다.

그러기 때문에 끝에 가서 어려운 일이 없게 되는 것입니다.

이 장에서도 앞에서 거듭 역설해 온 '무위無爲의 위'(제3장, 제37장, 제43장), '무사無事의 사'(제48장, 제57장), '무미無味의 미'(제12장, 제35장) 등 도가 사상의 기본을 다시 이야기하고 있다. 그러나 여기서는 무위, 무사가 아무것도 하지 않고 빈둥빈둥 할 일 없이 지내는 이른바 무위도식無爲徒食 같은 것이 아님을 구체적인 예를 들어 밝히고 있다. 무위는 덤벙대며 요령부득으로 하지 않음이라는 것을 보여 주는 장이다.

---

63. 爲無爲, 事無事, 味無味, 大小多少. 報怨以德, 圖難於其易, 爲大於其細.

　天下難事, 必作於易, 天下大事, 必作於細. 是以聖人終下爲大, 故能成其大.

　夫輕諾*必寡信, 多易必多難. 是以聖人猶難之, 故終無難矣.

* 諾(낙/락) - 수락하다, 동의하다.

첫 단에 나오는 "大小多少"란 무슨 뜻일까? "작은 것을 큰 것으로 생각하고 적은 것을 많은 것으로 여기라."는 말로 푸는 사람도 있고, 반대로 "큰 것을 작은 것으로 생각하고 많은 것을 적은 것으로 여기라."는 뜻으로 새기는 사람도 있다. 또 "크든 작든, 많든 적든" 하는 뜻의 부사구로 보는 사람도 있다. 첫째 해석을 따르면 작은 문제도 큰 것으로 생각하고 신중을 기하라는 말로 받아들일 수가 있고, 둘째 풀이를 따르면 "천릿길도 한 걸음부터"라는 말과 같이 아무리 크고 어려워 보이는 일이라도 처음에는 작은 것부터 시작해서 처리하면 쉽게 풀릴 것이라는 뜻으로 생각할 수 있다. 책을 한 권 쓸 때 '360쪽짜리 책 한 권'이라 생각하는 대신 '하루 한 쪽' 하는 식으로 생각하면 일이 더 쉬워질 수 있다.

"원한을 덕으로 갚으라.報怨以德"는 말도 많이 논의되는 구절이다. 『논어』에 보면 어떤 사람이 "원한을 덕으로 갚으면 어떠합니까? 以德報怨, 如何" 하고 공자님에게 물었다. 공자님은 "그러면 덕은 무엇으로 갚겠는가? 원한은 곧바름直으로 갚고 덕은 덕으로 갚아야 한다."(14:36)고 대답했다. 노자님은 "오른 뺨을 치거든 왼 뺨도 돌려 대라."는 것을 가르치고 공자님은 "눈은 눈으로 이는 이로"라는 것을 가르치고 있는 셈인가? 아무튼 노자님의 경우 딴 사람이 우리를 해칠 때 서로의 잘잘못을 따지는 윤리적 방법으로는 문제를 해결할 수 없고, 오로지 이런 이분법적 발상을 넘어서서 모두가 도와 하나가 되므로 원한을 원한으로 삼지 않는 경지에 이를 때 참된 해결을 할 수 있음을 이야기한다고 볼 수 있다.

'무위', '무사'는 어찌하여 아무 일도 하지 않는 것이 아니라는 뜻인가? 첫째 무위, 무사를 실천하는 사람은 우선 어떤 일이든지 그것이 시작될 단계에서 일을 처리한다고 한다. 아무리 어려운 일이라도 처음에는 쉬운 법, 아무리 큰 일이라도 처음에는 작은 법, 따라서 무위의 도를 실천하는 사람은 어떤 일이든 미루지 않고 쉬울 때, 작을 때 해치운다. 따라서 남의 눈에 띄게 부산을 떨 필요도 없고, 외적 실적 같은 것이 두드러지게 나타나지도 않는다.

"호미로 막을 일 가래로도 못 막는다."는 말이 있다. 일반 사람은 엄벙덤벙하느라 일에 대처해야 할 적절할 기회를 놓쳐 버려 가래를 가지고 아니 불도저를 가지고 요란을 떨면서 일을 하고 그래도 막지 못하는 경우가 많으나, 도에 입각해서 행동하는 사람은 사건의 전말이나 사물의 원리를 터득하고 있기 때문에 일이 확대되고 복잡해지기 전에 호미 하나로, 아니 손가락 하나로도 능히 막을 수가 있다. 따라서 무위, 무사는 일을 안 하는 것이 아니라 실기失機하지 않고 일이 쉽고 작을 때 '하는 일이 없는 듯이 하는 일'이다.

둘째 무위, 무사라는 것은 일을 신중히 하는 것임을 이야기하고 있다. 보통 사람의 경우 무슨 일이든지 일을 쉽게 생각하고 맡았다가 결국은 부산만 피우고 일을 완성하지 못한다. 일의 전후나 난이도 등을 신중하게 헤아리지 않고 그저 쉽게만 생각하고 덤벼들기 때문이다. 그러나 도에 따라 사는 사람은 비록 쉽게 보이는 일이라도 그 속에 잠재한 여러 가지 어려움을 미리 감지하고 대처하기 때문에 실제로 아무리 어려운 일이라도 놀라지 않고 차분하며 남의 눈에 드러나지 않게 일을 처리할 수 있다. 따라서 무위, 무사는 '신중함'을 가지고 일함이다.

이처럼 무위 무사를 통해서만 실로 큰 일, 어려운 일이 효과적으로 빈틈없이 이루어진다는 것이다. 제3장의 억지로 하는 "함이 없는 함을 행하면 다스려지지 않는 것이 하나도 없다."는 말이나 제37장의 "도는 언제든지 [억지로] 일을 하지 않습니다. 그러나 (혹은 그러기 때문에) 안 된 것이 하나도 없습니다."를 다시 한 번 천명하고 있는 셈이다.

제64장
천릿길도 발밑에서
— 큰 일의 작은 시작

안정된 상태에 있을 때 유지하기가 쉽고,

아직 기미가 나타나기 전에 도모하기가 쉽고,

취약할 때 부서뜨리기가 쉽고,

미세할 때 흩어버리기가 쉽습니다.

아직 일이 생기기 전에 처리하고,

혼란해지기 전에 다스려야 합니다.

아름드리 나무도 털끝 같은 싹에서 나오고,

구층 누대도 한 줌 흙이 쌓여 올라가고,

천릿길도 발밑에서 시작됩니다.

억지로 하는 자 실패하게 마련이고,

집착하는 자 잃을 수밖에 없습니다.

따라서 성인은 하지 않음으로 실패하는 일이 없고,

집착하지 않음으로 잃는 일이 없습니다.

사람이 일을 하면 언제나 거의 성공할 즈음에 실패하고 맙니다.

시작할 때처럼 마지막에도 신중했으면 실패하는 일이 없을 것
　　입니다.

그러므로 성인은 욕심을 없애려는 욕심만이 있고,

귀하다고 하는 것을 귀히 여기지 않고,

배우지 않음을 배우고,

많은 사람이 지나쳐 버리는 것으로 돌아갑니다.

온갖 것의 본래적인 자연스러움을 도와 줄 뿐,

억지로 하는 일을 하지 않습니다.

---

64. 其安易持, 其未兆易謀, 其脆*易泮*, 其微易散, 爲之於未有, 治之於未亂.

合抱之木, 生於毫*末, 九層之臺, 起於累土, 千里之行, 始於足下.

爲者敗之, 執者失之, 是以聖人無爲故無敗, 無執故無失. 民之從事,

常於幾*成而敗之, 愼終如始, 則無敗事. 是以聖人欲不欲, 不貴難得之貨.

學不學, 復衆人之所過. 以輔萬物之自然而不敢爲.

* 脆(취) - 연해지다.

* 泮(반) - 얼음이 풀림.

* 毫(호) - 털. '秋毫도 의심 않다', '毫釐의 차이도 없다' 고 할 때의 호.

* 幾(기) - 여기서는 '거의' 의 뜻.

이 장은 무슨 일이든 그 일이 커지고 어려워지기 전에 처리하라는 앞장의 취지를 부연하고 있다. 큰일이 터지기 전의 안정된 상태일 때 미리 안전 대책을 세우는 유비 무환有備無患의 태도가 상책이라는 뜻이다. "기미가 보이기 전에 도모하기가 쉽다."는 것도 정치적인 뜻으로 해석해서, 정적政敵의 음모가 있으면 낌새가 확연할 때까지 기다리지 말고 당장 처결하라는 말로도 풀이할 수 있겠지만, 우리 주변에서 일어나는 일을 예로 들면 병이 들어 증세가 확실해질 때까지 기다릴 것이 아니라 증세가 약간만 나타나도 당장 손을 쓰는 것이 병을 물리치는 데 쉬운 길이라는 식으로 해석할 수도 있을 것이다. 얼음도 두껍게 꽝꽝 얼기 전 얇고 약할 때 깨뜨리면 아주 수월하듯이.

'천릿길'이라고 생각하고 겁먹을 것이 아니라 우선 한 발짝을 떼어 놓는다는 생각으로 출발하면, 시작이 반이라고 할 일의 반은 이루어진 셈이다. "티끌 모아 태산." 태산을 만든다는 것은 엄청난 일이지만 그런 큰 것을 생각하고 좌절할 것이 아니라 우선 티끌을 모은다는 생각으로 시작하면 쉽게 일에 착수할 수 있다. 교수로서 가장 하기 싫은 일 가운데 하나가 학기말이 되어 학생의 기말 논문(term papers)을 읽고 채점하는 일일 것이다. 한 학급의 50명 분을 읽는다고 생각하면 엄청난 분량이라 한없이 미루게 된다. 그러다가 학생에게 돌려주기로 약속한 날이 임박해서야 밤샘을 하면서 힘들게

끝내는 것이 보통이다. 이러는 대신 "하루에 5명 분"이든 쉽게 실행 가능한 범위 내에서 분량을 나누어 놓고 하루하루 처리하면 일을 미룬다는 죄책감이나 스트레스도 없이 잘 끝낼 수 있을 것이다.

이런 기본적인 이치를 모르고, 처음부터 태산을 쌓는다거나 구층 누대를 올린다는 거대한 꿈만 가지고 설치는 사람은 실패하게 마련이다. 그뿐 아니라 무슨 일이 있더라도 이 일만은 이루고 말리라는 강한 집념과 집착 때문에 실패했을 경우 세상이 무너지는 듯한 좌절감과 실의에 빠질 수밖에 없다. 그러나 도에 따라 사는 자연인, 자유인은 한 줌 티끌이나 한 줌 흙을 옮기는 기분으로 쉽게 일을 시작하여 꾸준하고 묵묵히 수행한다. 꾀를 내거나 자기를 드러내려는 인위적이고 표피적인 행동이 아니다. '함이 없는 함'이다. 그래서 결국은 태산이 이루어지고 구층 누대가 완성된다. 그러나 아무것에도 달라붙거나 집착하는 일이 없기 때문에 일이 완성되면 그것으로 족할 뿐, 뽐내거나 소유하거나 지배하려 하지 않는다. 그래서 잃는 일이 없다.

성인은 욕심이 없다. 있다면 다만 욕심을 없애겠다는 욕심뿐이다. 불교에서는 욕심을 없애겠다는 욕심도 욕심인 것만은 틀림이 없으므로 그런 욕심마저도 없어진 완전한 무욕의 상태를 이상으로 보는데, 『도덕경』에서는 거기까지 말하고 있지는 않다. 아무튼 성인은 욕심을 버리겠다는 욕심 외에 딴 욕심이 없기 때문에 남이 귀하다고 하는 것도 귀히 여기지 않는다. 집념이나 집착이 없기에 뭐든지 있어도 그만 없어도 그만인 의연함이 있다. 배움도 앞의 제48

장에서 말한 대로 지적知的 욕망이나 갈구를 채우기 위해 "하루하루 쌓아 가는" 보통의 학문이 아니라 "하루하루 없애 가는" 도의 길로서의 배움이다. 보통의 배움을 버리려는 배움이다. 'learning to unlearn his/her learning' 인 셈이다.

이 모든 구체적인 행동 지침도 결국은 무위 자연無爲自然이라는 근본 원리에 돌아갈 때 생겨나는 것이다. 이렇게 근본으로 돌아간 성인은 만물이 본래 가지고 있던 '스스로 그러함自然' 을 회복하도록 도와줄 뿐, 뭔가 인위적으로 해보려는 마음을 품지 않는다.

제65장
다스리기 어려운 것은 아는 것이 많기 때문
— 무지無知의 정치

옛날 도를 잘 실천하던 사람은

사람을 총명하게 하려 하지 않고,

오히려 어리석게 만들었습니다.

사람을 다스리기가 어려운 것은 아는 것智이 많기 때문입니다.

그러므로 아는 것으로 나라를 다스리는 것은 나라를 도둑질하
　　는 것,

앎이 없이 다스리는 것이 나라에 복이 됩니다.

이 두 가지를 깨닫는 것이 하늘의 법도를 깨닫는 것입니다.

언제나 하늘의 법도를 깨닫고 있음을 그윽한 덕玄德이라 합니다.

그윽한 덕은 너무나도 깊고 멀어서

사물의 이치에 반하는 것 같지만,

결국 [도에] 크게 따름大順입니다.

여기서는 앞장에서 말한 "욕망을 버리려는 욕망欲不欲", "귀하다는 것을 귀히 여기지 않음不貴難得之貨", "배움을 버리려는 배움學不學" 등의 원리를 개인적으로 실천할 뿐만 아니라 이를 정치에 적용하였을 때 어떻게 되는가를 이야기하고 있다. 한마디로 백성을 어리석게 만들고 아는 것이 없도록 하라는 것이다.

이것은 제3장에서 이미 말한 것처럼 독재자가 채택하는 우민 정치愚民政治를 조장하는 말로 오해할 수도 있다. 독재자는 언론, 출판 등을 통제하여 국민이 진실을 보지도 듣지도 못한 상태에서 일사불란하게 독재자만 찬양하고 명령을 충실히 따르도록 하는 것을 정치적 이상으로 삼는다. 여기서도 이런 것을 주장하고 있는가?

사실 이런 독재 정치야말로 가장 인위적이고 부자연스런 통치 방법으로서 사람을 가만둠, 놓아둠, 시시콜콜 참견하지 않음의 무위, 무사, 무지, 무욕의 정치와 정반대되는 것이다. 독재 정치보다 사람

---

65. 古之善爲道者, 非以明民, 將以愚之. 民之難治, 以其智多. 故以智治國, 國之賊, 不以智治國, 國之福. 知此兩者, 亦稽式*, 常知稽式, 是謂玄德.

玄德深矣, 遠矣, 與物反矣, 然後乃至大順.

* 稽式(계식) - 법도, 법칙, 규범. 많은 사본에 '楷式(해식)'으로 되어 있는데 뜻은 같다.

을 들볶는 일이 어디 있겠는가? 국민을 일깨우고 그들의 어리석음
과 무지를 척결하여 '총명하게' 만든다는 미명 아래 무슨 사상 학
습이다, 어디 어디 참관이다 반상회다 소양 교육이다 한시도 가만
두지 않고 들볶기 일쑤이다. 독재자의 우민 정치는 이렇게 뭐든지
'함'의 정치이고, 『도덕경』에서 말하는 무지의 정치는 '함이 없음'
의 정치이다.

　독재 정치뿐만이 아니다. 이른바 민주주의적이고 진취적인 정치
체제에서도 사정은 비슷하다. 나라가 잘 되기 위해서는 국민을 교
육시켜 신사고를 채택하도록 하고, 사물을 예리하게 분석하고 논리
적으로 판단할 능력을 갖추게 하여 총명하고 아는 것이 많도록 하
고…… 나아가 국민 중에서 특히 이런 방면으로 잘 훈련된 사람을
골라 지도자로 삼고 그들로 국민을 더욱 그런 방향으로 몰아가게
하고…… 그렇게 되면 개화된 사회, 문명 사회, 진취적이고 경쟁적
이고 전향적인 사회가 이룩되어 사람이 그만큼 더 행복하고 풍요로
운 삶을 살 수 있다고 믿는다.

　그러나 『도덕경』에서는 루소(Jean Jacques Rousseau)를 비롯한 자연
주의 정치철학자와 마찬가지로 이른바 국민을 교육한다는 것은 결
국 국민이 본래 가지고 있던 순박한 본성을 후패朽敗케 할 뿐이라고
한다.

　그러면 백성이 완전히 백짓장 같은 무지 상태에 있어야만 나라
가 잘 되고 사람 사이에 평화와 조화가 이룩된다는 것인가? 그것이
사실이라면 아무것도 모르고 졸졸 따르기만을 배우는 강아지 훈련

장이나 멋모르고 배불리 먹을 것이나 있으면 그것으로 꿀꿀거리며 만족하고 지내는 돼지 우리가 가장 이상적인 상태라 할 수 있을 것이다.

나라를 다스리기 어려운 것은 "아는 것이 많기智多" 때문이라고 할 때 '아는 것智'이란 "아는 것이 많아서 탈"이라고 할 때의 앎이다. 그런 뜻에서 여기서 말하는 지智를 지모智謀로 해석해도 좋다. 앞에서도 여러 번 지적했지만『도덕경』에서 부정적으로 보고 있는 '앎'은 교활하고 이기적이고 이분법적이고 얄팍한 앎이다. 이런 꾀나 지모로서의 앎이 없어지고, 도와 하나됨에서 얻어진 혜안의 경지가 바로『도덕경』에서 찬양하는 '무지無知'의 상태이다.

'무지'라는 말을 영어로 설명하면, 무지에 해당되는 표현으로 'no-knowledge'를 쓸 때 그것이 'absence of knowledge'를 뜻하는 것이 아니라 'no-[ordinary] knowledge'를 뜻하는 것으로 보는 것이 좋다는 것이다. 'no ordinary-knowledge'이기 때문에 그것은 결국 'Extraordinary Knowledge'를 뜻하고, 그것은 다시 'no-knowledge = 대문자 Knowledge'라는 등식이 성립되는 셈이다. 다스리는 사람이나 다스림을 받는 사람에게서 '소문자로서의 knowledge'가 없어지고 '대문자로서의 Knowledge'가 회복되도록 해야 한다는 것이다. 이런 소문자로서의 knowledge가 횡행할 때 "나라를 도둑질하는 것"과 같이 해롭고, 대문자로서의 Knowledge가 편만할 때 "나라에 복이 되는 것"을 뜻한다고 읽으면 이해에 도움이 되리라 여겨진다.

다시 본문으로 돌아가 정치를 하는데 이렇게 무지의 정치를 하는 것이 올바른 계식稽式, 곧 법칙이요 규범이라고 한다. 이것을 이해하는 것이 바로 '신비스러운 덕'으로, 이것은 너무나도 심오하고 원대해서 보통 사람의 생각으로는 일반 법칙에 정반대되는 것처럼 보이지만 이야말로 진정으로 도에 따름, 대순大順의 도리임을 역설하면서 끝을 맺고 있다.

제66장
강과 바다가 모든 골짜기의 왕이 될 수 있는 까닭은
—스스로 낮춤

강과 바다가 모든 골짜기의 왕이 될 수 있는 까닭은
스스로 낮추기를 잘하기 때문입니다.
그래서 모든 골짜기의 왕이 되는 것입니다.

백성 위에 있고자 하면
말言에서 스스로를 낮추어야 하고,
백성 앞에 서고자 하면
스스로 몸을 뒤에 두어야 합니다.

그러므로 성인은 위에 있어도 백성이 그 무거움을 느끼지 못하고,
앞에 있어도 백성이 그를 해롭게 여기지 않습니다.
그래서 세상 모든 사람이 그를 즐거이 받들고 싫어하지 않습니다.

겨루지 않기에 세상이 그와 더불어 겨루지 못합니다.

제61장과 마찬가지로 여기서도 '낮춤'의 정치 철학을 이야기하고 있다. 제61장이 큰 나라와 작은 나라 사이에서 큰 나라가 스스로를 낮춰야 함을 말하고 있는 데 비해, 여기서는 지도자와 지도를 받는 사람 사이에서 지도자가 스스로를 낮춰야 함을 이야기하고 있다. 국제 관계에서나 국내 문제에서나 혹은 개인간의 관계에서도 자기 낮춤의 길이 결과적으로 진정으로 자기를 높이는 길이라는 사실, 낮춤(humilation)과 높임(exaltation), 겸비와 승귀의 역설적 관계를 다시 한 번 강조하고 있다.

개천과 계곡의 물은 강이나 바다로 흘러든다.(제32장) 모든 개천과 계곡의 물이 강과 바다로 모이는 까닭은 무엇인가? 강과 바다가

66. 江海所以能爲百谷王者, 以其善下之, 故能爲百谷王. 是以聖人欲上民*, 必以言下之, 欲先民*, 必以身後之. 是以聖人處上而民不重, 處前而民不害. 是以天下樂推而不厭. 以其不爭, 故天下莫能與之爭.

* 欲上民(욕상민) - 백성 위에 있으려 함. 통치자가 됨.
* 欲先民(욕선민) - 백성 앞에 있으려 함. 지도자, 영도자가 됨.

낮은 곳에 있기 때문이다. 지도자도 이렇게 스스로를 낮출 때 모든 백성이 절로 그에게로 모여든다는 뜻이다.

위에 있으려면 언행에서 자기를 낮추고, 앞에 있으려면 스스로를 뒤에 두어야 한다고 했다. 어떻게 보면 일종의 얄팍한 처세술을 가르치는 것이 아닌가 하는 인상을 받을 수도 있다. 사람에게 군림하고 앞설 야욕이나 야심이 있으면 그것을 실현하기 위한 수단으로 자기 낮추기를 먼저 하라는 말로 해석할 수 있기 때문이다. 『도덕경』 전체를 볼 때, 속은 교만하고 자고한데 하나의 수단으로 겉으로만 겸손한 척하는 것을 권고하고 있다고 볼 수는 없다. 물이 스스로를 낮추는 것은 그 본성 때문이지 어떤 외부적 목적을 염두에 두고 의도적으로 애쓰는 것이 아니다. 이렇게 아무런 사심이 없이 진정으로 자기를 낮추면 '결과적으로' 자연히 위에 오르게 되고, 진심으로 자기를 뒷자리에 놓으면 '결과적으로' 자연히 앞에 앉게 된다는 뜻이다.

선거철만 되면 지도자가 되겠다고 나오는 많은 사람을 보라. 그 가운데 상당수는 자기를 낮추는 척이라도 한다. 그러나 이것은 자기의 이기적인 목적을 달성하기 위한 수단일 뿐이다. 겸손을 가장하여 환심과 표를 사려는 것뿐이다. 이런 식의 겸손은 아무리 허리를 많이 굽혀 몇 백 번 절을 한다 하더라도 참된 의미의 자기 낮춤이 아니다. "양의 옷을 입고 너희에게 나아오나 속은 노략질하는 이리라."(마태복음7:15) 하는 성서 구절이 생각날 정도다. 겸손은 수단이나 목적이 될 수 없다. 누가 겸손해지고 싶다고 해서 겸손해질 수 있는 것이 아니다. 겸손은 속사람이 바뀌어 사람됨이 근본적으로 달라질 때 외부로 나타나는 자연적인 태도이다.

완전히 똑같은 문맥이나 입장에서는 아니겠지만 이런 말을 듣고 있으면, 이와 비슷한 예수님의 가르침이 생각난다. "청함을 받았을 때에 차라리 가서 말석에 앉으라. 그러면 너를 청한 자가 와서 너더러 벗이여 올라앉으라 하리니 그때에야 함께 앉은 모든 사람 앞에 영광이 있으리라. 무릇 자기를 높이는 자는 낮아지고 자기를 낮추는 자는 높아지리라."(누가복음14:10~11) "너희 가운데서 가장 큰 사람은 가장 어린 사람과 같이 되어야 하고, 또 다스리는 사람은 섬기는 사람과 같이 되어야 한다."(새번역 누가복음22:26)

겸손을 가장하는 지도자가 있어 사람들 위에 군림하고 그들의 절대적 충성과 복종을 강요하게 되면 사람들은 큰 짐이나 진 것같이 중압감을 느끼지 않을 수 없다. 그러나 성인, 도를 터득하여 이렇게 자기를 낮추는 사람이 지도자가 되어 사람들 위에 있거나 앞에 있게 되면 비록 정치적 신분으로서는 높은 위치, 앞선 위치에 있지만 사람됨으로서는 낮은 상태, 뒤에 놓인 상태에 있기 때문에 사람들은 이들을 위에 있어 무겁거나 앞에 있어 거추장스럽게 여기지 않는다. 오히려 이런 지도자를 즐겨 받들 뿐 싫어하거나 싫증을 느끼는 일이 없다.

이런 지도자는 제17장에 나오는 지도자의 네 등급 중 즉 존재 정도만 알려진 지도자, 사람들이 가까이하고 칭찬하는 지도자, 사람들이 두려워하는 지도자, 사람들이 업신여기는 지도자 중에서 어디에 속하는 지도자일까? 사람들이 "즐겨 받는다"는 말 때문에 두 번째로 훌륭한 지도자급에 속한다고 보는 주석가도 있지만, 사람들이 그들을 부담스럽게 여기지 않고 방해로 생각지 않을 정도요 기껏해야 받드는 데 싫증을 내지 않을 정도라니 가장 훌륭한 지도자 등급에 속하지 않을까? 아무튼 이런 지도자는 제22장에서 말한 것같이 누구와 겨루거나 다투지 않으므로 세상 누구도 그와 겨루거나 다투지 않는다.

제67장
내게 세 가지 보물이 있어
－자애, 검약, 세상에 앞서려 하지 않음

세상 모든 사람 이르기를 나의 도는 크지만
쓸모없는 듯하다고 합니다.
크기 때문에 쓸모없는 듯한 것입니다.
만약 쓸모있었으면 오래전에 작게 되고 말았을 것입니다.

내게 세 가지 보물三寶이 있어 이를 지니고 보존합니다.
첫째는 '자애慈',
둘째는 '검약儉',
셋째는 '세상에 앞서려 하지 않음不敢爲天下先'입니다.

자애 때문에 용감해지고,
검약 때문에 널리 베풀 수 있고,
세상에 앞서려 하지 않음 때문에 큰 그릇들의 으뜸이 될 수 있
　습니다.

이제 자애를 버린 채 용감하기만 하고
검약을 버린 채 베풀기만 하고
뒤에 서는 태도를 버린 채 앞서기만 한다면
이는 사람을 죽이는 일입니다.

자애로 싸우면 이기고, 자애로 방어하면 튼튼합니다.
하늘도 사람들을 구하고자 하면
자애로 그들을 호위합니다.

---

67. 天下皆謂我道大, 似不肖. 夫唯大, 故似不肖, 若肖, 久矣其細也夫.

我有三寶*, 持而保之; 一曰慈, 二曰儉, 三曰不敢爲天下先.

慈故能勇, 儉故能廣, 不敢爲天下先, 故能成器長.

今舍*慈且勇, 舍儉且廣, 舍後且先, 死矣.

夫慈以戰則勝, 以守則固, 天將救之, 以慈衛之.

* 三寶(삼보) - 자이나교, 불교, 베단타 등 고대 인도 사상사에서 많이 사용하던
   triratna의 용법에서 유래된 것이 아닌가 보는 견해도 있다.
* 舍(사) - '捨(사)' 와 마찬가지로 '버리다' 의 뜻.

도는 '불초不肖' 하다는 것이다. '불초' 는 '같지 않다' 는 뜻인데, 확대된 뜻으로 '불초소생' 이라 할 때와 마찬가지로 '부조의 덕망이나 유업에 미치지 못할 정도로 미흡함', '똑똑지 못함', '쓸모없음' 등을 가리킨다. 구체적이고 실용성이 있는 것을 좋아하는 일반 사람에게 노자님이 말하는 도는 너무 거창하고 추상적이라서 쓸모가 없는 것처럼 여겨진다는 것이다. 도는 장사하거나 농사짓기처럼 확실하고 분명한 것이 못 된다. 도가 그처럼 확실하고 분명한 것이라면 그것은 우리의 근본 원리로서의 도는 못 되고, 자질구레하고 지엽적인 짓거리에서 끝나고 말았을 것이라고 한다. 제41장에 "못난 사람은 도에 대해 들으면 크게 웃습니다. 웃음거리가 되지 않으면 도라고 할 수 없습니다." 라고 한 말과 궤를 같이하는 말이다.

이 장은 『도덕경』 중에서 '삼보三寶의 장' 으로 잘 알려진 장이다. '삼보' 라고 하면 불교에서 가르치는 불佛, 법法, 승僧 곧 붓다, 진리, 승가를 이르는 불교 용어라고 알고 있는 것이 보통이지만 사실은 이처럼 불교가 중국에 들어오기 전부터 있던 말로 불교가 중국화하면서 중국적 용어를 채택하는 과정을 보여 주는 좋은 예라 할 수 있다.

여기서 말하는 삼보는 '자애', '검약', '세상에 앞서려 하지 않음' 이라는 도가의 기본적 실천 윤리를 말한다. 첫째 보물인 '자애' 는 무엇보다도 '어머니 같은 마음' 을 뜻한다. 도는 세상의 어머니, 세상에 대한 도의 태도와 같이 낳고 기르고 감싸 주지만 그 대가를 요구하지 않고 그대로 주기만 하는 마음이다. 둘째 보물인 '검儉'은 아끼는 것이다. 제59장에 나온 '색嗇'이라고 한 말과 같은 계열의 말이다. 앞에서 언급한 것처럼 아끼는 것은 궁극적으로 무위와 상통하는 말이다. 셋째 보물인 '세상에 앞서려 하지 않음'은 제7장에서 "자기를 앞세우지 않기에 앞서게 되고"라고 한 말이나 제66장에서 "백성 앞에 서고자 하면 스스로 몸을 뒤에 두어야 합니다."라고 한 말을 되풀이하는 것이다. 겸손과 자기 낮춤의 윤리 강령이다.

첫째 보물인 어머니 같은 마음, 남을 이처럼 사랑하는 마음이 있으면 사랑하는 이를 위해 무슨 일이든 감수하고 무슨 위험이든 무릅쓸 용기가 생기게 마련이다. 자식을 사랑하는 어머니가 자식을 위하는 일이라면 세상에서 무슨 일인들 못하겠는가?

둘째 보물인 검약하는 생활을 하게 되면 널리 베풀 수 있다고 하는 것은 "뒤주에서 인심난다."는 말과 같이 일단은 근검 절약으로 뒤주에 곡식이 저장되어 있어야 널리 자신의 손길을 펼 수 있다는 말로 읽을 수도 있지만, 그보다는 가뭄에 나부터 수돗물을 절약하면 남에게 그만큼 혜택이 돌아가듯 나 스스로 무엇이나 낭비하지 않으면 그 자체로도 남에게 그만큼 널리 이익을 베풀게 되는 것이라는 뜻으로 보는 것이 더 좋을 것이다.

셋째 보물인 앞서지 않음을 실천하면 앞장에서 말한 것처럼 남의 앞에 서게 된다. 여기서 원문의 "成器長"을 "成器 곧 큰 그릇들, 큰 인재들의 장(으뜸)이 된다"고 푸는 사람도 있고, "가득한 그릇으로 자라난다" 혹은 "각급 기관의 장이 된다"고 풀이하는 사람도 있다.

그런데 사랑하는 마음이 없이 용기만 있고, 검약하는 정신이 없이 쓰기만 하고, 뒤에 서려는 마음이 없이 앞서기만 좋아하면 이는 근본적인 데 뿌리내린 참된 윤리적 태도가 되지 못하고 오직 외양에만 치우친 표피적 행동 양식이기 때문에 사람을 망친다는 것이다.

이 세 보물 가운데서 으뜸은 결국 사랑하는 마음인 '자애'라고 한다. 자애로움을 원칙으로 하면 전쟁에 임해서도 승리하고, 방어하는 일에도 튼튼한 성곽으로 둘러싸여 있듯 안전하다고 한다. 사랑하는 마음은 사람을 구제할 수 있는 특별한 힘이 있어 하늘도 사람을 구하고자 하면 사랑으로 그들을 호위한다고 한다.

"그러므로 믿음, 소망, 사랑 이 세 가지는 항상 있을 것인데 그 가운데서 으뜸은 사랑입니다."(새번역 고린도전서13:13)라고 한 바울의 말이 생각난다. 여기서 말하는 사랑도 전혀 대가를 바라는 마음이 없는 순수한 자기 희생의 아가페적 사랑이다. 이런 사랑을 이야기하는데 나의 종교 남의 종교 구별이 무슨 의미가 있겠는가?

제68장
훌륭한 무사는 무용을 보이지 않는다
―비폭력의 힘

훌륭한 무사는 무용을 보이지 않습니다.
훌륭한 전사는 성내지 않습니다.
훌륭한 승리자는 대적하지 않습니다.
훌륭한 고용인은 스스로를 낮춥니다.

이를 일러 '겨루지 않음의 덕不爭之德' 이라 합니다.
이를 일러 '사람 씀의 힘用人之力' 이라 합니다.
이를 일러 '하늘과 짝함配天' 이라 하는데
예부터 내려오는 지극한 원리입니다.

앞에서 말한 삼보를 전시나 평상시에 어떻게 활용할 수 있는가 하는 예를 보인 것이다. "훌륭한 무사는 무용을 보이지 않는다."고 할 때의 무용이라 번역된 무武는 왕필에 의하면 "사람들보다 먼저 나가 적을 공격하는 것"이라고 했다. 진정한 무사는 이렇게 함부로 날뛰거나 자기의 무술, 무력을 과시하거나 자랑하지 않는다. 오히려 부드러움을 간직하고 자연스럽게 행동한다. 부드러움이 강함을 이기기 때문이다.

정말로 잘 싸우는 사람은 성내지 않는다. TV에 나오는 프로 레슬링 선수가 고래고래 성난 소리를 지르면서 상대를 기죽이려 하는 것 같은 짓을 하지 않는다. 성난 표정을 짓거나 노성을 발하여 상대를 압도하거나 이기지는 못한다. 성낸다는 것은 차분함에서 오는 분별력, 판단력, 통찰력을 모두 없애 버리는 결과만 초래한다.

"훌륭한 승리자는 대적하지 않는다." 진정으로 이기는 자는 적과

---

68. 善爲士*者不武, 善戰者不怒, 善勝敵者不與*, 善用人者爲之下.

　　是謂不爭之德, 是謂用人之力. 是謂配天古之極.

* 士(사) - 왕필의 주(注)에는 '졸병들의 우두머리(卒之帥也)'로 되어 있다. 옛날에는 '士'가 선비, 문관만이 아니라 '武士'라고 할 때처럼 무관에도 쓰였다.
* 與(여) - 여기서는 '대적하다'의 뜻.

싸워서 이기는 것이 아니라 싸우지 않고도 이기는 길이 있고, 이렇게 이길 때 완전히 이기는 것이라는 말이다. 『열자列子』와 『장자莊子』에 이런 이야기가 나온다. 닭싸움을 위해 닭을 훈련시키는 사람이 있었는데 주나라 선왕의 부탁으로 닭을 한 마리 훈련시키게 되었다. 열흘쯤 지나 왕은 그 닭이 싸움을 할 만큼 훈련이 되었는가 물었다. 훈련사는 "아직 안 되었습니다. 지금은 쓸데없이 허세를 부리고 자기 힘만 믿습니다." 하고 대답했다. 다시 한 열흘이 지나 왕이 또 물었다. 훈련사는 "아직 안 되었습니다. 다른 닭의 소리나 모습만 보아도 덤벼듭니다." 하는 대답이었다. 다시 열흘이 지나 왕이 또 묻자 훈련사의 대답은 "아직 안 되었습니다. 아직도 상대방을 노려보고, 혈기 왕성합니다." 하는 것이었다. 그 뒤 다시 열흘이 지나 왕이 묻자, 훈련사는 그제서야 이렇게 대답했다. "이제 됐습니다. 상대가 울음소리를 내어도 아무 변화가 없습니다. 멀리서 보면 마치 나무로 깎아 놓은 닭 같습니다. 그 덕이 온전해진 것입니다. 다른 닭이 감히 상대하지 못하고 돌아서 달아나 버립니다."(오강남 옮김, 『장자』(현암사, 1999) 379쪽 참조)

남과 물리적으로 힘을 겨루어 이기는 것이 아니라 도와 하나됨으로 얻는 도의 힘, 자애의 힘으로 이기는 것이 완전한 이김이다. 간디의 경우 상대방과 무력으로 싸우는 것이 아니라 '진리 파지(眞理把持, satyagraha)'를 통해 진리의 힘으로 상대방을 설득하는 '비폭력(非暴力, ahimsā)'의 방법으로 싸웠는데, 이런 싸움 아닌 싸움을 통해 결국은 영국의 무력을 이겨 내 인도의 독립을 이루었다. 많은 점에서

『도덕경』이 말하는 이김을 실증해 준 셈이다. 앞장에서 말했듯이 도와 함께 하면 도의 힘이 우리 편에 서서 우리를 호위하고 이기게 해주는데 이런 깊은 뜻을 깨닫지 못할 때 자연히 저돌적으로 설치거나 날뛰게 된다. 이를 깨닫고 실현하는 사람은 느긋할 수밖에 없다. 간디에게 많은 영향을 준 톨스토이가 예수님의 가르침 가운데 "악한 자를 대적하지 말라."(마태복음5:39)고 한 것을 가장 중시했다는 사실은 흥미있는 일이다.

전시에 적과 싸울 때에만 이런 원칙이 적용되는 것이 아니라, 평소 사람들과 관계를 맺을 때도 그대로 적용된다는 것을 덧붙여 말하고 있다. 한 가지 예로 사람을 쓸 때도 도의 원리인 자기 낮춤을 실현해야 된다고 한다. 직장에서 동료나 부하 직원에게 자기의 능력이나 재능을 과시하고 그들을 압도하려고 애쓸 필요가 없다는 것이다. 특히 직장의 상사는 오로지 부하를 지휘 감독하기 위함이라기보다는 그들이 일을 더욱 잘 하도록 밑에서 떠받치고 뒤에서 밀어 주기 위한 사람, 그들을 섬기기 위한 사람이라는 마음가짐으로 밑에 있는 사람을 대하는 것이 정석이라는 뜻이다. 이렇게 자기를 낮추면 앞에서 계속하여 말한 것처럼 저절로 사람들이 그에게 모이고 자신은 자연히 그들의 으뜸이 된다는 것이다.

이렇게 무용을 보이지 않음不武, 성내지 않음不怒, 대적하지 않음不與, 자기 낮춤爲之下을 일컬어 '겨루지 않음의 덕', '사람 씀의 힘', '하늘과 짝함'이라 할 수 있다고 한다. 겨루지 않으니 나무람받을 일도 없고, 겨루지 않으니 더욱 큰 일을 이룰 수 있다는 것이다. 누구나 자기 자신의 힘으로 일을 해낼 수도 있지만 지도자로서 사람을 써서 그들의 힘을 활용하면 더욱 큰 일을 할 수 있다는 것이다. 마지막으로 나오는 '하늘과 짝함配天'이라는 문장은 몇 가지 해석이 가능하지만 대부분의 주석가는 끝의 세 글자를 독립된 문장으로 보고 위에서 말하는 원리들은 하늘의 법칙과 짝을 이루는 것으로서 예부터 내려오는 지극한 원리라는 뜻으로 해석한다.

제69장
오히려 한 자 정도 물러서야
－방어전의 불가피성

전쟁에 대해 다음과 같은 말이 있습니다.
내 편에서 주인 노릇하는 것이 아니라 손님 노릇을 하고,
한 치 전진하려 하지 말고 오히려 한 자 정도 물러서라는 것입
　　니다.

이를 일러 나아감이 없이 나아감,
팔이 없이 소매를 걷음,
적이 없이 쳐부숨,
무기 없이 무기잡음이라 합니다.

모든 화 중에 적을 가볍게 여기는 것보다 더 큰 것은 없습니다.
적을 가볍게 여기다가는 내 편의 보물을 거의 다 잃고 맙니다.

그러므로 군사를 일으켜 서로 맞서 싸울 때에는

슬퍼하는 쪽에서 이기는 법입니다.

앞장에서와 마찬가지로 제31장, 제32장과 함께 전쟁에 대한 도가의
입장을 밝히고 있다. 『도덕경』이 씌어질 당시인 춘추전국 시대의
상황을 생각하면 도가라 하여 전쟁을 무시한 채 도도하게 홀로 살
것만을 권장할 수는 없었을 것이다. 따라서 도가에서도 전쟁을 완
전히 기피하라고 권장하는 대신 어쩔 수 없을 경우에 한해 방어전
을 하라고 한다. 그러나 그럴 경우에도 도의 원리인 무위의 전쟁을
수행해야 진정한 승리를 거둘 수 있다고 가르친다.

　첫 구절은 전쟁에 임할 때 새겨야 할 말을 인용하고 있는데 그것

---

69. 用兵有言; 吾不敢爲主而爲客, 不敢進寸而退尺. 是謂行無行,

　　攘*無臂*, 扔*無敵, 執無兵. 禍莫大於輕敵, 輕敵幾*喪吾寶.

　　故抗兵相加*, 哀者勝矣.

*攘(양), 臂(비), 扔(잉) - 제38장에도 나온다.

*幾(기) - 여기서도 '거의'의 뜻.

*相加(상가) - 여기서는 '서로 맞붙어 싸움', '대적'을 뜻한다. 마왕퇴본 등에
　따라 '加'는 '如'나 '若'을 잘못 베낀[誤寫] 것으로 보는 이도 있다.

이 병가兵家의 말을 인용한 것인지 도가 자신들의 말인지는 분명하지 않다. 아무튼 전쟁에 임할 때 주主가 되지 말고 객客이 되어야 한다는 것이다. 이것은 전쟁을 일으키는 주체가 되지 말고 상대방에서 전쟁을 걸어 오면 어쩔 수 없이 방어전에나 참여하는 객체 입장이 되라는 말일 수도 있고, 전쟁에서 주인처럼 당당하게 주도권을 잡고 행세할 것이 아니라 남의 집에 찾아간 손님처럼 주인이 하는 데 따라 그때그때 상황에 알맞게 대처하는 정도로만 하라는 뜻일 수도 있다.

보통은 일보 후퇴 십보 전진을 가르치는데 도가에서는 반대로 일보 전진 십보 후퇴를 이야기하고 있다. 조그만 진격에 매달리지 말고 쑥 뒤로 물러서라는 것이다. '작전상 후퇴'인가? 제67장에서 뒤에 서는 태도를 버린 채 앞서기만 하면 죽음을 자초한다고 했는데, 이렇게 일단 뒤로 퇴각하는 것은 결국 더욱 크게 앞으로 나아가기 위함인가? 전투(battle)에서는 지더라도 전쟁(war)은 이기라는 말일까?

이렇게 전쟁에서 객이 되고 또 후퇴에 역점을 두는 것을 "나아감이 없는 나아감", "팔이 없이 소매걷음", "적이 없이 쳐부숨", "무기 없이 무기잡음"이라 한다는 것이다. 무슨 뜻인가? 실제로 진격하거나 팔을 걷어붙이거나 쳐부수거나 무기를 잡지 않고도 그와 같은 효과를 거둔다는 뜻이라고 하는 주석가도 있고, 이웃 나라를 침입하지 않고 진군하는 것, 싸울 의사가 없이 소매를 걷는 것 등을 뜻한다고 보는 사람도 있다. 어느 쪽이든 싸움에서 공격적인 자세에 방어적인 자세로 임하라는 것만은 분명하다.

적극적으로 공격을 하지 않는다고 해서 적을 얕잡아보고 아무 방비책도 없이 가만히 앉아 있어서는 큰 코 다치는 결과를 초래할 뿐이라고 경고하고 있다. 조선조 선조宣祖 때 일본에 다녀온 사절단의 상반된 두 가지 보고 가운데 일본 사람이 "쥐새끼처럼 생겼다"는 식으로 그들을 과소평가하는 보고를 채택함으로 후에 닥친 재난과 민족적 수모가 얼마나 격심했던가 하는 것은 이 사실을 잘 입증해 준다.

이처럼 적을 업신여기면 결국 나라의 '보물' 마저 다 잃어버리고 만다고 한다. 왕필은 그것이 제67장에서 말한 자애, 검약, 앞서지 않음의 세 가지 정신적 보물을 뜻하는 것이라고 보고, 하상공은 그것이 인명이나 재산 등을 뜻하는 것이라고 풀이하고, 다른 주석가들은 왕이 제사를 지낼 때 쓰는 구리로 된 기물이라 해석하기도 한다. 임진왜란의 경우 이 세 가지가 모두 없어졌다. 조선에서 베어 간 것으로 큰 귀무덤인지 코무덤인지를 만들 만큼 큰 인명 피해가 있었고, 문자 그대로 조선의 자랑이요 보배였던 백자 등 많은 국보, 도공陶工을 거의 다 잃어버리고 만 것 아닌가?

마지막 구절 "슬퍼하는 쪽에서 이긴다."는 말은 '哀'를 '襄'의 오기誤記로 보고 그것을 다시 '讓'과 같은 뜻으로 읽어 "양보하는 쪽에서 이긴다."고 해석하는 사람도 있다. 그러나 제67장에 "자애로 싸우면 이긴다."고 했는데 그 자애로운 마음이 있으면 자연히 전쟁으로 인한 인명이나 재산 피해 등 전쟁의 비참함을 보고 슬퍼하지 않을 수 없을 것이므로 슬퍼하는 쪽, 즉 자애의 마음으로 전쟁에 임하는 쪽이 결국은 승리함을 이야기한다는 뜻이라 보는 것이 좋을 것이다. 이렇게 슬픈 마음으로 전쟁에 임해 승리를 거두면 제31장에서 밝힌 대로 승리의 행진이 아니라 상례, 애절한 진혼제를 치르게 된다. 전쟁의 불가피성은 수납하지만 그 비참함을 절실히 깨달은 사람들의 행동이다.(힌두교의 경전 『바가바드기타』 첫머리에 나오는 전쟁 장면이 생각난다.)

제70장
내 말은 알기도 그지없이 쉽고
─깨치지 못한 자의 무지

내 말은 알기도 그지없이 쉽고
실행하기도 그지없이 쉬운데
세상 사람들 도무지 알지도 못하고,
실행하지도 못합니다.

말에는 종지宗旨가 있고,
사물에는 중심이 있습니다.
사람들 이를 알지 못하기에
나를 알지 못합니다.
나를 아는 사람 드물고,
나를 따르는 사람 귀합니다.

그렇습니다. 성인은 굵은 칡베옷을 입지만
가슴에는 구슬을 품고 있습니다.

제20장과 마찬가지로 진리를 깨달은 위대한 인물의 '실존적 고독'을 읊고 있다. 상식의 세계, 이분법적 의식의 세계, 분별지의 세계를 넘어서 초상식의 세계, 초의식의 세계, 합일의 세계를 접한 사람은 보통 사람이 이해할 수 있는 범위를 넘어서 있기 때문에 보통 사람은 그를 이해할 수도 따를 수도 없다. 심지어 보통 사람의 입장에서 보면 이런 사람은 어리석고 흐리멍텅하고 엉뚱하고 위험한 인물일 수도 있다. 따라서 일반 사람의 이해를 얻지 못하고 자연히 형이상학적 고독을 맛보지 않을 수 없다. 제20장 풀이에서도 언급한 것같이 노자님, 공자님, 예수님, 함석헌 선생님도 그러하였다.

부처님도 마찬가지였다. 불경에 의하면 성불한 후 사람들에게 가서 가르치기를 주저하였다고 한다. 첫째 대부분 사람의 경우 우선 먹고 살고 지지고 볶는 데 바빠 상식 세계를 넘어서는 이런 진리 같은 데 관심이 없을 것이고, 둘째 그 진리 자체가 너무 심오하고 원대해서 보통 사람이 이해할 성질의 것이 못 된다고 생각했기 때문이

---

70. 吾言甚易知, 甚易行, 天下莫能知, 莫能行. 言有宗, 事有君,

　　夫唯無知, 是以不我知. 知我者希, 則*我者貴. 是以聖人被褐*懷玉.

* 則(칙) - 본받다, 따르다.

* 褐(갈) - 굵은 베옷.

라고 한다. 조셉 캠벨의 이론에 의하면 위대한 정신적 영웅은 이렇게 일반 사람이 이해하지 못할 것을 알기 때문에 그들에게 돌아가기를 거부하는 'refusal to return'의 단계를 거치게 된다고 한다. 그러나 위에서 언급한 영웅의 예에서 보듯 긴 영적 여정에서 이 마지막 고비를 넘어 결국 사람들에게 나아가 가르치게 된다. 더러는 성공하고 더러는 박해나 죽임당하기까지 한다.

사실 진리는 단순하고 담백한 것이다. 여러 번 지적했듯이 복잡하고 현란한 것은 진리에서 멀다. 선불교禪佛敎에서 오랜 참선參禪 끝에 진리를 깨친 사람은 모두 "이렇게 단순한 것을 왜 진작!" 하고 무릎을 치며 감탄한다고 하다. 그런데 왜 이런 것을 이해하지 못할까?

그 이유를 여기서는 "말에는 종지가 있고 사물에는 중심이 있는데 사람들이 이것을 알지 못하기 때문"이라 설명하고 있다. '종지'나 '중심'을 안다는 것이 무엇일까? 이왕 선불교 이야기가 나왔으니 선불교 용어를 쓰면, 화두話頭나 공안公案을 공부해서 말의 표면적 문자적 뜻이 아니라 내면의 본뜻을 알아차린다는 뜻이 아닐까? 불립문자不立文字, 달을 가리키는 손가락標月指이 있으면 손가락에 우리의 전적인 관심을 집중시킬 것이 아니고 그 손가락이 가리키고 있는 달을 보아야 한다. 상징 자체에 붙들리는 것이 아니라 상징의 일깨움(evocativeness)을 따라 상징이 상징하는 바를 알아본다는 것이다. 말 속에 갇힌 이분법적 논리의 세계에 안주하는 것이 아니라 이를 넘어서는 참실재(reality)를 꿰뚫어볼 수 있는 새로운 눈이 열리는 것이다. 이렇게 혜안이 열려 개오開悟하는 체험이 있으면 진리의 말이 단순한데, 그런 체험이 없으니 이처럼 이해할 수도 없고 따를 수도 없는 것이다. 그러나 진리의 말을 이해하고 따르는 사람이 '드물다'고 한 것을 보면 가물에 콩 나듯이라도 있기는 있는 모양이다. 이렇게 드문 사람끼리 모이면 당장 의기투합意氣投合, 이심전심以心傳心, 멀리서 벗이 올 때의 기쁨有朋自遠方來, 不亦樂乎을 맛보는 경험을 갖게 된다.

진리를 말하는 사람은 이렇게 무시 내지 멸시, 심지어는 박해까지 받으니 사람들과 섞여 대접을 받지 못하고 들에서 굵은 갈대로 짠 베옷을 입고 지낼 수밖에 없다. 이슬람교 수피(Sufi) 성자의 '수피'라는 이름은 원래 '굵은 양털 베옷을 입고 다니는 사람'이란 뜻이었다. 예수님도 "너희가 무엇을 보려고 광야에 나갔더냐. 바람에 흔들리는 갈대냐…… 부드러운 옷 입은 사람이냐. 부드러운 옷 입은 자는 왕궁에 있느니라…… 선지자를 보러더냐. 옳다."(마태복음 11:7~9)고 하면서 요한 같은 예언자는 들에서 약대털같이 거친 옷을 입고 지나는 사람임을 말한 적이 있다. 불교에서도 처음 승복은 쓰레기 더미에서 주워 모은 헝겊을 이어서 만든 거친 옷이었다. 성인은 이처럼 겉으로는 거칠고 남루하기까지 한 옷을 입고 있지만 속에는 진리의 "구슬을 품고 있는" 사람이라는 것이다. 그러기에 남루한 옷, 사람의 멸시나 박해 등에도 기죽지 않고 의연한 자세를 유지하는 것이다. 우리는 지금 겉을 다듬는 데 신경을 더 쓰는가, 속사람의 자라남을 더 중시하는가?

제71장

알지 못한다는 것을 아는 것
― 아는 것과 알지 못하는 것

알지 못한다는 것을 아는 것은 가장 훌륭한 일입니다.
알지 못하면서도 안다고 하는 것은 병입니다.

병을 병으로 알 때만 병이 되지 않습니다.

성인은 병이 없습니다.
병을 병으로 알기 때문에
병이 없습니다.

---

71. 知不知上, 不知知病. 夫唯病病, 是以不病.
　　聖人不病, 以其病病, 是以不病.

* 첫 구절이 마왕퇴 갑본(甲本)에는 "知不知尙矣, 不知不知病矣."로 나와 있다.

이 장 첫머리에 나오는 "知不知上, 不知知病."이라는 문장은 『도덕경』 중에서 많이 인용되는 것인데 여기에 대한 해석은 여럿이다. 여기서 가장 훌륭하다는 '知不知'라는 것이 도대체 무엇을 뜻하는가 하는 데 대한 해석을 간추리면 대략 다음과 같다.

첫째, 자기가 알지 못하고 있다는 사실을 아는 것, 둘째, 알면서도 알지 못하는 것으로 생각하는 것, 셋째, 알면서도 아는 체하지 않는 것, 넷째, 알 수 없는 것을 아는 것, 다섯째, 아는 상태에서 알지 못하는 상태로 되는 것 등이다.

한문이 가진 특수한 성격, 그리고 이처럼 지나치게 간략한 문장 구성 때문에 이런 여러 해석이 가능함을 보여 주는 좋은 예이다. 사실 이런 여러 해석 중 어느 것이 절대적으로 꼭 맞는 풀이라고 주장할 수는 없다. 『도덕경』 번역이 그렇게 많은 이유 가운데 하나도 이런 특수한 사정 때문이다. 각 풀이를 차례로 검토해 보자.

첫째, "자기가 알지 못하고 있다는 사실을 아는 것"으로 풀면 이 것은 공자님이나 소크라테스가 말한 '무지의 자각'과 궤를 같이하는 셈이 된다. 공자님은 "아는 것은 안다고 하고 알지 못하는 것은 알지 못한다고 하라. 그것이 곧 아는 것이다."(『논어』 2:17)라고 했다. 자기가 아는 것과 모르는 것을 분명히 하는 정직성을 강조한 것이다. 소크라테스도 자기나 아테네의 모든 사람이나 모두 무지한데, 자기가 다른 사람과 다른 것은 자기는 "자기가 모른다는 것을 아는 것"이라고 했다.

둘째, "알면서도 알지 못하는 것으로 생각하는 것"은 자기가 안다고 하는 사실을 모르는 것이다. 첫째와는 정반대인 경우이다.

셋째, "알면서도 아는 체하지 않는 것"은 자기가 안다고 하는 것을 알면서도 구름에 가리운 산처럼 의젓하게 아는 기색을 드러내지 않고 있다는 좋은 뜻으로 볼 수도 있고, 자기가 무엇이나 알고 있지만 일종의 전술적 효과를 노려 모르는 체 위장 전술을 펴는 것이라는 나쁜 뜻으로 볼 수도 있다. 뭐든지 체하거나 척하는 것이 좋지 않으므로 이런 번역은 별로 좋게 여겨지지 않는다.

넷째, "알 수 없는 것을 아는 것"이 최고라 해석하는 것은 신비주의적 풀이다. 도는 일상적 논리나 사고의 대상이 되지 못한다. 따라서 일상적 논리나 사고에 집착한 일반 사람으로서는 알 수 없는 것이다. 이렇게 이분법적 의식으로는 알 수 없는 도를 이분법적 의식을 초월한 상태에서 진정으로 알게 되는 것이야말로 더할 수 없이 훌륭한 일임을 뜻한다는 해석이다.

다섯째, "아는 상태에서 알지 못하는 상태로 되는 것"이라는 풀이는 좀 독특하다. 『도덕경』에서는 우리의 앎을 언제나 불완전한 것으로 보고 있기 때문에 이 문장에서도 가장 훌륭한 것은 앎의 상태에서 앎이 없어진 상태로 옮겨가는 것, 보통의 앎, 이분법적 앎을 초월해서 비보통의 앎, 앎 아닌 앎으로 바뀌는 것을 이야기하는 것으로 보아야 한다는 해석이다. 이렇게 보면 넷째 풀이와 일맥 상통하기도 한다.

'知不知'를 어떻게 번역하느냐에 따라 '不知知'에 대한 해석도 달라진다. 병통으로 지적된 것이 "자기가 알지 못하고 있다는 사실을 알지 못하는 것", "알지 못하면서도 아는 것으로 생각하는 것", "알지 못하면서도 아는 체하는 것", "알 수 없는 것(도)에 대한 앎을 알지 못하는 것", "앎이 없음에서 앎으로 옮기는 것" 등이다. 여기서는 대부분의 주석가가 읽는 방법대로 "모르면서 안다고 하는 것이 병"이라는 뜻으로 읽었다. 물론 넷째나 다섯째 식으로 읽어도 틀리다고 할 수 없다. 어쩌면 더 좋은 해석일지도 모른다.

아무튼 여기서는 섣부른 앎이 병이라는 것을 이야기하고 있다. 사실 이런 병에 걸리지 않은 사람이 몇이나 되겠는가? 우리는 모두 이런 섣부른 앎에 근거한 통상적인 이분법적 사고방식을 가지고 살아갈 수밖에 없지 않은가? 그러나 문제는 이런 통상적인 이분법적 의식을 병으로 여길 줄 아느냐 그렇지 못하느냐 하는 것이라고 한다. 이 이분법적 사고의 병을 병으로 알지 못하면 거기에 안주해서 인간사의 모든 면에서 지지고 볶는 일을 계속할 수밖에 없지만 이를 병으로 아는 한 이 병에서 자유로워질 수 있기 때문이다. 성인이 우리하고 다른 것은 이런 이분법적 사고의 병을 병으로 알고 이것을 넘어선 데 있다. 우리는 지금 어떤 방향을 향해 가고 있는가?

제72장
생업을 억누르지 말아야
— 백성 사랑이 자기 사랑

사람들이 두려워할 것을 두려워하지 않으면
더욱 큰 두려움이 이를 것입니다.

그들의 거처를 좁게 하지 말고,
그들의 생업을 억누르지 말아야 합니다.

그들을 억누르지 않기에
그들도 싫증내지 않습니다.

그러기에 성인은 스스로를 알되
스스로를 드러내지 않고,
스스로를 사랑하되
스스로를 치켜세우지 않습니다.
성인은 앞의 것을 버리고 뒤의 것을 택합니다.

나라를 다스리는 지도자에 대한 충고인 것만은 분명한데 무슨 뜻인지 해석은 가지 각색이다. 첫 단에 대한 해석만도 수없이 많다. 몇 가지만 예를 들어 본다. 아서 웨일리(Arthur Waley)에 의하면 "사람들이 그대의 권위를 두려워하지 않더라도 상관하지 말라. 결국에는 더 큰 권위인 하늘이 그들을 다루게 될 것이다. 그러니 백성이 그대의 권위를 두려워하지 않는다고 그들의 주거 면적을 줄이거나 생업을 방해하는 등 법적으로 다루려 하지 말라. 하늘이 알아서 처리할 것이기 때문이다."라는 뜻이라고 한다.

장충웬(Chang Chung-yuan) 교수는 『노자익老子翼』에 나오는 소철蘇轍의 해석을 인용해서 "보통 사람은 삶과 죽음, 성공과 실패 등 구체적인 문제를 두려워하는데 삶과 죽음, 성공과 실패 등이 결국은 다른 것이 아니라 같은 것이라는 장자님의 '제물론齊物論' 식 달관에 이르면, 이런 자질구레한 오만 가지 두려움을 더 이상 두려워하지

---

72. 民不畏威, 則大威至. 無狎*其所居, 無厭其所生, 夫唯不厭, 是以不厭.

　　是以聖人自知, 不自見*, 自愛, 不自貴. 故去彼取此.

* 狎(압) - '가까이하다' 라는 뜻이지만 거의 모든 주석가는 이를 '狹(협)' 으로 읽어 '좁게 하다' , '압박하다' 의 뜻으로 풀이한다.

* 自見(자현) - 스스로를 드러냄.

않게 되고 진정한 '본질적 두려움'의 대상이 되는 인간의 본성에 안주하게 된다."고 해석한다.

또 어느 주석가는 "백성이 지배자의 위력이나 권위를 무서워하지 않으면, 그들은 점점 더 큰 권위나 위력으로 백성을 억누르려고 하게 된다."는 뜻으로 읽는다. 셋 다 그럴 듯한 풀이이다. 그러나 정치적 문맥에서 뜻이 통하기로는 웨일리의 해석이 그중 나은 것 같다.

아무튼 위정자는 백성의 주거를 침입하거나 농지를 몰수하거나 세금을 지나치게 부과하거나 생업을 방해하는 등의 일을 해서는 안 된다고 한다. 유위有爲의 정치가 아니라 앞에서도 여러 번 강조했듯이 무위의 정치, 가만두는 정치, 지배자가 있는지 없는지 잘 알지 못할 정도의 정치를 해야지, 백성을 못살게 하거나 두려움에 떨게 하여 꼼짝 못하게 제약하는 법가法家적 형벌 정치를 해서는 안 된다는 것이다. 법이나 권위나 세력으로 백성을 다스리면 백성은 곧 이런 다스림을 싫어하게 되고 만다는 뜻이다.

'厭'은 '엽'으로 발음하여 '억누른다'는 뜻으로도 쓰이고, '염'으로 발음하여 '염증을 느낀다', '싫어한다'는 뜻으로도 쓰인다. 어느 주석가는 둘 다 '억누른다'는 뜻을 채택해 "억누르지 않기에 그들이 억눌리지 않습니다."로 풀이하고, 어느 주석가는 앞 구절의 것은 '억누른다'고 풀이하고 뒤의 것은 '싫어한다'고 풀어 "억누르지 않기에 그들도 싫어하지 않습니다."로 해석했다. 첫 번째같이 "억누르지 않기에 억눌리지 않는다."고 번역하면 너무나 당연한 것을 이야기하는 것 같아 별 의미가 없다. 그래서 다스리는 자가 억누르지 않으면 다스림을 받는 자가 다스리는 자를 싫어하지 않고 반역이나 반란을 일으키지 않는다는 뜻의 둘째 풀이를 택하는 것이 더 나은 것 같다.

마지막 구절 "그러기에 성인은 스스로를 알되 스스로를 드러내지 않고, 스스로를 사랑하되 스스로를 치켜올리지 않습니다."라고 하는 것은 성인이 정치를 하면 다스리는 자로서 자기에게 권위나 권력이 있음을 알고 있지만 그것을 과시하거나 휘두르려 하지 않는다는 것, 그리고 스스로를 사랑하되 그렇다고 자기 자신을 사람들 앞에 치켜세우는 어리석은 일을 하지 않는다는 뜻이라고 한다.

하상공은 이 장에 '愛己(자기를 사랑함)'라는 제목을 붙였다. 권력자가 자기를 사랑하는 길은 결국 백성에게 군림하는 일이나 강제하는 일을 하지 않으므로 그들의 미움이나 싫증을 사는 일이 없도록 처신하는 일임을 지적하고 있다. 백성을 사랑하는 것이 곧 자기를 사랑하는 길이다.

제73장

하늘의 그물은 엉성한 것 같지만

ㅡ사필귀정事必歸正

감행하는 데 용감한 사람은 죽임을 당하고,
감행하지 않는 데 용감한 사람은 살아남습니다.
이 둘 가운데 하나는 이롭고,
하나는 해로운 것입니다.

하늘이 싫어하는 것 누가 그 까닭을 알리까?
성인마저도 그것을 어려운 것으로 여깁니다.

하늘의 도는 겨루지 않고도 훌륭히 이기는 것이고,
말하지 않고도 훌륭히 응답하고,
부르지 않아도 저절로 찾아오고,
느슨하면서도 훌륭히 꾸미는 것입니다.

하늘의 그물은 광대하여
엉성한 것 같지만 놓치는 일이 없습니다.

앞장에서 형벌로 사람을 억누르거나 꼼짝 못하게 하는 일을 하지 말라고 했는데, 여기서는 그렇게 강제하지 않아도 사필귀정事必歸正, 하늘이 알아서 모든 일을 자연스럽게 처리할 것이니 하늘에 맡기라는 이야기를 하고 있다.

나서는 데 용감한 것은 사람을 죽이고, 나서지 않는 데 용감한 것은 사람을 살린다고 한다. 상대방이 나를 한 대 쳤다고 치자. 당장 사나이 대장부답게 벌떡 일어나서 죽기 아니면 살기로 반격하고 맞붙어 싸우는 것이 일반적으로 말하는 용기다. 사실 이런 식의 용기는 겁쟁이가 아닌 이상 정도 차이는 있을지언정 모든 사람에게서 찾아볼 수 있는 것이다. 그러나 이런 대담하고 과감한 행위, 너 죽고 나 죽자는 식의 용감무쌍이란 결국 모두를 죽이는 것이다.

『도덕경』에서 말하는 용기란 이런 경우 미움과 '화딱지'에서 나

---

73. 勇於敢則殺, 勇於不敢則活. 此兩者, 或利或害, 天之所惡, 孰知其故.

是以聖人猶難之. 天之道, 不爭而善勝, 不言而善應, 不召而自來,

繟然*而善謀. 天網*恢恢*, 疎而不失.

* 繟然(천연) - 느슨하고 느릿한 모양.

* 天網(천망) - 하늘의 그물.

* 恢恢(회회) - 넓고 큰 모양.

오는 충동적인 반응이 아니라 "그들은 그들이 하는 일을 알지 못하나이다." 하는 식으로 측은히 여기는 마음, 제67장에서 말한 자애의 마음에서 우러나오는 용기다. 이렇게 하여 의연함과 침착함을 유지함으로 상대방을 압도하고 상대방 스스로가 더 이상 함부로 건드릴 수 없다는 것을 알도록 하는 것, 한 걸음 더 나아가 상대방으로 하여금 나의 부드러운 마음에 녹아나도록 하는 것이다. 이런 비폭력주의적인 용기가 참다운 용기요, 이런 용기가 있을 때 나도 살고 너도 사는 결과가 온다는 것이다. 물리적인 힘을 가지고 불뚝불뚝 나서는 데 날쌘 외적 용감성은 해롭고, 깊은 안목과 여유를 가지고 침착성을 유지하는 내적 용감성이야말로 이로운 것이라고 한다.

"성인마저도 그것을 어려운 것으로 여깁니다." 했을 때 '그것' 이 무엇을 가리키는지도 분명하지 않다. 하늘이 외적인 용감성을 싫어하고 내적인 용감성을 좋아하는 까닭을 알아낸다는 것이 성인에게도 어려운 일임을 뜻하는 것이라고 풀이하는 사람도 있고, 하늘이 싫어하는 사람이 누구인지 좋아하는 사람이 누구인지 성인도 알기 어려우니 함부로 나쁜 사람 좋은 사람이라 판단하지 말라는 뜻으로 해석하는 사람도 있다. 전체적인 문맥으로 보아서 외적인 용기가 사람을 죽이고 내적인 용기가 사람을 살린다는 사실은 도저히 일반적인 상식으로 받아들이기 어려운 일, 왜 하늘의 원리가 그런지 누구도 알 수 없고, 심지어 성인이라 하더라도 그것을 다 안다고 장담할 수 없다는 뜻으로 받아들이면 안 될까?

아무튼 하늘의 도를 신뢰하라는 것이다. 하늘의 도는 무위의 도로서, 제37장에서 말한 것처럼 억지로 무슨 일을 하지 않고도 모든 것을 이루어 낸다고 한다. 하늘을 보라. 싸우거나 다투지 않으면서도 이길 것 다 이기고, 이렇게 하라 저렇게 하라 잔소리하지 않아도 천하 만물이 모두 하늘의 명을 따르고, 일부러 오라고 하지 않아도 모두 그 아래로 모여들고, 엉성하고 느슨한 것 같지만 결국 봄이 되면 어김없이 꽃이 피고 겨울이면 반드시 눈이 오듯 하는 일이 딱딱 맞아떨어지도록 해낸다는 것이다. '응답하다', '찾아오다' 를 하늘은 말하지 않으면서도 만물의 요구에 응하고, 오라고 하지 않아도 만물에 가까이 찾아감을 뜻하는 것으로 읽을 수도 있다. 어떻게 읽든 하늘처럼 특별한 이기적 동기나 의도가 없이 자연적으로 하는 무위의 행동은 결국은 최고의 함임을 확신하라는 이야기다.

언뜻 보아 하늘의 그물은 너무나 커서 어쩔 수 없이 성기고 엉성할 수밖에 없을 것이라 여길 수도 있겠지만 사실은 아무것도 그것을 빠져나갈 수 없도록 되었다는 것이다. 우리의 제한된 생각으로는 당장 뭔가 설치면서 저돌적으로 나가는 사람이 성공하는 것 같고, 비폭력주의 같은 소극적 대처 방안에 따라 처신하는 사람은 어쩔 수 없이 실패할 것처럼 보이지만 긴 안목으로 보면 하늘이 그렇게 엉성하게 일을 처리하지 않는다. 그러니 상대방의 잘잘못을 가지고 당장 너무 조급하게 반응하지 말라. 결국은 하늘의 정의가 강처럼 흐르게 될 것이라는 하늘에 대한 신뢰감을 가지고 살라는 것이다. 어릴 때 듣던 "물은 물대로 간다."는 말이 생각난다. 약자의 변명에 불과한 것일까?

제74장

위대한 목수 대신 나무를 깎는 일

─사형死刑은 하늘에 맡겨야

사람들이 죽음을 두려워하지 않으면

어떻게 죽음으로 그들을 위협할 수 있겠습니까?

사람들이 언제나 죽음을 두려워하도록 하고

이상스런 짓을 하는 자가 있어

내가 그를 잡아 죽인다 하면

누가 감히 그런 짓을 하겠습니까?

언제나 사람 죽이는 일을 맡은 이가 있어 사람을 죽입니다.

사람 죽이는 일 맡은 이를 대신해서 사람을 죽이는 것을 일컬어

위대한 목수를 대신해서 나무를 깎는 일과 같다고 하겠습니다.

위대한 목수를 대신해서 나무를 깎는 자

그 손을 다치지 않는다는 것은 극히 드문 일입니다.

사형 제도에 대해서 이야기하고 있다. 앞장에서와 마찬가지로 여러 가지 법령을 만들고 형벌 제도를 완비하여 거기에 따라 법을 집행하는 힘만 있으면 사회의 기강이 바로잡히고 질서가 회복될 것을 가르치는 법가적 강압 정치를 지양하고 형벌, 특히 사형은 하늘에 맡겨야 함을 강조하고 있다.

사람들이 죽음을 두려워하지 않을 정도가 되면 아무리 사형으로 위협한들 소용이 없다. 죽음을 두려워하지 않는 데는 두 가지 이유가 있을 수 있다. 하나는 죽음보다 더 큰 가치, 자기가 믿기에 궁극적으로 의미 있는 일이라고 여겨지는 일을 위해 자기 목숨을 희생할 각오가 되었을 경우이고 다른 하나는 사는 것이 죽는 것만 못한 경우이다. 어느 경우든 죽음이 더 이상 공포의 대상이 될 수 없는 상태이다. 여기서는 특히 정치적 폭압이나 경제적 곤경 때문에 이래도 죽고 저래도 죽을 판이므로 구태여 죽음이 문제되지 않는 사람을 놓고 죽음으로 위협하면서 정치를 한다는 것은 불가능한 일임을

---

74. 民不畏死, 奈何以死懼之. 若使民常畏死而爲奇者*, 吾得執而殺之, 孰敢.

常有司殺者殺, 夫代司殺者殺, 是謂代大匠斲*. 夫代大匠斲者, 希有不傷其手矣.

* 爲奇者(위기자) - 이상스런 짓을 하는 자.

* 斲(착) - 나무를 깎다.

시사하고 있다.

"사람들이 언제나 죽음을 두려워하도록 하고 이상스런 짓을 하는 자가 있어 내가 그를 잡아 죽인다 하면 누가 감히 그런 짓을 하겠습니까?" 하는 대목은 두 가지로 풀이할 수 있다. "설령 사람들로 죽음을 두려워하게 하고 범법자를 체포하여 사형에 처하므로 일벌백계의 효과를 노릴 수 있다고 치자. 그러나 인간으로서 누가 감히 사형 집행 같은 일을 할 수 있겠는가?" 하는 풀이와 "사람들로 죽음을 두려워하게 하고 범법자를 체포하여 사형에 처한다면 감히 누가 그런 범법 행위를 다시 할 수 있겠는가?" 하는 해석이다. 문장 자체로는 둘째 해석이 좋을 것 같은데 뒤에 나오는 문장과 연결해서 생각하면 첫째 해석이 더 그럴 듯하다.

첫째 해석을 따르면, 사람을 죽이는 일은 사람으로서는 할 수 있는 일이 못 되고 언제나 사람을 죽이는 일을 맡아서 하는 이 곧 하늘에 그 일을 맡겨야 한다는 뜻이다. 사람으로서 사람을 죽인다면 하늘이 할 일을 대신 맡아 하는 일로서 위험하다. 이는 마치 목공 기구를 제대로 만져 보지도 못한 신출내기 목수가 위대한 대목을 대신하여 목공일을 하다가 손을 다치게 되는 것과 같다. 따라서 다스리는 자는 스스로 나서서 가혹한 형벌 제도를 만들고 많은 사람을 사형에 처하는 등 부산한 유위의 공포 정치를 그만두고 사람을 가만히 놓아 두는 무위의 정치, 아낌의 정치를 실천하라는 것이다. 『도덕경』의 이런 가르침을 따른 위정자가 있었을까?

예외적인 인물이 있다. 명明나라의 태조가 쓴 『도덕경』 서문에 다음과 같은 말이 나온다. "나는 위에 오른 지 오래도록 옛 왕들의 길을 배우지 못했다. 사람들에게 물어 보면 모두 자기 소견만 말할 따름이었다. 하루는 여러 서책을 열람하다가 『도덕경』을 접하게 되었는데, 말이 간략하고 사상이 깊음을 발견하게 되었다. 얼마 지나 '사람이 죽음을 두려워하지 않는다면 어떻게 죽음으로 그들을 위협할 수 있겠는가?' 하는 문장을 접하게 되었다. 그때는 나라가 겨우 기틀을 잡은 때여서 백성도 엉망이고 관리도 심히 부패했다. 아침에 사람들이 보는 앞에서 열 명을 사형에 처해도 저녁이면 백 명이 또다시 똑같은 죄를 지었다. 이런 사정을 감안할 때 『도덕경』에서 한 말이 정말 진실이 아닌가? 그러므로 나는 사형 제도를 폐지하고 그 대신 죄인을 옥에 가두어 사역使役을 시켰다. 십 년이 못 되어 나의 마음은 훨씬 편안해졌다. 이로 보아 『도덕경』이 만사의 근본이요, 왕을 위한 가장 훌륭한 가르침이요, 신하와 백성의 보배임을 알게 되었다."

사실 무위의 정치를 실시하여 나라가 평화롭고 조화스럽게 되면 다스리는 자와 다스림을 받는 자 사이에 일체감이 있게 되므로 사형 같은 제도를 가지고 나라를 다스릴 필요가 없게 된다는 것이다. 이런 제도적 장치가 쓸모없게 되는 사회가 도가에서 이상으로 삼는 사회이다. 그러나 이상은 언제나 멀리 있는 것. 이런 신의와 자애와 무간섭, 무탄압, 무감시의 정치가 현실적으로 가능할까? 가능하지 않기에 더욱 그러한 상태를 그리워해야 하는 것인가?

제75장

백성이 굶주리는 것

― 수탈 정치의 종식

백성이 굶주리는 것
윗사람이 세금을 너무 많이 받아 먹기 때문입니다.
그 때문에 굶주리는 것입니다.

백성을 다스리기 어려운 것
윗사람이 뭔가를 한다고 하기 때문입니다.
그 때문에 다스리기 어려운 것입니다.

백성이 죽음을 가볍게 여기는 것
윗사람이 지나치게 삶에 집착하기 때문입니다.
그 때문에 죽음을 가볍게 여기는 것입니다.

삶을 추구하지 않는 사람
삶을 귀하게 여기는 사람보다 더 현명합니다.

사람들의 굶주림, 반항성, 죽음을 두려워하지 않음 등 사회의 모든 부정적 일이 위정자의 '함爲' 때문임을 다시 한 번 역설하고 있다. 어느 주석가에 의하면 『도덕경』 중에서뿐만 아니라 중국 문헌 전체에서 이처럼 직접적으로 억압 정부의 억압 정치, 수탈 정치를 신랄하게 고발하고 있는 곳은 없다고 할 정도이다. 도가 사상이 본질적으로 억압받는 피지배자를 위한 사상이라는 것이 단적으로 나타나는 곳이라 볼 수 있다.

위정자가 나라를 부강하게 한답시고 세금으로 곡식을 다 거두어 가 버리니까 백성이 굶주릴 수밖에 없다는 것은 당연한 일이다. 또 위정자가 성을 쌓는다, 왕궁을 건립한다, 도로를 낸다, 운하를 판다, 이웃 나라와 전쟁을 한다, 뭐를 한다 하면서 계속 부산을 떨거나 법령을 만든다, 제도를 재정비한다, 뭣을 개혁한다 하면서 백성을 부역이다 군역이다 복역이다 등등 인위적인 다스림으로 못살게 하니까 자연히 저항하고 반항하고 도피하고, 그래서 다스리기가 힘들어진다. 위정자가 백성을 수탈하고 못살게 굴어서 생긴 부와 인력으

---

75. 民之饑, 以其上*食稅之多, 是以饑. 民之難治, 以其上之有爲, 是以難治.

民之輕死, 以其上求生之厚, 是以輕死. 夫唯無以生爲者, 是賢於貴生.

* 上(상) - 여기서는 '윗사람', '위정자' 라는 뜻.

로 자신만 호의 호식하고 사치 생활을 하면서 일락逸樂과 방탕을 일
삼으면서 물질 제일주의적인 가치관을 가지고 "잘 살아 보자"는 식
으로 살아가면, 그런 것을 목격하는 굶주리고 헐벗은 백성은 허탈
감, 좌절감, 비열감 때문에 자기의 죽음을 대수롭게 여기지 않게 된
다는 것이다.

　이 모두가 위정자의 쓸데없는 '함' 때문이다. 위정자의 '함' 때
문에 나라에 돈이 필요하고, 그러기에 세금을 과다하게 징수하지
않을 수 없고, 백성이 굶주리지 않을 수 없다. 위정자의 '함' 때문에
백성을 가만히 놓아 두거나 아끼지 않으므로 백성이 고분고분하지
않고, 위정자의 사생활이 온통 사치스런 '함' 을 중심으로 이어지기
에 백성은 상대적으로 사는 것이 죽는 것보다 못하다는 생각을 가
지고 불행한 삶을 살아가게 된다.

　세 번째 "윗사람이 지나치게 삶에 집착하기 때문에 백성이 죽음
을 가볍게 생각한다."는 구절 중 '윗사람上' 이라는 글자가 빠진 사
본도 있다. 그런 경우 백성이 스스로 너무나 삶에 집착하기 때문에
죽음을 가볍게 생각하게 된다는 말이 된다. 사람들이 모두 "잘 살아
보세" 하며 물질적 삶을 추구하는 데 머리를 싸매고 덤벼드느라 죽
음도 불사하는 지경에 이르게 된다고 풀이할 수도 있다. 그러나 먹
을 것도 없이 굶주리며 겨우 연명이나 하는 데 급급한 백성이 사치
스런 생활을 하며 잘 살아 보자고 죽자 살자 덤빈다고 해석하기는
아무래도 무리인 것 같다.

　마지막 구절의 "삶을 추구하지 않는 사람이 삶을 귀하게 여기는

사람보다 더 현명하다."는 문장도 "삶을 추구하지 않는 것이 삶을 귀하게 여기는 일에 현명한 것이다.", 즉 삶에서 뭔가를 추구하지 않는 사람이 정말로 삶을 귀하게 여기면서 살아가는 사람이라는 뜻으로 번역할 수도 있다. 어느 쪽을 택하든 삶을 추구하지 않는다는 것, 삶에서 뭔가를 찾아 헤매지 않는 일이 중요하다는 뜻이다. 도가적 입장에서 보면 살아가는 데 어떤 목표를 정하고 삶을 그 목표를 추구하기 위한 수단으로 희생하는 것은 바람직한 일이 못 된다. 잘 살아 보자는 목적 의식이 없이 자연스럽고 허허하게 삶 자체를 향유하면서 살아가는 것이 더욱 바람직하다는 것이다.

행복은 나비와 같다. 그것을 따라가 잡으려면 자꾸만 우리에게서 멀어지지만 그렇게 하는 일을 그만두면 나비가 살며시 우리 어깨에 와서 앉는다. 행복은 고양이 꼬리에 달린 방울과도 같다. 고양이가 그 방울을 잡으려고 빨리 돌면 돌수록 그 방울은 그만큼 빨리 도망간다. 고양이가 방울 좇기를 그만두면, 방울이 고양이를 따른다. 다스리는 자나 다스림을 받는 자나 모두 부국 강병이다 뭐다 요란을 떨며 억지를 부리지 말고 순리를 따라 살아야 나라가 잘 된다는 것이다. 그런 의미에서 "구하라, 그러면 얻을 것이요."가 아니라 "구하지 말라, 그러면 얻을 것이요."가 더 맞는 말인지도 모르겠다.

제76장

살아 있을 때는 부드럽고 약하지만

—생명의 원리로서의 부드러움과 여림

사람이 살아 있을 때는 부드럽고 약하지만
죽으면 단단하고 강해집니다.
온갖 것, 풀과 나무 살아 있으면 부드럽고 연하지만
죽으면 말라 뻣뻣해집니다.
그러므로 단단하고 강한 사람은 죽음의 무리이고
부드럽고 약한 사람은 삶의 무리입니다.

군대가 강하면 이기지 못하고
나무가 강하면 꺾이고 맙니다.

강하고 큰 것은 밑에 놓이고,
부드럽고 약한 것은 위에 놓이게 됩니다.

하상공은 이 장을 계강戒强의 장이라고 불렀다. 강함을 경계하라고 가르치는 장이라는 뜻이다. 사실 강함을 버리고 부드럽고 약한 것을 택하라는 가르침은 여기뿐만 아니라 제36장, 제40장, 제43장, 제55장, 제78장 등 『도덕경』 전체를 통해 일관된 사상 가운데 하나이다. 물처럼 부드럽고 약한 것이 바위처럼 단단하고 뻣뻣한 것을 이긴다는 이야기인데 여기서는 그 진리를 사람의 몸, 풀이나 나뭇잎 같은 시각자료를 통해 더욱 극명하고 생생하게 보여 주고 있다.

"사람이 살아 있을 때"를 "사람이 태어날 때"라 번역해도 좋다. 살아 있는 몸이 죽은 몸에 비해 부드러운 것이 사실이지만, 제55장에서 말한 것처럼 특히 갓난아이赤子의 살은 얼마나 더 부드럽고 여린가? 그러나 나이가 들어 갈수록 부드러움과 여림이 덜해지고 죽으면 싸늘하고 뻣뻣해진다.

풀과 나무 모두(萬物이라는 말이 생략된 사본도 있다) 살아 있을 때, 더욱이 파릇파릇 새순으로 돋아날 때 얼마나 부드럽고 연한가? 그러

---

76. 人之生也柔弱, 其死也堅强. 萬物草木之生也柔脆*, 其死也枯槁.

故堅强者死之徒, 柔弱者生之徒. 是以兵强則不勝, 木强則折.

强大處下, 柔弱處上.

* 柔脆(유취) - 부드럽고 여림.

다가 자라나면서 부드러움과 연함이 줄어들고 죽으면 말라 바스락거리는 이파리나 앙상한 가지로 변하고 만다. 캐나다 TV에서 본 광고물 하나가 눈앞에 어른거린다. 무슨 피부 영양제 계통의 로션을 선전하는 것이었는데 마른 나뭇잎 하나를 손바닥에 올려놓고 손을 오므리자 마른 잎이 산산조각으로 으스러졌다. 이어서 싱싱한 나뭇잎을 손바닥에 올려놓고 오므렸다 펴는데 나뭇잎도 그대로 다시 펴지는 장면을 보이면서 그 로션을 바르면 피부도 그렇게 될 수 있다는 것을 암묵적으로 시사했다. 사람의 몸에 로션을 바르면 우선 조금은 부드러워질지 모르지만 궁극적으로는 몸이 부드러우냐 뻣뻣하냐 하는 것은 거기에 생명이 있느냐 없느냐 하는 데 달려 있다.

이처럼 단단하고 뻣뻣한 것은 죽음의 원리요, 부드럽고 약한 것은 생명의 원리라는 것이다. 이제까지 유약柔弱한 것이 견강堅强한 것을 이긴다고 말했는데, 여기서는 한 걸음 더 나아가 이것이 이기고 짐의 문제일 뿐만 아니라 결국은 각각 생명과 사망의 원리가 되고 있음을 역설하고 있다.

"군대가 강하면 이기지 못하고, 나무도 강하면 꺾이고 만다."고 한다. 도의 원리는 강함의 원리가 아니라 유약의 원리임을 다시 한 번 강조한다. 천군 만마를 거느리고 천하를 호령하는 장군이나 천하를 제패하는 제국은 제명을 다하지 못하고 망한다는 것이다. 군사 대국은 영원히 망하지 않을 것 같지만, 앞에서도 지적한 것과 같이 역사적으로 큰 제국은 그 강함 자체 때문에 멸망하고 말았다. 로마 제국도, 몽골도, 만주도 그 강함과 크기를 견디어 내지 못해서 망

했다. 제36장 해설에서 언급한 것처럼 미국 역사학자 중에 미국도 그런 전철을 밟지 않을 수 없다고 예언하는 사람까지 있다. 미국이 망하기 전에 다시 약함을 회복할 수 있을까?

나무도 강하면 꺾인다折고 했는데, 꺾인다는 말은 斤 곧 도끼로 찍힌다는 뜻이라고 말하는 주석가도 있다. '꺾인다' 고 하면 죽어서 유연하지 못하고 뻣뻣하기만 한 마른 가지가 바람에 쏠리거나 사람이 잡아당겼을 때 툭툭 잘 부러지는 것을 연상하게 한다. 어릴 때 시골에서 나무에 오르거나 나뭇가지에 그네를 맬 때 죽은 가지가 아닌가 잘 살펴보는 것이 필수적인 일이었다. "도끼에 찍힌다"고 풀이하면 『장자』에 나오는 말처럼, 크고 잘난 나무는 제일 먼저 대목의 도끼에 찍혀 제명을 다하지 못한다는 이야기가 생각난다.

"강하고 큰 것은 밑에 놓이고 부드럽고 약한 것은 위에 놓이게 된다."는 것을 왕필은 나무를 비유로 들어 나무 뿌리나 둥치처럼 강하고 큰 것은 밑자리에 있을 수밖에 없고, 줄기나 잎사귀는 윗자리에 있을 수밖에 없는 것과 같다고 했다. 제61장 등에서 낮춤으로 높아지게 된다는 것을 이야기했는데 여기서도 부드럽고 약한 것이 천성적으로 스스로를 낮추기 때문에 결과적으로 위에 오르게 되고, 강하고 큰 것이 스스로를 자랑하므로 결과적으로 아래에 처하게 된다는 뜻이리라. "온유한 자는 복이 있나니, 저희가 땅을 기업으로 받을 것임이요."(마태복음5:4)라는 성서 구절이 생각난다.

제77장
하늘의 도는 활을 당기는 것과 같다
－공평하고 균형 잡힌 사회

하늘의 도는 활을 당기는 것과 같습니다.
높은 쪽은 누르고
낮은 쪽은 올립니다.
남으면 덜어 주고
모자라면 보태 줍니다.

하늘의 도는 남는 데서 덜어내어
모자라는 데에 보태지만,
사람의 도는 그렇지 않아
모자라는 데서 덜어내어
남는 데에 바칩니다.
남도록 가진 사람으로 세상을 위해
봉사할 수 있는 사람이 누구겠습니까?
오로지 도 있는 사람만이 그렇게 할 수 있습니다.

그러므로 성인은

할 것 다 이루나 거기에 기대려 하지 않고

공을 쌓으나 그 공을 주장하지 않습니다.

자기의 현명함을 드러내지 않으려 하기 때문 아니겠습니까?

하늘의 도는 공평, 평등, 조화, 균형, 공생 공영共生共榮의 원리인 반면 인간의 도는 그 반대로 불공평, 불평등, 부조화, 불균형, 빈익빈 부익부貧益貧富益富의 원리임을 말하고 있다. 이런 사실을 활줄을 당기는 것에 비유했다. 활줄을 당기면 활의 위쪽은 아래로 수그러지고 아래쪽은 위로 올라가게 된다. 하늘의 도가 하는 일은 그와 같다는 것이다. 바람이 불고 비가 오면 높은 산은 깎여 낮아지고 그 덕택으로 낮은 곳은 메워져 높아진다. 위쪽 연못에 물이 차 넘치면 그 물은 자연히 아래쪽 연못으로 흘러들어 그것을 채운다. 이렇게 남

---

77. 天之道, 其猶張弓與, 高者抑之, 下者舉之. 有餘者損之, 不足者補之.

天之道, 損有餘而補不足, 人之道, 則不然, 損不足以奉有餘.

孰能有餘以奉天下. 唯有道者. 是以聖人爲而不恃, 功成而不處, 其不欲見賢*.

* 見賢(현현) · 뛰어남을 드러내다.

는 쪽에서 덜어내어 모자라는 쪽에 보탬으로 전체적인 균형을 이루는 것이 하늘의 도이다.

그러나 사람이 하는 짓은 이와 반대이다. 양을 아흔 아홉 마리 가진 사람은 한 마리 가진 사람의 양을 뺏어 백 마리를 채우고 싶어하는 것이 보통이다. 히브리 성서(구약)에 나오는 다윗왕과 선지자 나단의 이야기가 생각난다. 다윗왕은 여러 여인을 아내로 가지고 있었지만 밧세바라는 여인이 목욕하는 것을 보고 그에 반해 그녀를 빼앗고 그녀의 남편 우리아를 전쟁터에 보내 죽게 했다. 선지자 나단이 왕에게 나아가 이야기 하나를 들려주었다. 한 성에 부자와 가난한 사람이 살고 있었는데 부자에게는 양과 소가 심히 많으나 가난한 사람에게는 작은 암양새끼 한 마리밖에는 아무것도 없었다. 가난한 사람은 이 암양과 함께 먹고 자면서 마치 자기 친딸처럼 소중하게 키우고 있었다. 하루는 부잣집에 손님이 왔는데, 그 부자가 자기 집 양은 아까워서 안 잡고 이 가난한 집 암양을 잡아 손님을 대접하였다는 이야기였다. 왕이 이 이야기를 듣고 그 부자의 철면피함을 개탄하고 그에게 벌을 내리라고 명했다. 나단은 이때 "당신이 바로 그 사람"이라고 하였다는 것이다.(사무엘하11, 12장)

다윗왕의 경우뿐 아니라 인류 역사를 통해 이런 불평등, 부조리, 억울함은 언제 어디서도 찾아볼 수 있는 보편적 현상이다. 가진 자가 더 가지게 되고, 돈이 돈을 벌고, 가진 자에게 더욱더 주려 하고…… 그리하여 빈부의 차이가 점점 더 커지고, 노예 제도나 인도의 카스트 제도처럼 사회 구성원 사이에 서로 넘나들 수 없을 정도로 계급의 장벽이 점점 더 굳어지고, 그리하여 가진 자 못 가진 자가 서로 뺏겠다 뺏기지 않겠다 싸우고, 누르는 자 눌림받는 자가 서로 위로 오르겠다고 으르렁대는 것이 현실이다.

이렇게 거창하게 논할 필요도 없다. 비근한 예로 크리스마스나 추석 명절 때에 보라. 우리가 크리스마스 카드나 추석 선물을 우리보다 가난하고 위로를 필요로 하는 사람에게 보내는가, 아니면 우리보다 더 잘 살고 힘 있는 사람에게 보내는가? 우리의 선물이나 카드가 여유 있는 데서 덜어져 모자라는 곳으로 가는가, 아니면 모자라는 데서 덜어져 여유 있는 쪽으로 바치는 것인가? 우리는 하늘의 도를 따르는가, 사람의 도를 따르는가?

살아가다가 여유가 있으면 그때 가난한 자, 불쌍한 자를 위해 뭔가 봉사하겠다는 마음을 먹는다. 그러나 가지면 가질수록 더 가지고 싶어지는 것이 사람의 마음이라 남을 도와 줄 수 있을 만큼 여유가 생겼다고 여겨지는 때는 영원히 오지 않는 법이다. 부자로서 그 부함 때문에 세상 사람에게 봉사할 수 있는 사람이 누군가? 물론 재벌이나 돈 많은 사람이 사회 봉사를 위해 거금을 희사하는 일이 많다. 그러나 그것이 자기의 사업을 증진시킬 목적이나 독지가 대접을 받기 위함이 아닌 경우가 과연 얼마나 될까? "도가 있는 사람", 묵묵히 할 일 다 하고 공을 쌓으나 거기서 무슨 반대 급부나 이름을 위한다는 생각이 전혀 없는 성인만이 불우한 남을 위해 순수한 희생적 사랑을 베풀 수 있다. 우리는 물론 지금 성인이 아니다. 그러나 하늘의 길, 인간의 길 이 둘 사이에서 어느 쪽을 지향해야 하겠는가?

제78장
세상에 물보다 부드럽고 여린 것은 없다
─ 물의 역설적 위력

세상에 물보다 더 부드럽고 여린 것은 없습니다.
그러나 단단하고 힘센 것을 물리치는 데
이보다 더 훌륭한 것은 없습니다.
이를 대신할 것이 없습니다.

약한 것이 강한 것을 이기고
부드러운 것이 굳센 것을 이기는 것
세상 사람 모르는 이 없지만
실천하지는 못합니다.

그러므로 성인은 말합니다.
"나라의 더러운 일을 떠맡는 사람이
사직을 맡을 사람이요,
나라의 궂은 일을 떠맡는 사람이

세상의 임금" 이라고.

바른말은 반대처럼 들립니다.

이 장도 제8장, 제36장, 제43장과 마찬가지로 부드럽고 여리기 그지
없는 물이 단단하고 뻣뻣한 것을 다 이기고 물리친다는 것을 말하
고 있다. 앞 제76장 등에서 말하고 있는 '부드럽고 여림柔弱'의 주
제를 되풀이하는 셈이지만 여기서는 특히 실천의 중요성, 그것도
나라의 지도자가 될 사람이 그 진리를 실천해야 함을 강조한다.
　단단하고 힘센 것을 물리치는 데 물보다 더 훌륭한 것은 없다는

---

78. 天下莫柔弱於水, 而攻堅强者莫之能勝. 以其無以易*之.

　弱之勝强, 柔之勝剛, 天下莫不知, 莫能行.

　是以聖人云, 受國之垢*, 是謂社稷*主, 受國不祥, 是謂天下王. 正言若反.

* 易(역) - 여기서는 '역'으로 발음하고 '바꾸다', '대신하다'의 뜻.
* 垢(구) - 더러운 것, 때.
* 社稷(사직) - 나라의 토지신과 곡식신. 이에 제사드린다는 것은 왕만이 할 수
　있는 일이므로 나라의 권력을 맡는다는 뜻.

것이다. 단단하고 굳센 것을 무너뜨리는 데 물을 대신할 것이 없다고 한다. 물이 바위도 뚫고, 큰 배도 들어올리고, 산도 옮기고, 쇠도 녹이고, 살아 있는 모든 것에 생수가 되고, 더러운 것을 깨끗이 하고, 아무리 깊은 곳이라도 스며들고……. 이렇게 물처럼 약한 것이 강한 것을 이기고, 물처럼 부드러운 것이 굳센 것을 이긴다는 것이다.

물이 가진 이런 특성을 모르는 사람은 없다. 문제는 스스로 물처럼 될 수 있는가 하는 것이다. 실천이 문제라는 것이다. 많은 사람은 물처럼 되는 것이 손해보는 일, 어리석은 일, 비능률적이며 전시 효과도 없고 화려하지도 못한 일이라 여겨 물처럼 되기를 기피한다.

그러나 물처럼 되어 보라고 한다. '부드럽고 여림'의 진리를 몸소 실천해 보라고 한다. 여기서는 특히 물의 정화 작용, 더럽고 궂은 것을 떠맡아 깨끗이 하는 일을 강조하고 그런 일을 해보라고 한다. 그런 일을 할 수 있으면 가히 나라를 다스릴 자격을 갖추는 셈이라고 한다. 더러운 것, 궂은 것을 마다않고 받아들이는 너그럽고 부드러운 마음, 겸허한 자세가 있을 때 참된 지도자가 될 수 있다는 것이다. 나라의 때垢, 더러운 것을 스스로 떠맡아 씻어 낼 수 있는 사람이 사직社稷을 지킬 수 있는 사람이요, 나라의 상서롭지 못한 일不祥, 궂은 일을 떠맡아 처리할 수 있는 사람이 세상의 임금이 될 수 있는 사람이라고 했다. 사직社稷이란 물론 토지신土神과 곡식신穀神으로서 이에 제사를 지내는 것은 제왕이었으므로 사직을 맡는다는 것은 나라를 맡는다는 것과 같다. 왕궁 왼쪽에는 역대 제왕의 위패를 모시는 종묘宗廟가 있었고, 오른쪽에는 토지신과 곡식신에게 제사드리는 사직이 있었다. 여기서 '종묘 사직'이 곧 왕권의 기초를 뜻하는 말이 되었다.

『논어』에 보면 상商나라의 탕湯왕은 "내가 죄를 지었으면 백성에게 그 해가 돌아가지 않게 해주시고, 백성이 죄를 지었으면 그것이 내게 돌아오게 하여 주시옵소서." 하는 기도를 했다고 한다.(『논어』 20:30) 히브리인의 지도자 모세도 백성이 금송아지를 만들어 죄를 지었을 때 "슬프도소이다. 이 백성이 자기들을 위하여 금신을 만들었사오니 큰 죄를 범하였나이다. 그러나 합의하시면 이제 그들의 죄를 사하시옵소서. 그렇지 않사오면 원컨대 주의 기록한 책에서 내 이름을 지워 버려 주옵소서."(출애굽기32:31~32) 하고 기도했다. 예수님도 "세상 죄를 지고 가는 하나님의 어린 양"(요한복음1:29)으로 불리었다. 모름지기 지도자의 위치에 있는 사람은 이 정도의 금도襟度와 자기 낮춤의 자세를 갖추어야 한다는 뜻이다.

이같이 물처럼 자기를 낮추고, 물처럼 부드럽고, 물처럼 약하고, 물처럼 자기 희생을 하는 것이 결국은 자기를 높이고, 자기를 튼튼히 하고, 자기도 살고 남도 살리는 일이라는 것을 보통 사람으로서는 도저히 이해할 수가 없다. "바른말은 반대처럼 보이는 것正言若反"이다. 이것은 낮춤으로 올라가고 죽음으로 살게 된다는 겸비와 승귀, 죽음과 부활의 변증법적 진리를 말하는 역설의 진리이기 때문이다. 반대의 일치, 양극의 조화의 진리이기 때문이다. 실존 철학자 키에르케고르의 말 "진리는 역설"이라는 말이 새삼 의미 있게 들린다.

제79장
깊은 원한은 한이 남는다
─ 척짓지 않는 삶

깊은 원한은 화해하더라도
여한이 남는 법입니다.
이것이 어찌 잘된 일이라 하겠습니까?

그러므로 성인은
빚진 자의 입장에 서서
사람을 다그치는 일이 없습니다.

덕이 있는 사람은
계약을 관장하고
덕이 없는 사람은
조세를 관장합니다.

하늘의 도는 편애하는 일이 없이

그저 언제나 선한 사람의 편에 설 따름입니다.

원한 살 일을 하지 말라는 것이다. 일단 원한을 사면 화해를 하더라도 그 원한이 완전히 가시지는 않는다. 이런 상태를 결코 좋은 상태라 할 수 없다. 그러니 처음부터 원한 살 일을 하지 않는 것이 상책이다. 원한을 사지 않으려면 지금까지 말한 대로 자기를 낮추고, 부드럽고, 포용성 있고, 함부로 하지 않고, 남의 허물을 자기의 것으로 감수하고, 자애로운 태도를 가져야 한다.

이런 태도를 채권자와 채무자의 관계를 들어 설명하고 있다. 본문에서 원한 사는 일이 없는 성인은 "좌계左契를 갖는다"고 했다. 옛날에 돈을 꿔주고 받을 때 그 거래 내용을 대나무 조각에 써서 이를 두 쪽으로 잘라 채권자는 오른쪽을 가지고 채무자는 왼쪽을 보관하도록 했는데, 좌계를 가지고 있다는 것은 빚진 자의 입장이라

---

79. 和大怨, 必有餘怨, 安可以爲善. 是以聖人執左契*, 而不責於人.

有德司契, 無德司徹. 天道無親, 常與*善人.

* 契(계) - 어음.
* 與(여) - 동사로 '함께하다', '한편이 되다'의 뜻이다.

는 뜻이다. 성인은 스스로를 빚진 자의 입장으로 여기기 때문에 사람들에게 빚을 갚으라고 재촉하거나 꾸지람할 필요가 없고, 그래서 원한 살 일도 없다. 도의 원리에 따라 백성을 다스리는 사람은 이렇게 스스로가 백성에게 일종의 빚을 진 사람으로 생각하고 처신한다. 백성이 내는 세금을 당연히 받아야 할 것을 받아 내는 채권자의 입장으로 받아들이는 것이 아니라, 백성으로부터 일종의 빚을 내는 심정으로 받는다는 것이다. 자연히 백성을 다그치거나 세금을 못 낸다고 책망하거나 벌을 가하지 않는다.

"좌계를 가지는 것"이 채권자의 입장이라고 해석하는 주석가도 있다. 이럴 경우 성인은 비록 채권자의 입장에 있지만 백성을 호되게 다그쳐 빚을 갚으라고 독촉하지는 않는다는 뜻으로 풀이한다. 그러나 무위, 무욕, 무소유를 이상으로 삼는 성인이 사람들에게 돈을 꿔주고 어음 같은 것을 가지고 있다면 그 자체가 뭔가 어색하다. 따라서 성인이 채무자의 입장이라 보는 것이 더 순리적인 것 같다.

본문에 덕이 있는 사람은 "계를 맡고司契", 덕이 없는 사람은 "철을 맡는다司徹"고 했다. 철徹이란 주周나라의 조세 제도로서 생산량의 십분의 일을 나라에 바치는 것이었다. 덕으로 나라를 다스리는 사람은 백성과의 관계를 자기가 백성으로부터 돈을 꾸는 일종의 계약 관계로 여기고 백성을 어렵게 생각하는 반면에, 덕이 없이 순전히 이기적인 정치적 야욕이나 채우려고 나라를 다스리는 사람은 백성을 징세와 수탈의 대상으로만 여겨 못살게 한다는 뜻으로 풀이하는 것이 좋을 것 같다.

하늘의 도는 '편애' 하지 않는다고 했는데 원문에는 '親' 하지 않는다고 되어 있다. 제5장에서 하늘과 땅 그리고 성인은 '仁' 하지 않다고 했는데, 거기서도 편애하지 않는다고 번역했다. 두 곳 모두 하늘이 누구의 밭에는 비를 주지 않고, 어떤 사람은 더 봐주고 어떤 사람은 덜 봐주고 하는 식으로 편애하는 일을 하지 않는다는 뜻이다. 기도는 하늘이 남보다 나를 더 잘 봐주기를 바라서 드리는 주문이나 편법이 아니다. 어떤 면책권이나 치외 법권적 특권을 얻어 내기 위한 수단도 아니다. 하늘이나 땅이나 성인은 그런 일을 하지 않는다. 기도는, 넓은 의미의 종교는 내가 하늘의 뜻에 내 뜻을 맞추고 하늘의 길에 내 발걸음을 맞추기 위한 자기 낮춤, 자기 비움의 작업이다.

"선한 사람" 이란 착한 일을 많이 한 사람이 아니다. 제23장에 "도를 따르는 사람은 도와 하나가 된다."고 하고 "도 역시 그를 얻었음을 기뻐한다."고 하였다. 이처럼 도의 원리에 순응해서 자연히 도와 하나가 된 사람이 "선한 사람" 이다. 이런 사람의 경우 말할 것도 없이 그는 도와 함께 하고, 도는 그와 함께 있는 것이다. 그리하여 도가 그의 편에 서는 셈이다. 이런 관계는 인간적인 친소親疎 관계나 정실情實 관계가 아니다. 물론 도가 그의 편에 서기에 만사가 잘 되지만 그것은 도의 특혜나 배려에 의한 것이 아니다. 이런 인간적인 차원을 넘어서서 도의 원리를 따라 도와 하나됨으로 자연적으로 얻게 되는 평화와 안녕을 향유하는 일이다.

제80장
인구가 적은 작은 나라
─ 도가적 이상 사회

인구가 적은 작은 나라
열 가지 백 가지 기계가 있으나 쓰이지 않도록 하십시오.
백성이 죽음을 중히 여겨
멀리 이사가는 일이 없게 하십시오.
비록 배와 수레가 있어도 타는 일이 없고,
비록 갑옷과 무기가 있어도 내보일 일이 없습니다.

사람들 다시 노끈을 매어 쓰도록 하고,
음식을 달게 여기며 먹도록 하고,
옷을 아름답게 생각하며 입도록 하고,
거처를 편안하게 생각하며 살도록 하고,
풍속을 즐기도록 하십시오.

이웃 나라가 서로 바라보이고,

닭 우는 소리 개 짖는 소리가 서로 들리지만,

사람들 늙어 죽을 때까지 서로 왕래하는 일이 없습니다.

노자님이 이상理想으로 그리는 사회를 묘사하고 있는 곳으로서 옛날부터 널리 알려지고 많이 인용되는 장이다. 춘추전국 시대 모든 군주가 전쟁을 하든 무슨 권모 술수를 쓰든 세력을 키워 영토를 확장하고 인구를 증가시킬 것을 목표로 하고 있을 때 노자님은 이와 반대로 조그만 나라, 얼마 되지 않는 인구로 서로 오순도순 조용하

---

80. 小國寡民, 使有什伯之器*而不用, 使民重死而不遠徙*, 雖有舟輿*, 無所乘之, 雖有甲兵*, 無所陣之, 使民復結繩*而用之, 甘其食, 美其服, 安其居, 樂其俗, 隣國相望, 鷄犬之聲相聞, 民至老死, 不相往來.

* 什伯之器(습백지기) - 여러 기계, 많은 군대, 기량 있는 인재, 병기 등으로 해석한다.
* 徙(사) - 이사가다.
* 舟輿(주여) - 배와 수레.
* 甲兵(갑병) - 갑옷과 병기.
* 結繩(결승) - 노끈을 맺어 부호로 삼다.

고 순박한 삶을 즐기면서 만족스럽게 살아가는 사회를 가장 아름다운 사회로 보고 있다. 말하자면 "작은 것이 아름답다.(Small is beautiful.)"는 말 그대로다.

"열 가지 백 가지 기계器"를 "열 배 백 배 재능 있는 인재" 혹은 "열 명 백 명으로 구성된 군대"로 해석하는 이도 있다. 어느 쪽이든 인위적인 것을 뜻하기는 마찬가지고 이런 인위적인 것이 소용없는 자연적인 사회가 좋은 사회라는 것을 말하고 있는 것임은 틀림없지만, 그래도 그것을 기계를 뜻하는 말이라 보는 주석가가 가장 많다. 『장자』에 기계를 싫어하는 도가적 태도를 말해 주는 이야기가 나온다. 한 늙은 농부가 힘들게 밭이랑을 만들고 거기에 물을 퍼서 붓고 있는 것을 본 공자님의 제자 자공子貢이 그에게 용수레라는 기계를 쓰면 손쉽게 일을 할 수 있을 거라고 하자, 그 늙은이는 "우리 스승에게 들으니 기계가 있으면 기계에 대한 염려가 있고, 기계에 대한 염려가 있으면 기계 마음機心이 생기고, 가슴에 기계 마음이 생기면 그 마음의 참됨이 없어지고, 그 마음의 참됨이 없어지면 그 정신이 편안하지 못하며, 그 정신이 편안하지 못하면 도에 고요히 살 수 없다 하였소. 그러니 내가 그 기계를 모르는 것이 아니라 다만 마음에 부끄러워 쓰지 않을 뿐이오."라고 대답했다고 한다. 기계 마음 (Machine Mind)에 대해서는 Kuang-ming Wu가 그의 책 『Chuang Tzu: World Philosopher at Play』(pp.48~53)에 잘 설명하고 있다.

노자님의 이상 사회는 사람들이 살아 있음을 고맙게 여기며 하루하루를 즐기면서 사는 사회, 그래서 구태여 위험을 무릅쓰고 더 나은 삶을 찾는다고 떠다니는 일이 없는 사회이다. 비록 배나 수레가 있지만 사람들 멀리 이사 가거나 여행하지 않기 때문에 타는 일이 없고, 방어전을 대비해서 갑옷이나 무기를 비치해 두었지만 이웃과 싸우거나 내란 같은 것이 있을 수 없기 때문에 쓸 일이 없는 조용하고 평화로운 사회이다.

옛날 글자가 있기 전에 노끈이나 새끼줄에 매듭을 지어 매듭의 수 등으로 기호를 삼아 뜻을 전하거나 약속의 부호로 삼던 일이 있었는데, 이런 것을 쓰고도 충분할 정도로 생활이 단순한 사회. 비록 단순한 음식이지만 맛있게 먹고, 베옷이지만 단아하게 차려입고, 오두막집이지만 안온한 보금자리로 여기며 살아가고, 순박한 그들의 풍속에 따라 명절을 즐기면서 사는 사회. 서로 아웅다웅하는 일도 없고, 잘났거나 뽐내거나 잘나 보겠다고 겨루는 일도 없고, 귀한 것을 가졌다고 자랑하는 일도 없고, 남을 해치려고 머리를 짜는 일도 없고, 쓸데없이 부산하게 오가는 일도 없고, 누가 왕인지 다스리는 자가 있는지 없는지도 모를 정도로 정치와 무관한 사회. 여기서 무엇을 더 바라겠느냐는 것이다.

이웃 나라가 서로 보이고 닭 우는 소리 개 짖는 소리가 들릴 만큼 지척에 있지만 완전히 자족自足하는 사회이기에 서로 침입해서 물건을 빼앗거나 훔치거나 빌릴 일이 없어 굳이 서로 왕래할 필요가 없다. 기껏 나간다는 일이 장에나 가는 것뿐이던 어릴 적 시골 생활이 생각난다.

노자님은 여기서 우리가 완전히 원시 사회로 되돌아가야 한다고 하고 있는가? 그렇지는 않은 것 같다. 의식주에 만족하고 명절이나 풍속을 즐기는 사회는 완전한 원시 사회는 아니기 때문이다. 아무튼 이런 목가적인 사회가 오늘에도 바람직하거나 가능할까? 물론 그렇다고 보는 사람도 있고 그렇지 않다고 보는 사람도 있다. 그러나 오늘같이 복잡한 사회에 살고 있기에 더욱 그리워지는 것만은 사실이 아니겠는가.

제81장
믿음직스러운 말은 아름답지 못하고
―아름다움과 변론과 박식함을 넘어서서

믿음직스러운 말은 아름답지 못하고,
아름다운 말은 믿음직스럽지 못합니다.
선한 사람은 변론하지 않고,
변론하는 사람은 선하지 않습니다.
아는 사람은 박식하지 못하고,
박식한 사람은 알지 못합니다.

성인은 쌓아 놓지 않습니다.
사람들을 위해 뭐든지 하지만
그럴수록 더욱 많이 가지게 되고,
사람들을 위해 모두를 희사하지만
그럴수록 더욱 많아지게 됩니다.

하늘의 도는 이롭게만 할 뿐

해로운 일이 없습니다.
성인의 도는 하는 일이 있더라도
겨루지를 않습니다.

일종의 결론이다. 자기가 지금껏 말한 것은 아름답지도 않고, 멋있
는 변론도 못되고, 박식에 근거한 것도 아니라는 것이다. 그러나 그
러기에 믿음성이 있고, 선하고, 진정으로 앎에 입각한 말임을 은연
중 암시한다.

첫째, 진리의 말은 아름답지 못하다고 한다. 진리의 말은 현란한
미사 여구나 화려한 이론이 아니다. 제35장에서 말한 것처럼 도에
대한 말은 본질상 듣기 좋은 음악이나 입에 맞는 음식같이 얼른 보기
에 그럴 듯한 무엇이 아니고 "담박하여 별맛이 없는 것"이다. 도 자

---

81. 信言不美, 美言不信. 善者不辯, 辯者不善. 知者不博, 博者不知. 聖人不積.
　　旣以爲人己愈*有, 旣*以與*人己愈多. 天之道, 利而不害, 聖人之道, 爲而不爭.

* 愈(유) · 더욱.
* 旣(기) · 여기서는 '모두'를 뜻한다.
* 與(여) · 여기서는 '주다'를 뜻한다.

체가 다듬지 않은 통나무 같기 때문이다. 자기가 하는 말에 온갖 수사학을 동원하여 치장하고 번지르르하게 꾸며서 내놓는 사람은 그 자체로서 신빙성이 없다. 말의 영역 너머에 있는 진리에 관심이 있는 것이 아니라 자기 말만 아름답게 꾸미는 데 신경을 써서 결국 모든 것이 말장난에 그치는 경우가 많기 때문이다. 도에 입각한 믿음직한 말은 아름다울 수가 없고, 아름다우면 믿을 만한 말이 못 된다.

둘째, 진리의 말은 변론이 아니라고 한다. 진리의 말은 지금껏 말한 것처럼 '반대의 일치'로서 양쪽을 다 같이 포용하는 '이것도 저것도'의 말이기 때문에 사물을 '이것이냐 저것이냐'로 분명히 딱 쪼개고 끊는 논리적인 변론일 수가 없다. 변론을 잘 한다는 것은 어떤 사물에 대하여 자기가 가진 제한된 생각이나 고정 관념을 평소 달달 외우고 있던 틀에 맞추어 독단적으로 그리고 일사천리로 주장하는 일이다. 공산주의자들이 어떤 문제에 대하여 모두 판에 박은 듯이 청산유수로 말한다든가 어느 종교에서 열성파 신자가 자기의 주장을 뒷받침할 성서 구절만을 달달 외워서 타교파 사람을 공박하는 따위와 같은 것이다. 한 가지 생각, 곧 자기가 가진 생각만 옳고 다른 생각은 모두 틀렸다고 보는 입장이기 때문에 우선은 무지의 특권인 확신을 가지고 힘차게 말할 수 있다. 도는 이런 형식 논리나 말장난의 대상이 아니기 때문에 도에 입각해서 말하는 사람의 말은, 제45장에서 지적한 것처럼, 어눌하게 들릴 수밖에 없다.

셋째, 진리를 아는 것은 박식이나 박학의 결과가 아니라고 한다. 제48장에서 말한 것처럼, 일반적인 학문의 길은 하루하루 쌓아 가는 것이지만 도의 길은 하루하루 없애 가는 것이다. 도를 알고 체득하는 길은 우리가 가진 잡생각이나 편견을 하루하루 없앨 때 생기는 직관과 통찰에 있다. 이것이 박식이나 박학일 수 없고, 박식이나 박학을 절대적인 뭐가 되는 것처럼 주저리주저리 달고 다니는 사람은 도에서 그만큼 멀 수밖에 없다.

성인은 쌓아 나가는 일을 하지 않는다. 욕심이 없으니 재물을 저축할 필요를 느끼지도 못하고 그럴 능력도 있을 수 없는 노릇이다. 있다고 하더라도 그저 사람들을 위해 다 내어 준다. 그러건만 점점 더 풍요로워진다. 도와 하나가 됨으로 이제 우주가 내 집이요, 그 안에 있는 모든 것이 나의 것이니 무엇이 모자라고 무엇이 더 탐나겠는가? 그러나 여기서 말하는 것이 물질적인 차원뿐일까? 사랑이나 진리 같은 정신적인 것은 나누어 주면 줄어드는 산술 법칙이 아니라, 나누어 주면 줄수록 오히려 더 많아지는 역설의 법칙이 적용된다지 않는가? 노자님은 지금껏 자기가 가진 진리의 말을 다 털어놓았다. 진리의 보시法布施를 한 셈이다.

자기가 말한 '하늘의 길', 이 진리를 따르는 것은 세상만사에 득실이 함께 있는 것과 달리 오로지 이익만 있을 뿐이라고 한다. 개인에게, 사회에, 나아가 세계에 평화와 평안을 가져올 뿐이다. 도에 입각한 '성인의 길', 이 진리의 길에서의 '함'은 세상의 모든 인위적 행위와는 달리 '함이 없음의 함無爲之爲'이므로 경쟁이나 시비나 싸움의 원인이 되지 않는다고 한다. 건강하고 조화롭고 참된 삶을 살아가게 해준다. 이런 길로의 길감에 우리를 초대하고 있다.

The Tao Te Ching

Translated by Kang-nam Oh

1

The Tao that can be spoken of is not the eternal Tao;
The name that can be named is not the eternal name.

The unnamable is the beginning of heaven and earth;
The namable is the mother of all.

Therefore, get rid of your desire, and you will see its mystery.
Caught in desire, you will see only its manifestations.

Both of these are from the same source.
They are only called by different names.
Both of them are a mystery.
A mystery upon a mystery; the gate of all subtleties.

2

We see the beautiful things as beautiful,
Because there is something ugly.
We see the good things as good,
Because there is something that is not good.

Therefore, being and non-being produce each other.

Difficult and easy form each other.
Long and short define each other.
High and low depend on each other.
Voice and sound harmonize each other.
Front and back follow each other.

Thus the sages act with non-action,
Practice the wordless teaching.

Things arise, and the sages do not reject them,
Things are produced, and they do not possess them,
Things are completed, and they do not depend on them,
Credit is due, and they do not claim it.
Since they do not claim the credit,
What they have done lasts forever.

3

Do not overesteem those considered great,
And people will not compete with each other.
Do not overvalue what is difficult to attain,
And people will not steal.
Do not display what is desirable,
And people will not disturb their minds.

Therefore, when the sages govern,
They let people empty their minds and fill their bellies;
They let people weaken their will and strengthen their bones;
They let people have no knowledge and no desire;
They do not let those considered wise dare do any reckless things.

If you practice non-action,
Nothing is left ungoverned.

4

The Tao is like an empty vessel.
When used, there is no overflowing.
Deep as an infinite abyss,
It is the source of everything.

It blunts the sharp,
It unties the entangled,
It softens the bright,
It mingles with the dust,
It is deep and calm,
And there seems to be something in it.

I do not know whose child it is.
It must have been before God.

5

Heaven and earth do not take sides in their loving.
They treat everything as if they were straw dogs.
The sages do not take sides in their loving.
They treat people as if they were straw dogs.

Heaven and earth,
They are like a bellows.
It is empty yet inexhaustible.
The more it moves, the more it produces.

The more you talk, the more you are in trouble.
The best is to keep the center.

6

The valley spirit does not die.
It is a mysterious female.
The door of the mysterious female
Is the root of heaven and earth.

It seems to be barely continuous,
Yet existing always.
It is used all the time,
Yet is never exhaustible.

7

Heaven and earth are eternal.
Why are they eternal?
Because they do not live for themselves.
That is why they are eternal.

The sages, likewise, put themselves behind,
And they find themselves ahead.
They exclude themselves,
And they preserve themselves.

Is it not by emptying themselves,
They fulfill themselves?

8

The best is to be like water.
Water benefits all things,
Without competing with them.
It dwells in low places that others disdain.
That is why it is closest to the Tao.

The earthbound dwelling,
The abyss-like mind,
The humane associations,
The faithful words,
The ordered government,
The competent management,
And the timely activities.

It does not compete,
And it is free from reproach.

9

To hold and fill the bowl to the brim
Is not as good as stopping in time.
If you temper and sharpen your knife too much,
It will not last long.
If you fill your hall with gold and jade,
You will not able to guard them.
If you become proud with your wealth and honor,
You will surely invite calamity.

When your work is done, withdraw from it.
That is the way of heaven.

10

Can you embrace your souls (*hun* and *p'o*) as the one,
And keep them from departing from the original?
Can you concentrate on your breath,
And make it as soft as an infant baby?
Can you clean the dust in your mind mirror,
And make it spotless?
Can you love the people and govern the country,
And practice the principle of no-knowledge?
Can you open and close the gate of heaven,
And do it like a female?
Can you understand all,
And practice the principle of no-action?

Give birth to things and nourish them.
Give birth without trying to possess them.
Complete them without trying to rely on them.
Lead them, but do not control them.
This is called mysterious virtue.

11

Thirty spokes surround the hub to make a wheel,
And it is because of its non-being that it becomes useful.

Clay is molded to form a vessel,
And it is because of its non-being that it becomes useful.

Doors and windows are cut out to make a room,
And it is because of its non-being that it becomes useful.

Therefore, being is for benefit,
And non-being is for usefulness.

12
The five colors make your eyes blind;
The five tones make your ears deaf;
The five flavors make your taste dull.

Racing and hunting make your mind mad;
The goods that are difficult to obtain make your actions go astray.

Therefore, the sages are concerned with the belly and not the eyes;
They reject the latter and accept the former.

13
Accept disgrace as a surprise;
Regard suffering as precious as your body.

What does "accepting disgrace as a surprise" mean?
It means making yourself humble.
Whether you face disgrace or not,
You accept it as a surprise.
This is what "accepting disgrace as a surprise" means.

What does "regarding suffering as precious as your body" mean?
I am suffering because I have a body;
And if I disregard the body,
How can I suffer?

Those who value the world as their body
Can be entrusted with the world.
Those who love the world as their body
Can be left with the world.

14
We look at it but do not see it;
And we call it invisible.
We listen to it but do not hear it;
And we call it inaudible.
We touch it but do not hold it;
And we call it subtle.
These three cannot be the complete explanation;
They are, however, reduced to indicate the One.

It is not brighter on its highest side;
It is not darker on its deepest side.
Infinitely continuous, it cannot be named.
It ultimately returns to the formless.
This is called the form of the formless,
The image of the formless.
This should be called the ecstatic.

Greet it and you will not see its head;
Follow it and you will not see its back.

Deal with the things of the present with the Tao of the old,
And you may know the ancient beginning.
This is called the thread of the Tao.

15

The ancient sages of the Tao
Were mysteriously subtle and profoundly penetrating,
Too deep to be fathomed.

Because they were unfathomable,
One can only try to describe them with their appearance:
Hesitant like a person crossing a thinly frozen river in the winter,
Timid like a person afraid of neighbors on all sides,
Cautious like a visitor,
Yielding like ice about to melt,
Simple like an uncarved block,
Open like a valley,
Undifferentiated like muddy water.

Who can calm the muddy water and gradually make it clear?
Who can move the inert and gradually make it dynamic?

Those who realize the Tao do not want to be filled.
Precisely because they do not want to be filled,
They do not perish but have eternal life.

16

Attain complete emptiness.
Maintain genuine quietude.
When all things flourish together,
I watch their return.

All things flourish profusely,
They return to their root.

Returning to the root means attaining tranquility.
This is called returning to their destiny.
Returning to their destiny is called the eternal.
Knowing the eternal is called enlightenment.

If you do not know the eternal, you will bring disaster by acting in
  delusion.
If you know the eternal, you will be generous.
If you are generous, you will be impartial.
If you are impartial, you will be kingly.
If you are kingly, you will be like heaven.
If you are like heaven, you will be the Tao.
If you are like the Tao, you will be everlasting.
And you will be free from danger until your body perishes.

17
The best leader is the one whose existence is barely known to the
  people;
The next best is the one who is loved and praised;
The next is the one who is feared;
The worst is the one who is despised.

If one does not sufficiently trust others,
The others will not fully trust that person either.

The great leader is cautious and values his words.
When he completes his work and finishes his tasks,
The people will say, "All these things we have done by ourselves."

18

When the great Tao is forsaken,

There arises concern for humanity and righteousness.

When cunning knowledge and wisdom are rampant,

There prevails great hypocrisy.

When the six familial relationships are in disharmony,

There appears emphasis on filial piety and parental compassion.

When a country is in disarray,

There arise faithful ministers.

19

Eliminate sageliness and abandon cunning knowledge,

And the people will benefit a hundredfold.

Eliminate humanity and abandon righteousness,

And the people will return to filial piety and parental compassion.

Eliminate cunning skills and abandon the concern for profit,

And there will be no more thieves and robbers.

These three things are for civility but are insufficient by them-
selves.

Therefore, there should be something added:

Have the plainness of undyed silk;

Embrace the simplicity of uncarved block;

Reduce selfishness;

Make fewer desires.

20

Stop learning and be free from worry.

What would be the difference between yes and no?

What would be the difference between good and evil?
Should we dread what others dread?
What an endless confusion.

All the other people are merry, as though feasting at the ox sacrifice
  or mounting a terrace in springtime;
I alone am inert with no sign,
Like a baby that has no smile yet.
Dejected, I have nowhere to return to.

All the other people have more than enough;
I alone have nothing.
My mind seems to be the mind of a fool; Stupid and ignorant.
All the other people are bright; I alone am dark.
The other people are sharp; I alone am fuzzy.
Drifting as the ocean; Aimless as the wind.
All the other people have a purpose;
I alone am stubborn and rustic.

I am different from the other people:
I value feeding from Mother's breast.

21
The quality of great virtue(*te*) comes only from following the Tao.
The Tao is ecstatic.
Ecstatic, and yet inside it there is the form.
Ecstatic, and yet inside there is the material.
Nebulous and dark, and yet inside there is the essence.
Its essence is extremely real, and inside there is the evidence.

From the past till now, its name has never gone away.
By its name we may see the beginning of all things.
How do I know what the beginning of all things is like?
Through this.

22
Bent, you will be preserved whole.
Crooked, you will be straightened.
Sunken, you will be filled.
Worn out, you will be renewed.
Little, you will gain.
Plenty, you will be confused.

Therefore, the sages embrace the One,
And become the shepherds (or the model) of the world.
They do not show themselves off; that is why they shine forth.
They do not justify themselves; that is why they become
   prominent.
They do not boast of themselves; that is why they are recognized.
They do not praise themselves; that is why they are long-lasting.

It is simply because they do not contend,
No one can compete with them.
Is the ancient saying, "Bent, you will be preserved whole," empty
   words?
Truly be preserved whole and return [to the Tao].

23
Nature rarely uses words.

A whirlwind does not last a whole morning.

A downpour does not last a whole day.

Who does these things?

It is heaven and earth(nature).

If even heaven and earth cannot make them last long,

How much less can we humans?

Therefore, those who follow the Tao identify themselves with the
　Tao.

Those who follow virtue(*te*) identify themselves with virtue.

Those who lose [the Tao] identify themselves with the loss [of the
　Tao].

Those who identify themselves with the Tao—the Tao is also
　happy to have them.

Those who identify themselves with virtue—virtue is also happy
　to have them.

Those who identify themselves with loss—loss is also happy to
　lose them.

If one does not sufficiently trust others,

The others will not fully trust that person either.

24

If you stand on tiptoe, you cannot stand firm.

If you stride too far, you cannot go far.

If you show yourself off, you cannot shine forth.

If you justify yourself, you cannot become prominent.

If you boast of yourself, you cannot be recognized.

If you praise yourself, you cannot be long-lasting.

Seen in light of the Tao,

Such things are like remnants of food and tumors of action.

Everyone hates these things.

Therefore, those who want to be with the Tao do not abide in them.

25

There was something undifferentiated and yet perfect

Before heaven and earth were born.

Soundless and formless,

Independent and unchanging,

Prevailing everywhere and inexhaustible,

It can be called the mother of the universe.

I do not know its name.

I just give it a style name, "Tao."

If forced to name it, I would call it "Great."

Being great means far-reaching;

Far-reaching means returning.

The Tao is great; Heaven is great; Earth is great; and the king, too, is
  great.

There are four greats in the universe, and the king is one of them.

A human being follows the example of earth;

Earth follows the example of heaven;

Heaven follows the example of the Tao;

And the Tao follows the example of "Self-so."

26

Heaviness is the root of lightness;

Calmness is the lord of hastiness.

Therefore, the sages may travel all day,
But do not leave their heavy baggage wagons.
Even at the sight of splendid scenes,
They remain serene and indifferent.
How should the lords with ten thousand chariots
Carry themselves lightly in their country?

If they conduct themselves lightly, they will lose their roots;
If they are hasty, they will lose their rulership.

27

A truly good traveler leaves neither track nor trace.
A truly good speaker has neither flaws nor blemishes in speech.
A truly good counter uses neither tallies nor chips.
A truly well closed door needs neither bolt nor lock,
  And yet it cannot be opened.
A truly well tied knot needs neither cord nor rope,
  And yet it cannot be untied.

Therefore, the sages are always good at helping others,
  And do not abandon any of them.
They are always good at saving resources,
  And do not abandon any of them.
This is called "obtaining the inner light."

Therefore, the good persons are the teachers for the bad,
And the bad are the material for the good.
Those who do not value the teachers or cherish the material,

Even though they may be learned, are greatly confused.
This is the essential mystery.

28

Know the male and yet keep to the female.
You will become a ravine for the world.
When you become a ravine for the world,
You will never be apart from eternal virtue,
But return to the state of the infant.

Know the white and yet keep to the black.
You will become the model for the world.
When you become the model for the world,
You will never stray from eternal virtue,
But return to the state of the ultimateless(*wu chi*).

Know glory and yet keep humility.
You will become the valley of the world.
When you become the valley of the world,
You will be complete in eternal virtue,
And return to the state of the uncarved block.

When the uncarved block is cut up, it is turned into utensils.
When the sages use it, they become the leading officials.
Therefore the great rulers do not cut it up.

29

Do you wish to take over the world and act upon it?
I see that you will surely fail.

The world is a sacred vessel.

It is not something you can act upon.

If you try to act upon it, you will destroy it.

If you try to hold on to it, you will lose it.

Among creatures,

Some go forward, others follow behind;

Some blow hot, others blow cold;

Some are strong, others are meek;

Some rise up, others fall down.

Therefore the sages avoid the extreme, the excessive,
  and the extravagant.

30

One who assists the ruler with the Tao

Does not try to dominate the world with force.

Such a course is likely to rebound on itself.

Wherever armies are stationed, briers and thorns grow.

After great wars, there always follow famines.

A good general, after fulfilling his purpose, stops,

And does not try to dominate the world.

He fulfills his purpose, but does not brag.

He fulfills his purpose, but does not boast.

He fulfills his purpose, but does not become proud.

He fulfills his purpose only because he has no choice.

He fulfills his purpose, but does not try to dominate.

That which reaches its prime quickly will begin to decline.

It is called "being against the Tao."

That which is against the Tao will come to an early end.

31

Fine weapons are instruments of bad omen.

They are things that people abhor.

That is why the people of the Tao avoid them.

The rulers, when at home, honor the left,

But when at war, honor the right.

Weapons are instruments of bad omen.

They are the things that rulers avoid.

When they use them out of necessity,

They value placidity and restraint.

Even if they gain victory,

They don't glorify it.

To glorify it means to delight in killing.

Those who delight in killing cannot realize their will in the world.

On auspicious occasions, the left is honored;

On inauspicious occasions, the right is honored.

The deputy general stands on the left;

The supreme general stands on the right.

So the arrangement is that of a funeral ceremony.

When many people are killed, there should be sorrow and grief.

Even a victory should be treated as a funeral ceremony.

32

The Tao is eternal and has no name.

Although it seems insignificant like an uncarved block,
No one in the world can make it subservient.
If kings and barons could hold on to it,
All things will submit of themselves;
Heaven and earth will join together to drip sweet dew;
And people will have equality without being commanded.

As soon as you cut up [the uncarved block],
There appear names;
As soon as there appear names,
You should know when to stop.
If you know when to stop,
You are free from danger.

All things in the world return to the Tao,
Just as valley streams flow into the river and the sea.

33
To know others is intelligence;
To know yourself is true enlightenment.
To master others is power;
To master yourself is true strength.

To be contented is wealth;
To act with vigor is willfulness;
Not to lose your place is endurance;
To die and yet not perish is longevity.

34

The great Tao flows left and right.

All things depend on it to live, but it does not reject them.
It completes its task, but it does not seek fame for it.
It clothes and feeds all things, but it does not rule over them.

It is always without desire, and it can be called the Small;
Although all things return to it, it does not rule over them,
And it can be called the Great.

Therefore, in the end [the sages] never claim greatness,
And that is why they can achieve greatness.

35

Hold fast the great image;
The whole world will come to you.
They come but will suffer no harm,
But rather enjoy great security, comfort, and peace.

Music and good food can make passersby stop,
But the words about the Tao are insipid and flavorless.

Even though you look at [the Tao], it is invisible.
Even though you listen to it, it is inaudible.
Even though you use it, it is inexhaustible.

36

You must expand it before you can shrink it.

You must strengthen it before you can weaken it.
You must promote it before you can destroy it.
You must give something to it before you can seize that from it.
This is called the Subtle Light.

The soft and weak overcome the hard and strong.
Just as fish must not be taken out of water,
The sharp weapons of the state must not be displayed to the people.

37
Tao takes no [arbitrary] action.
And nothing is left undone.
If kings and barons keep it,
All things would be transformed by themselves.
If, after having been transformed, they desire to be active,
I would subdue them with the uncarved block of no name.
The uncarved block of no name will get rid of desire.
If you do not have desire, you will be quiet,
And the whole world will become peaceful on its own.

38
The person of superior virtue is not aware of his/her virtue.
That is why that person is truly virtuous.
The person of inferior virtue is aware of his/her virtue.
That is why that person is not truly virtuous.

The person of superior virtue does not take action;
That person has no reason to take action.
The person of inferior virtue takes action;

That person has reasons to take action.
The person of superior humanity takes action;
That person has no reason to take action.
The person of superior righteousness takes action;
That person has reasons to take action.
The person of superior propriety takes action;
When people do not respond,
That person rolls up his/her sleeves and uses coercion.

When the Tao is lost, there appears propriety.
When virtue is lost, there appears humanity.
When humanity is lost, there appears righteousness.
When righteousness is lost, there appears propriety.
Now, propriety is the husk of loyalty and faithfulness,
  and the beginning of disorder.
Foreknowledge is the flower of the Tao,
  but the beginning of ignorance.

Therefore, the mature people dwell in the thick, not in the thin.
They reside in the fruit, not in the flower.
They reject the one and accept the other.

39
Of old those that attained the One:
Heaven attained the One and became clear;
Earth attained the One and became stable;
Spirits attained the One and became divine;
Valleys attained the One and became full;
All things attained the One and came into existence;
Kings and barons attained the One and became rulers of the world.

All because they attained the One.

Heaven would crack without that which made it clear;
Earth would shake without that which made it stable;
Spirits would wither away without that which made them divine;
Valleys would be exhausted without that which made them full;
All things would be extinct without that which made them existent;
Kings and barons would fall without that which made them rulers
  of the world.

Therefore, the noble take humility as their basis;
The high take modesty as their foundation.
For this reason, kings and barons call themselves "orphaned,"
  "widowed," or "unworthy."
Is this not taking humility as their basis?

Therefore, too much honor means no honor.
Don't try to jingle like jade,
But rumble like stones.

40
Returning is the movement of the Tao;
Weakness is the usage of the Tao.

All the things in the world are born of being;
Being is born of non-being.

41
When the highest type of people hear the Tao,

394

They try to practice it diligently.
When the average type of people hear the Tao,
They hesitate between accepting it and rejecting it.
When the lowest type of people hear the Tao,
They laugh at it heartily.
If they didn't laugh at it, it would not be the Tao.

Therefore, there is an old saying:
"The bright Tao appears dark,
The advancing Tao appears to retreat.
The level Tao appears bumpy.
Supreme virtue appears like a valley.
Extreme purity appears polluted.
Expansive virtue appears insufficient.
Solid virtue appears unsteady.
True substance appears changeable.
A great square appears to have no corners.
A great vessel is slow to be completed.
A great voice sounds faint.
A great image has no form."

The Tao is hidden and nameless.
Yet the Tao alone is good in providing for all and fulfilling them.

42
The Tao gives birth to the one,
The one gives birth to the two,
The two gives birth to the three,
The three gives birth to all things.
All things carry *yin* on their backs and embrace *yang* in their bosoms.

Through blending the *ch'i*, they achieve harmony.

People hate to be orphaned, widowed, or unworthy.
Yet kings and barons call themselves by these names.
Therefore, some may gain by losing and some lose by gaining.

What others teach, I also teach:
"The strong and violent do not die a natural death."
I will take this as the main theme of my teaching.

43

The softest thing in the world overcomes the hardest thing in the
  world.
Non-being alone penetrates that which has no crevice.

Thereby, I know the benefit of taking no action.
The teaching without words and the benefit of taking no action—
Few in the world can match these.

44

My fame or my body, which is more important?
My body or my property, which is dearer?
Gain or loss, which is of greater concern?

Thus lavish love entails great costs,
Excessive hoarding entails great losses.
Know contentment, and you will be free from disgrace;
Know when to stop, and you will be free from danger.
This is how you can enjoy an enduring life.

45

Perfection seems defective;
Yet its usefulness is inexhaustible.
Fullness seems empty;
Yet its usefulness is endless.

True straightness seems crooked;
Great skill seems clumsy;
Real eloquence seems inarticulate.

Hasty movement overcomes cold;
Tranquility overcomes heat.
Clear and tranquil—this is the right way for the world to go.

46

When the world follows the Tao,
The galloping horses fertilize the fields.
When the world betrays the Tao,
The warhorses breed in the suburbs.

No calamity is greater than not knowing contentment.
No guilt is greater than the lavish desire to attain.
Therefore, the contentment that comes from knowing contentment
  is eternal contentment.

47

Without going out of doors, you may know the entire world.
Without looking through the windows, you may see the Tao.
The farther you go, the less you know.

Therefore, the sages know without walking around,
Understand without seeing,
And accomplish without action.

48

The pursuit of learning is to increase day after day.
The pursuit of the Tao is to decrease day after day.
Decrease and further decrease until you reach the point of no action.
Once you reach the point of no action, nothing is left undone.

You can bring the world to order only through taking no action.
If you nevertheless try to take action, you are not qualified to bring
  the world to order.

49

The sages have no fixed mind of their own.
They regard the minds of the people as their mind.

I treat those people who are good with goodness;
I also treat those people who are not good with goodness.
This is the way to attain goodness.
I am sincere to those who are sincere;
I am also sincere to those who are not sincere.
This is the way to attain sincerity.

The sages, when dealing with the world, are all-embracing.
They mingle their minds, without discrimination, with the mind of
  the whole world.
[While the people lift up their eyes and ears for discrimination,]

The sages treat them all as infants.

50

[Among people] who are coming forth into life and entering into
  death,
Three out of ten are companions of life;
Three out ten are companions of death;
And three out ten are those who are living but moving towards
  death.
Why?
Because they all cling too much to life.

I have heard that a person who is good at nourishing his or her life
Does not meet tigers or rhinoceroses while walking on land
And is not hurt by weapons when fighting in battle.
The rhinoceros has no place to butt its horn;
The tiger has no place to fasten its claws;
The weapon has no place to enter its blade.
Why?
Because in such a person there is no room for death.

51

The Tao gives birth to them;
Virtue nourishes them;
Matter gives them form;
Circumstances complete them.
Therefore, all things venerate the Tao and honor virtue.
Not because they are thus ordered; they just do so spontaneously.

Therefore, the Tao gives birth to them;
Virtue nourishes, grows, nurtures, shelters, ripens, feeds, and
  buries them.
It gives birth to them without trying to possess them;
It completes them without trying to rely on them;
It leads them without trying to control them.
This is called mysterious virtue.

52

All things in the world have a beginning;
It is the mother of the world.
If you know the mother,
You will know her children.
If you know her children and still go back to abide with her,
You will be free from danger throughout your life.

Shut the mouth;
Close the doors;
You will live without suffering all through your life.
Open the mouth;
Meddle with affairs;
You will live without salvation all through your life.

To see what is small is illumination;
To abide by softness is strength.

Use the light;
Return to illumination.
You will not leave your life to peril.
This is called "practicing the eternal."

53

If I have a little knowledge,
I should walk on the great Tao,
Fearing whether I am going astray.
The great Tao is extremely flat and easy,
But people like only bypaths.

The court is extremely neat,
While the fields are full of weeds
And the granaries are all empty.
Wearing embroidered and colored clothes,
Carrying sharp swords,
Gorging themselves with food and drink,
Possessing wealth in excess,
Is this not robbery?
This is surely not the Tao(way).

54

Those who are firmly established [in the Tao] cannot be uprooted.
Those who firmly embrace [the Tao] cannot be separated from it.
Their sons and grandsons will not suspend their ancestral sacrifices.

If you follow [the Tao] in yourself, your virtue will be genuine.
If you follow it in your family, the virtue in your family will be
  overflowing.
If you follow it in your village, the virtue in your village will be
  long-lasting.
If you follow it in your country, the virtue in your country will be
  abundant.
If you follow it in the whole world, the virtue in the world will be

widespread.

Therefore, observe the person by a person,
Observe the family by a family,
Observe the village by a village,
Observe the country by a country,
Observe the world by the world.
How do I know this to be the case in the world?
By this.

55

Those who embrace virtue in abundance are like newborn babies.
Poisonous insects or snakes will not sting or bite them.
Fierce beasts will not attack them.
Birds of prey will not seize them.

Their bones are weak, their sinews soft,
Yet their grip is firm.
They do not yet know the union of male and female,
But their organs are aroused and their essence is at their peak.
They may cry all day long, but they do not become hoarse.
Such is the perfection of harmony.

To know harmony is to be in accord with the eternal.
To know to be in accord with the everlasting is illumination.
To try to extend one's life-span is inauspicious;
To try to manipulate one's vital force with mind is unreasonable.
When things reach their climax, they will wane.
Because they are not following the Way.
If not following the Way, they will come to the early end.

56

Those who know do not speak;
Those who speak do not know.

Shut the mouth,
Close the doors,
Blunt the sharpness,
Unravel the entanglement,
Soften the brightness,
Mingle with the dust.
This is called mystical oneness.

Therefore, neither can you get close to
 [those who have attained the Tao],
Nor can you keep distant from them.
Neither can you benefit them,
Nor can you harm them.
Neither can you honor them,
Nor can you humiliate them.
This is why they are honored by the world.

57

To govern the state, you need correctness.
To conduct warfare, you need surprise tactics.
But to gain the world, you need no-action.
How do I know this to be the case?
Through this:

The more taboos and prohibitions there are in the world, the
 poorer the people will be.

The more sharp weapons they have, the more chaotic the state
  will be.
The more cunning skills they have, the more often abnormal
  things will occur.
The more law and order is made prominent, the more thieves and
  robbers there will be.

Therefore, the sage says:
I take no action, and the people transform themselves;
I am fond of stillness, and the people correct themselves;
I do not interfere in affairs, and the people enrich themselves;
I have no desire, and the people become simple like an uncarved
  block by themselves.

58

When the government is dull and undiscriminating, the people will
  be genuine and wholesome;
When the government is cunningly efficient, the people will be
  deficient.

Calamities are what good fortune depends on;
Good fortune is where calamities are latent.
Who knows their limits?

There is nothing that is always right.
The right thing turns into what is perverse,
The good thing turns into what is evil.
The people have been deluded for a long time!

Therefore, the sages are square but not hurtful,

Sharp but not cutting,
Straight but not overreaching,
Bright but not dazzling.

59
In governing the people and serving heaven,
Nothing is better than being thrifty.
Being thrifty is called being prepared to adhere [to the Tao].

Being prepared means having a heavy accumulation of virtue.
With a heavy accumulation of virtue, there is nothing that you
  cannot overcome.
If there is nothing that you cannot overcome, no one knows your
  limits.
If no one knows your limits, you can govern the state.

If you have the mother in the state, you will last long.
This is called deep roots and a firm base.
It is the way of everlasting life and long-enduring vision.

60
Governing a big country is like cooking small fish.

If you govern the world by the Tao, demons will lose their spiritual
  power.
Not that they have no power, but their power cannot harm the
  people.
Not that their power cannot harm the people, but the sages do not
  harm the people.

Because both do not harm, virtue will return to each other.

61

A big country is like the lowest part of a river.
All the streams of the world converge into it.
It is the female of the world.
The female always overcomes the male with her tranquility.
With tranquility she puts herself below.

Thus the big country,
By putting itself below small countries,
Wins small countries.
Thus one wins by putting itself below;
And the other wins by flowing below.

What a big country wishes is to unite and rear others;
What small countries wish is to join and serve others.
If a big country and small countries both want to win,
The big country should assume the lower position first.

62

The Tao is a snug shelter for all.
It is treasure for the good people,
And refuge for the bad people.

Beautiful words can sell well;
Respectable deeds can be considered gainful.
But why should the Tao discard those that are not good?

Therefore when crowning the son of heaven and installing the
  three ministers,
Rather than present large pieces of jade preceded by teams of four
  horses,
It is better to kneel and offer this Tao.

Why did the ancients honor this Tao?
Did they not say, "If you seek, with the Tao you will get it;
  if you commit offenses, with the Tao you will be free?"
This is why all the world honors the Tao.

63
Act with non-action.
Practice non-interference.
Taste the tasteless.
Regard the large as small, the many as few.
Repay resentment with virtue.

You should plan the difficult things while they are easy,
Accomplish the great things while they are small.
The most difficult things in the world always begin with what is easy.
The largest things in the world always arise from what is small.
Therefore, the sages never strive to do the great things to the end.
That is why they can accomplish the great things.

Those who agree too lightly are not trustworthy;
Those who take it too easy will encounter difficulty.
Therefore, even the sages regard things as difficult.
That is why the sages do not encounter difficulty.

64

What is at rest is easy to maintain;
What has not yet shown signs is easy to plan for;
What is fragile is easy to shatter;
What is still minute is easy to scatter.
Deal with things before they arise;
Put things in order before they get chaotic.

A tree too thick to embrace grows from a tiny sprout;
A tower of nine levels begins with a heap of earth.
A journey of a thousand miles begins beneath your feet.

Those who take action will fail;
Those who try to grasp things will lose them.
Therefore, the sages take non-action and will not fail;
They do not try to grasp things and will not lose them.
The people, in their handling of affairs, often fail when they are
    about to succeed.
If they are as careful at the end as they were at the beginning,
    there will be no failure.

Therefore, the sages desire not to desire and don't value goods
    that are hard to obtain;
They learn to unlearn and return to what most people pass by.
They just help all things to be natural and dare not do anything.

65

Those who were good at practicing the Tao in ancient times
Tried not to enlighten the people but to make them ignorant.
The reason why people are hard to govern is that they have too

much knowledge.
Therefore, to use knowledge to govern the country is thievery of
  the country;
Not using knowledge to govern the country is a blessing to the
  country.

To understand these two is to understand the principle of heaven.
Also always know that the principle of heaven is called the
  mysterious virtue.

Since the mysterious virtue is too deep and far away,
It seems to go opposite to things.
But it eventually achieves great harmony.

66
Rivers and seas can be kings of all the valleys,
Because they are good at lying below.
That is why they can be kings of all the valleys.

Therefore, if you want to be above the people,
You must in your words put yourself below them.
If you want to stand before the people,
You must in your person stand behind them.

Therefore, the sages are above, but the people do not consider
  them a burden.
They stay in front, but the people do not feel offended by them.
Thus all in the world gladly accept them and do not tire of them.
Because they do not contend with anyone, no one in the world
  contends with them.

67

All in the world say that my Tao is great but useless.
Because it is great, it seems useless.
If it had been useful, it would have long been small.

I have three treasures that I always cherish:
The first is compassion;
The second is frugality;
The third is not daring to be ahead of all in the world.

If you are compassionate, you will be brave;
If you are frugal, you will be generous;
If you dare not be ahead of all in the world, you will assume
  leadership among those of great caliber.

If you are brave while forsaking compassion,
If you are generous while forsaking frugality,
If you are ahead of all while forsaking to stay behind,
That is death.

If you attack with compassion, you will win;
If you defend with compassion, you will remain firm.
When heaven is about to save people,
It guards them with compassion.

68

A good warrior does not make show of his martial prowess.
A good fighter does not get angry.
A good conqueror does not contend with his enemy.
A good employer puts himself below the employees.

This is called "the virtue of non-contention."
This is called "the power of using people."
This is called "parity with heaven", the highest principle of old.

69
The strategists said as follows:
I dare not be the host but the guest;
I advance not an inch but retreat a foot.

This is called marching forward without advancing,
Rolling up one's sleeves without arms,
Confronting enemies without enemies,
Grasping weapons without weapons.

There is no greater disaster than making light of enemy.
If you make light of enemy, you will lose most of your treasures.

Therefore, when armies are raised and engaged in battle,
The one that feels sad will win.

70
My words are extremely easy to understand
And extremely easy to put into practice.
But no one in the world can understand them,
And no one can put them into practice.

Words have their central meanings;
Affairs have their central forces.
People do not understand them,

And that is why they do not understand me.
Those who understand me are rare,
And those who follow me are few.

Therefore, the sages wear coarse clothing,
But carry jade in their bosoms.

71

To know that you do not know is the best.
To pretend to know when you do not know is a disease.

Only when you recognize this disease as a disease can you be free
  from this disease.

The sages are free from this disease.
Because they recognize this disease as a disease,
They are free from this disease.

72

If people do not fear what is dreadful,
What is more dreadful will surely arrive.

You should not limit their place,
Nor should you infringe on their livelihood.

If you do not oppress them,
They will not grow weary of you.

Therefore, the sages know themselves,

But do not show themselves;
They love themselves,
But do not exalt themselves.
Therefore, the sages leave the one and adopt the other.

73

Those who are brave in daring will be killed;
Those who are brave in not daring will survive.
Of these two, one is beneficial and the other is harmful.

Who can know why heaven hates what it hates?
Even the sages consider the question difficult.

The Tao of heaven does not contend, yet is good at winning.
It does not speak, yet is good at responding.
It is not summoned, yet comes on its own.
It is at ease, yet good at planning.

The net of heaven is vast, and its mesh may be coarse,
Yet it misses nothing.

74

If the people do not fear death,
How can they be threatened with death?
Suppose the people are made to constantly fear death,
And you seize and kill one who commits a strange act,
Who would dare to do so?

There is always the master executioner who kills.

To kill in place of the executioner is like hewing wood in place of
  the master carpenter.
Those who try to hew wood in place of the master carpenter
Rarely escape hurting their own hands.

75

The people starve.
The rulers are levying too much tax,
And this is why they starve.

The people are hard to govern.
The rulers try to take action,
And this is why they are hard to govern.

The people do not take death seriously.
The rulers are attached too much to life,
And this is why they do not take death seriously.

Those who pursue nothing in life
Are wiser than those who value life.

76

When people are alive, they are soft and supple;
When they are dead, they are stiff and rigid.
When all things, grasses and trees, are alive, they are soft and pliant;
When they are dead, they are dry and brittle.
Therefore, the stiff and rigid are companions of death;
The soft and pliable are companions of life.

If an army is rigid, it cannot win;
If a tree is inflexible, it will break.

The rigid and mighty will be placed in the lower position;
The soft and weak will be placed in the higher position.

77
The Tao of heaven is like the drawing of a bow.
The upper part is pressed down;
The lower part is lifted up.
The excess part is taken away;
The insufficient part is supplemented.

The Tao of heaven takes away from the excess and adds to the
  insufficient.
The Tao of people is not like this.
It takes away from the insufficient and adds to the excess.
Who can have excess and offer it up to serve the world?
Only a person who has the Tao!

Therefore, the sages take actions, but do not rely on them,
Accomplish their task, but do not claim the credit.
Is it not because they do not want to display their worthiness?

78
Nothing in the world is softer or weaker than water.
And yet nothing is better than it for attacking what is hard and
  strong.
Nothing can substitute for it.

There is no one in the whole world
Who does not know that the weak overcomes the strong
And the soft overcomes the hard.
Yet no one can put it into practice.

Therefore, the sages say:
"Those who receive the filth of the country are entitled to be the
   lord of Altar for the Gods of Soil and Grain,
And those who bear the misfortunes of the country are entitled to
   become the kings of the country."

True words sound paradoxical.

79

Great resentment, even when reconciled, leaves lingering resentment.
How can this be good?

Therefore the sages hold the debtor's side
And do not make demands of others.

Those who have virtue attend to the tally;
Those who do not have virtue attend to the tax law.

The Tao of heaven is impartial.
It is always with good people.

80

Let there be a small country with few people.
Let the tens and hundreds of devices find no use.

Let the people take death seriously so that they do not move far
  away.
They may have boats and carts, but no need to ride in them;
They may have armor and weapons, but no reason to display them.

Let the people return to tying knots [to keep records],
Enjoy their food,
Consider their clothing beautiful,
Regard their dwellings comfortable,
Delight in their customs.

Although they may look upon their neighboring states
And overhear the sounds of their roosters and dogs,
The people never visit each other until they get old and die.

81
Sincere words are not beautiful;
Beautiful words are not sincere.
Those who are good do not argue;
Those who argue are not good.
Those who know are not widely knowledgeable;
Those who are widely knowledgeable do not know.

The sages do not accumulate.
The more they do for others, the more they have for themselves.
The more they give to others, the more they possess of their own.

The Tao of heaven benefits, but does not harm.
The Tao of the sages acts, but does not contend.

|더 읽으면 좋을 책|

任繼愈,『老子新譯』, 上海 : 人民出版社, 1978.

焦竑,『老子翼』, 臺北 : 廣文書局, 1982.

馮友蘭, 任繼愈,『老子哲學討論集』, 香港 : 中文書局, 1972.

黃秉國 譯,『老子 道德經』, 서울 : 범우사, 1988.

金學主, 新完譯『老子』, 서울 : 明文堂, 1977.

南晩星 譯,『老子 道德經』, 서울 : 을유문화사, 1970.

禹玄民,『老子』, 서울 : 博英社, 1978, 1981.

장일순, 이현주,『무위당 장일순의 노자 이야기』, 서울: 삼인, 2003.

최진석,『노자의 목소리로 듣는 도덕경』, 서울: 소나무, 2001.

Blakney, Raymond B. *The Way of Life.* New York : Mentor, 1955.

Boltz, William G. "The Lao tzu Text that Wang Pi and Ho-shang Kung Never
  Saw." *Bulletin of the School of Oriental and African Studies* 48, no. 3, 1985.

——————. "Textual Criticism and the Ma-wang-tui Lao tzu." *Harvard
  Journal of Asiatic Studies* 44, no. 1, 1982.

Burik, Steven. *The End of Comparative Philosophy and the Task of Comparative
  Thinking.* Albany, NY: State University of New York Press, 2009.

Carus, Paul and D. T. Suzuki. *The Canon of Reason and Virtue–Being Lao-tze's
  Tao Teh King.* Chicago : Open Court, 1913.

Chan, Wing-tsit. *The Way of Lao Tzu.* New York : Bobbs-Merrill, 1963.

Chang, Chung-yuan. *Tao : A New Way of Thinking.* New York : Harper & Row,
  1975.

Chen, Ellen M. *The Tao Te Ching : A New Translation with Commentary.* New York : Paragon House, 1989.

Ch'en Ku-ying. *Lao Tzu : Text, Notes, and Comments.* Trans. Rhett Y. W. Woung and Roger T. Ames. San Francisco : Chinese Materials Center, 1977.

Clarke, J. J. *The Tao of the West: Western Transformations of Taoist Thought.* London: Routledge, 2000.

Creel, Herrlee G. *What Is Taoism?* Chicago : University of Chicago Press, 1970.

de Bary, W. T. *Sources of Chinese Tradition.* New York : Columbia University Press, 1963.

Duyvendak, J. J. L. *Tao Te Ching.* London : John Murray, 1954.

Dyer, Wayne W. *Change Your Thoughts - Change Your Life: Living the Wisdom of the Tao.* New York: Hay House, 2007.

Erkes, Eduard. *Ho-shang Kung's Commentary on Lao-tse.* Ascona, Switzerland : Artibus Asiae Pub., 1958.

Giles, Herbert A. *The Remains of Lao Tzu.* Hong Kong : China Mail, 1886.

Feng, Gia-fu and Jane English. *Tao Te Ching.* New York : Vintage Books, 1972.

Henricks, Robert G. "A Note on the Question of Chapter Division in the Ma-wang Tui Manuscripts of Lao Tzu." *Early China* 4, 1978~1979.

_____. *Lao-Tzu : Tao-Te Ching : A New Translation Based on the Recently Discovered Ma-wang-tui Texts.* New York : Ballantine, 1989.

Hu, Shih. "A Criticism of Some Recent Methods used in Dating Lao Tzu." *Harvard Journal of Asiatic Studies*, 1937.

Hurvitz, Leon. "Recent Japanese Study of Lao-tzu : Kimura Eiichi's Roshi no shin Kenkyu." *Monumenta Serica* 20, 1961.

Izutsu, Toshihiko. *Sufism and Taoism.* Berkeley, Calif. : University of California Press, 1983.

Jan, Yun-hua, "The Silk Manuscripts on Taoism." *Toung Pao*, 63/1, 1978.

Jaspers, Karl. *The Great Philosophers.* 2 vols. Tr. Ralph Manheim, New York : Harcourt, Brace & World, 1962.

Kaltenmark, Max. *Lao Tzu and Taoism*. Tr. Roger Greaves. Stanford : Stanford University Press, 1969.

Kimura, Eiichi, "A New Study on Lao-tzu." *Philosophical Studies of Japan I*. 1959.

Kohn, Livia. Ed. *Taoist Meditation and Longevity Techniques*. In collaboration with Yoshinobu Sakade. Ann Arbor : Center for Chinese Studies, University of Michigan Press, 1989.

_____. *Introducing Daoism*. New York: Routledge, 2009.

Kohn, Livia and Michael LaFargue. Ed. *Lao-tzu and the* Tao-te-ching. Albany, NY: State University of NewYork Press, 1998.

LaFargue, Michael. *The Tao of the Tao Te Ching*. Albany : University of New York, 1992.

Lau, D. C. *Lao Tzu Tao Te Ching*. Baltimore : Penguin Books, 1963.

Legge, James. *The Texts of Taoism*. Oxford : The Clarendon Press, 1891.

Lin, Paul J. *A Translation of Lao Tzu's Tao Te Ching and Wang Pi's Commentary*. Ann Arbor : Center for Chinese Studies, University of Michigan, 1977.

Lin, Yutang. *The Wisdom of Lao Tzu*. New York : Modern Library, 1942.

Mair, Victor H. *Tao Te Ching : The Classic Book of Integrity and the Way*. New York : Bantam Book, 1990.

Maspero, Henri. *Taoism and Chinese Religion*. Tr. Frank A. Kierman, Jr. Amherst, Mass : University of Massachusetts Press, 1981.

Mitchell, Stephen. *Tao Te Ching: A New English Version*. New York: Harper Perennial Modern Classics, 2006.

Ogawa, Tamaki. *Roshi*. Tokyo : Chuo Koronsha, 1973.

Rump, Ariade and Wing-tsit Chan. *Commentary on the Lao Tzu by Wang Pi*. Honolulu : University Press of Hawaii, 1979.

Seidel, Anna K. "The Image of the Perfect Ruler in Early Taoist Messianism : Lao Tzu and Li Hung." *History of Religions*, 9/2~3, 1969~1970.

Strauss, Victor von. *Lao-Tse Tao Te King.* Zurich : Manesse Verlag, 1959.

Waley, Arthur. *The Way and Its Power: A Study of the Tao Te Ching and Its Place in Chinese Thought.* New York: Grove Press, 1958.

Welch, Holmes. *Taoism : The Parting of the Way.* Boston : Beacon Press, 1965.

Wu, John C. H. *Tao Teh Ching : Lao Tzu.* Boston : Shambhala, 1989.

|한글 찾아보기|

|로마자 찾아보기|

436

dialectical 58

docta ignorantia 32

doors of perception, the 71

dreaming innocence 118

dṛṣti 259

dualistic consciousness 118, 259

dynamic becoming 126

E

Eckhart, Meister 100

enlightenment 87, 380, 390

essentialistwiew 26

eupsychia / utopia 264

evocativeness 324

evolution / involution 126, 190

F

fons et origo 52

Francis, St. 176

Fromm, Erich 221

G

Gandhi, Mohandas Karamchand 113

God the Mother 45

Godhead 37

Gottheit 37

ground of all being 238

H

Heidegger, Martin 37

hero myths 137

hierarchy of needs 242

holistical 112

how to live / how to behave 181

humanity 94, 381, 393

humiliation / exaltation 55, 303

I

illumination 87, 400, 402

immortality 233

individuation process 242

inner science 221

introspection 221

J

Jaspers, Karl 109, 420

Jung, Carl G. 138

K

Kena Upanishad 258

Kennedy, Paul 172

S

saṁvṛti satya / paramārtha satya 220

satyagraha 314

Schweitzer, Albert 203

self-conscious self 48

self-mastery 129

self-so 126

shock of being 22

Small is beautiful 364

Socrates 159

spontaneous 27, 399

Still Point 212

string attached 165

suchness 87

Supreme Ultimate 125

sūyatā 258

T

tathatā 220

Tersteegen 258

theologia negativa 225

things as they really are 220

Tolstoy, Leo 113

Toynbee, Arnold 100

trans-personal 96

trans-subject / object 229, 254

trying without trying 141

U

Undifferentiated, the 124

Ungrund 38

unlearning 32

utopia / eupsychia 264

V

veneratio vitae 203

via negativa 78, 222

W

Waley, Arthur 331, 422

water of life 53

wave / particle / wavicle 194

Way, The 21, 375, 398, 402, 405, 419, 421, 422

wayward / Wayward 190

wholeness 114

Wittgenstein 22

Wu, Kuang-ming 364

Y

Yahweh 78

도덕경 큰글씨책

초판 1쇄 발행 | 2016년 7월 15일

풀이 | 오강남
펴낸이 | 조미현

펴낸곳 | (주)현암사
등록 | 1951년 12월 24일 · 제10-126호
주소 | 04029 서울시 마포구 동교로12안길 35
전화 | 02-365-5051 · 팩스 | 02-313-2729
전자우편 | editor@hyeonamsa.com
홈페이지 | www.hyeonamsa.com

* 역주자와 협의하여 인지를 생략합니다.
* 잘못된 책은 바꾸어 드립니다.

ISBN 978-89-323-1779-3 03150